传统文化修养丛书

十三经提纲

唐文治——著
乔 鑫——整理

上海科学技术文献出版社
Shanghai Scientific and Technological Literature Press

图书在版编目（CIP）数据

十三经提纲 / 唐文治著．—上海：上海科学技术文献出版社，2021

（传统文化修养丛书．续三）

ISBN 978-7-5439-8405-9

Ⅰ．①十… Ⅱ．①唐… Ⅲ．①群经合辑 Ⅳ．① Z126.1

中国版本图书馆 CIP 数据核字 (2021) 第 173226 号

策划编辑：张 树
责任编辑：王 珺
封面设计：留白文化

十三经提纲
SHISANJING TIGANG
唐文治 著 乔 鑫 整理
出版发行：上海科学技术文献出版社
地 址：上海市长乐路 746 号
邮政编码：200040
经 销：全国新华书店
印 刷：常熟市人民印刷有限公司
开 本：889mm × 1194mm 1/32
印 张：12
字 数：259 000
版 次：2021 年 9 月第 1 版 2021 年 9 月第 1 次印刷
书 号：ISBN 978-7-5439-8405-9
定 价：68.00 元
http://www.sstlp.com

目　　录

卷一 周 易

一、学《易》大旨

《易》之为书，世儒或苦其难解，文治约言之。

伏羲、文王、周公之作《易》，主乎数者也；孔子之赞《易》，主乎理者也。汉儒郑、荀、虞诸家之说《易》，主乎数者也；宋儒程子、朱子诸家之说《易》，主乎理者也。数者难测，变动不居；理者易明，守之有则，虽仁者见之谓之仁，智者见之谓之智，而其教人之宗旨，未尝不归于一贯。

文治尝即理以求《易》，以为《易》者，心学之书也，其大义备于《乾》《坤》，而始于《复》。《复》之《彖辞》曰："出入无疾，朋来无咎。""出入无疾"，即孔子所云"出入无时"也；"朋来无咎"，虽"朋从尔思"，而能复则无咎也。是以《彖传》曰："复，其见天地之心乎?"孔子于冬至之时，见天地之善心，而教人以养心；孟子于平旦之时，验天地之善气，而教人以养心，其义一也，故曰"圣人以此洗心"。人生当世，无日无时不在六十四卦三百八十四爻之中，即无日无时不在吉凶悔吝之中。"鸡鸣而起，孳孳为善者"，吉也；"鸡鸣而起，孳孳为利者"，凶也、悔也、吝也。利与善之间，所谓几也。由利而之善，即由凶、悔、吝而之吉；由善而之利，即由吉而之凶、悔、吝，惟变所适，无一定也。

文治尝以几而验之，心犹响也，身犹应也，此响而彼即应。善念恶念之萌犹形也，吉凶悔吝犹影也，形动而影即从。人心动而鬼神随之，“大人与鬼神合其吉凶”，言无待鬼神之监察，鬼神即无权以司其吉凶。“小人以小善为无益而弗为，以小恶为无伤而弗去”，至恶积而不可掩，罪大而不可解，终其身在凶、悔、吝之中而不自知。哀哉！不占而已矣。

故自圣贤观之，理有定而数亦有定，理明而数自可知。孔子曰：“五十以学《易》，可以无大过。”洗心乃可以寡过也。蘧伯玉行年五十，而知四十九年之非，盖得孔子学《易》之旨，故欲寡其过而未能也。顾亭林氏谓：“孔子说《易》，见于《论语》者，一为‘寡过’，一为‘有恒’，可知学《易》不外乎以修身为主。”其言可谓至精至切矣。此学《易》之大旨也。

二、“周易”名义

先师黄氏以周曰：“《周礼》：太卜掌三易，一曰《连山》，二曰《归藏》，三曰《周易》。《连山》首《艮》，取《艮》之‘兼山’也；《归藏》首《坤》，取‘坤以藏之’也；《周易》首《乾》，取天行之周流相易也。”郑康成曰：“‘连山’者，象山之出云，连连不绝。‘归藏’者，万物莫不归于其中。‘周易’者，言易道周普，无所不备。”

郑君说“三易”字义甚明，而“周”训“周普”，说本诸《系辞传》，尤为独见。《传》曰：“《易》之为书也不可远，为道也屡迁，变动不居，周流六虚，上下无常，刚柔相易。”曰“周流”，曰“相易”，非释“周易”之义乎？故特标之曰“《易》之为书”也。下二章则释《周易》卦爻之义，亦曰“《易》之为书”。孔冲远斥郑君说无所据，抑何疏耶！

孔氏又谓《世谱》等书，神农一曰“连山氏”，黄帝一曰“归藏氏”，连山、归藏既是代号，则《周易》称“周”，取岐阳地名。抑知《周易》之名始于文王，非周革商之后以周号代，乃以“周”名《易》也；亦非文王作《易》于羑里，而取岐阳之地名以名之也。贾公彦曰：“《连山》《归藏》皆不言地号，以义名《易》，则‘周’非地号。以《周易》首《乾》，乾为天，能周匝于四时，故名《易》为‘周’。”此说得之。

孔氏又谓《周易》题“周”，犹《周书》《周礼》题“周”，以别馀代，亦未可信。《书》有《唐书》《虞书》《夏书》《商书》，礼有《夏礼》《殷礼》，曰《周书》、曰《周礼》，固以别馀代也。若夫《连山》《归藏》，古者本不名“易”，夏用《连山》，商用《归藏》，亦不名“夏易”“商易”，是亦何待题“周”以别之乎？郭白云曰：“文王重卦，《易》之名出焉。夏《连山》，商《归藏》，而不曰‘夏、商易’者，时未有‘易’之名故也。”顾亭林曰：“一曰《连山》，二曰《归藏》，非《易》也，而云‘三易’者，后人因《易》之名而名之也。犹《墨子》书言‘周春秋’、‘燕春秋’、‘宋春秋’、‘齐春秋’。周、燕、宋、齐之史，未必皆《春秋》也，而云‘春秋’者，因鲁史之名而名之也。”

窃考《左传》《国语》载占辞与《周易》异者，《连山》《归藏》之文也，其本文俱不言“易”，是《连山》《归藏》不名《易》之明证也。《晋语》“公子亲筮之”，“得贞《屯》、悔《豫》皆八。筮史占之，皆曰不吉”，是以《连山》《归藏》占之也。“司空季子曰：‘吉。是在《易》，皆利建侯。’”特云“在《易》”，以别《连山》《归藏》，是“易”为《周易》专称之明证也。《周易》爻称“九、六”，以变者占，故特名“易”；《连山》《归藏》爻称“七、八”，以不变者占，故不名“易”。是则《周易》称“易”，非袭旧名也；而《周易》称“周”，亦非别徐代矣。

郑氏《易赞》曰：“《易》之为名也，一言而函三义。简易，一也；变易，二也；不易，三也。故《系辞》云：‘乾坤，其《易》之缊邪？’又曰：‘《易》之门户邪？’又曰：“夫《乾》，确然示人易矣；夫《坤》，隤然示人简矣。’‘易则易知，简则易从’，此言其易简之法则也。又曰：‘其为道也屡迁，变动不居，周流六虚，上下无常，刚柔相易，不可为典要，唯变所适。’此言从时变易、出入移动者也。又曰：‘天尊地卑，乾坤定矣。卑高以陈，贵贱位矣。动静有常，刚柔断矣。’此言张设布列，不易者也。据兹三义而说，《易》之道广矣、大矣。”

文治案：“易简”者，乾坤之蕴也，所谓“寂然不动”

者也。六十四卦，皆以乾、坤为门户也。“变易”者，即卦变也。其征诸经而显然者，如《履》之“夬履，贞厉”，是《履》由《夬》变；《大壮》之“丧羊于易”，是《大壮》由《兑》变；（郑注云：“易，佼易也。”“佼”即“交”之本字。）《旅》卦之“丧牛于易”，是《旅》变《小过》，上失《离》象也。盖郑君之言“变易”，又兼“交易”而言也。“不变”者，爻之定位也。此“易”字之三义也。

三、四圣作述源流及“彖”“象”“文言”名义

伏羲画八卦，遂重之为六十四卦，又作十言之教，曰：乾、坎、艮、震、巽、离、坤、兑、消、息，以通神明之德、类万物之情。文王作诸卦之《彖辞》。“彖辞”者，如“乾，元亨利贞”，“坤，元亨，利牝马之贞”等是也。“彖”者，材也，言裁断之也。周公作《爻辞》。“爻辞”者，如《乾》卦之“潜龙勿用”“见龙在田”“利见大人”等是也。“爻”也者，效天下之动者也，言乎变者也。自有爻辞，而天下人事吉凶悔吝乃毕著矣。孔子作《十翼》，“十翼”者，谓《彖上传》《彖下传》《象上传》《象下传》《系辞上传》《系辞下传》《文言传》《说卦传》《序卦传》《杂卦传》是也。古时未有笺注名目，凡发挥大义者谓之“传”，盖伏羲、文王、周公为之经，而孔子为之注。经四圣人之手订，此《易》之所以崇德而广业、穷理而尽性也。

沈氏起元曰：“古《周易》，文王卦辞、周公爻辞为

《经》上、下二篇，孔子《十翼》为《传》十篇，各为一书。费长翁始以《彖》《象》《系辞》之言解说上下《经》。郑康成合《彖传》《大象传》《小象传》于《经》，加'彖曰'、'象曰'字。王辅嗣祖之，谓孔子赞爻之辞，本以释经，宜相附近。又取《乾》《坤》二卦《文言》附入，加'文言曰'三字于首。于是好古者每叹古《易》之亡。至宋吕汲公、吕东莱订正古《易》十二篇，朱子《本义》初本亦据东莱本篇次。至明初修《大全》，复析《本义》，从《程传》之序，则今之行本也。

愚谓《易》之亡不亡，存乎其义耳；篇次分合，岂直筌蹄而已哉！学《易》者，不能舍卦爻辞以求《易》，即不能舍孔《传》以解辞。伊川《易传》序云："未有不得其辞而通其意者。余所传者辞也。然则欲得文、周之辞，舍孔《传》其曷由？王氏以《传》附《经》，用资观玩，乃学《易》之定法，不得云变乱也。"

阮氏元曰："庖牺氏未有文字，始画八卦。然非画其卦而已，必有意立乎卦之始，必有言传乎画之继。其意若指此或连或断之画，以为此乾、坎、艮、震、巽、离、坤、兑也，其言遂以音传之曰'此乾、坎、艮、震、巽、离、坤、兑'也。至黄帝时，始有文字。后人始指八卦之字而读之，以寄其音，合之以成其书，而庖牺八卦命名之意传乎其中矣。故六书出于八卦，而指事、象形、谐声、会意、转注、假借皆出于《易》。舍《易》卦无以生六书，非六书无以传庖牺之意与言，故《传》曰'书不尽言，言不尽意'

者此也，‘书’乃六书之书；《传》曰‘《易》之为书也’，亦谓籀篆之著简策，非如今纸印之书也。书契取于《夬》，是必先有《夬》卦而后有夬意，先有夬意而后有夬言，先有夬言而后有夬书，先有夬书而后有夬辞者也。以此推之，后世之言语文字皆出八卦益明矣。”

又曰：“彖之为意如何？孔子‘材也’之训又如何？曰：此但当以‘彖’字为最先之字，但言其音，而意即在其中。（“彖”古音当读若“弛”，音近于“才”，亦与“蠡”字音近，是“彖”音必与“才”音同部。）即如‘蠡’字，加‘蚰’与不加‘蚰’无异也。《方言》曰：‘蠡，分也。’‘蠡’尚训为‘分’，则‘彖’字本训为‘分’可知也。‘豕挩’即分也。此即孔子之所以训‘彖’为‘材也’。‘材’即‘财成天地之道’之‘财’，亦即‘三才’之‘才’，以天、地、人三分分之也。盖孔子所训之‘材’，言用此彖辞说卦象而分之也。且‘说’从‘兑’，‘兑’与‘彖’同意，‘兑’者最先之字，‘说’者后造之字，即谓‘彖’为‘说’之假借亦可。明乎此，则‘爻者，效也’之意，于此更明矣。是故学者以‘彖者，材也’求孔子之意不能明，以‘蠡者，裁也’求之则明矣。”

又曰：“古人无笔砚纸墨之便，往往铸金刻石，始传久远。其著之简策者，亦有漆书刀削之劳，非如今人下笔千言，言事甚易也。许氏《说文》‘直言曰言，论难曰语’，《左传》曰‘言之无文，行之不远’，何也？古人以简策传事者少，以口舌传事者多；以目治世者少，以口耳治事者多。故同为一言，转相告语，必有愆误。是必寡其词、协其音，以文其言，使人易于记诵，无能增改，且无方言俗语杂于其间，始能达意，始能行远。此孔子于《易》所以著《文言》之篇也。古人歌诗、箴铭、谚语，凡有韵之文，皆此道也。孔子于《乾》《坤》之言，自名曰‘文’，此千古文章之祖也。”文治案：陆德明《经典释文》曰：“‘文言’，文饰卦下之言也。”梁武帝曰：“《文言》是文王所制。”窃意梁武帝之说，盖因“元者，善之长”一段已见于《左传》，故疑为文王所制。然或系古志之言而孔子述之，未可知也。

四、先儒说《易》家法义例

《易》之为书，广大悉备，仁者见仁，智者见智；而支离穿凿、驰骋私臆者，亦复不少。学者何由而辨其是非？曰：惟折衷于圣《传》而已。孔子以《彖》《象》《文言》说《经》，凡合于《彖》《象》《文言》者，必合于羲、文、周、孔之意者也；其背于《彖》《象》《文言》而乡壁虚造者，必背于羲、文、周、孔之意者也。

宣圣《易》学，受自商瞿。汉代说《易》者，自田何、丁宽、杨何、施雠、孟喜、梁丘贺、费直、高相而后，以郑、荀、虞三家为最著。虞翻传孟喜《易》，发明十二辟卦，消息旁通之正，以六十四卦皆归于《既济》定，实有合于圣《传》。“六爻发挥，旁通情也。”“云行雨施，天下平也。”

“《乾》《坤》为《易》之门，《乾》《坤》毁则无以见《易》之义。”精微深奥，可谓至矣。郑康成、荀爽俱传费直《易》，郑氏主爻辰，以《乾》《坤》十二爻配十二辰，阴阳相间，亦归于《既济》定也。荀氏主升降，以阳在二者，当上升《坤》五为君；阴在五者，当降居《乾》二为臣。盖《乾》升《坤》为《坎》，《坤》降《乾》为《离》，亦归于《既济》定也。是三家殊涂而同归者也，皆七十子之微言流裔也。

魏晋以后，古注散佚，唐李鼎祚《周易集解》采辑精详，汉师家法，赖以不坠，为研究《易》学者之荄基。孙氏堂即据此辑《汉魏二十一家易注》，兼事旁搜，亦为精审。惠氏栋《周易述》采择宏博；张氏惠言辑郑、荀、虞义，及《易义别录》，厘别家法，厥功甚伟。汉《易》径途，藉此可以窥寻。姚氏配中《周易学》尤为纯粹无疵，深得作《易》忧患之恉。

宋儒之说《易》者，《程氏传》推天人之奥，广大精深，隐合宣圣之旨，顾氏炎武最为服膺。朱子以《程传》尚辞，故其作《本义》以尚占为主，可与《程氏传》并行不悖。杨氏万里《易传大旨》亦本程氏，而参以史事，合于干宝家法。项氏安世《周易玩辞》能言理而不坠于玄虚，其推明《易》例尤多独得。至于集义理之大成，穷象数之阃奥，崇盛德而广大业，则惟《［御撰］周易折中》[1]，实为古今造极之作，

① 醒园本关涉清帝之书，均用旧名；国专本对“御撰、钦定”等，则概予删除。今仍以［ ］保留删除的文字。

非掇拾零文碎义者所能知也。李氏光地《周易通论》撷取《折中》之菁华，义理奥博，颇有观止之叹。

近皖江陈氏世镕所著《周易廓》，汉宋兼采，精于义例，世鲜有知之者。先师黄氏以周为《易》学专家，著《十翼后录》八十卷，惜世无传本。文治仅钞得《周易故训订》一卷，师法所在，颇见源流。拙编《大义》，仿《周易折中》，以《程传》为主，其文义之复沓者，稍删节之；《本义》则采录甚尠，因已刊入《十三经读本》，为人人必读之书也。此外汉宋诸家，凡合于孔门家法者，均详加辑录。惟是见闻弇陋，学识短浅，大雅君子幸匡正之。

五、学《易》绪言

凡说经者，必先明义例，不知其例，不足以言通经。司马子长云："《春秋》文成数万，其指数千。"《周易》之例，奚啻数千而已！今有至约之法，以示学者，盖《易》例备详于《十翼》，《十翼》以《系辞传》为尤要。

《系辞传》曰："《易》之为书也，原始要终，以为质也。"此即言六爻也。曰："初辞拟之，卒成之终。"言初爻与上爻也。初爻拟辞，上爻成终，其意皆相应，其质皆相成。曰："二与四、三与五，同功而异位。"此言刚柔之位也。爻例自下而上，一阴一阳相间为当位，六十四卦惟《既济》六爻皆当位，故《彖传》曰："刚柔正而位当也。"凡诸卦《彖传》中言当位、不当位，以此例推之，便易省悟；而所以吉、凶、悔、吝之故，亦于是乎在矣。

《上经》首《乾》《坤》，《下经》首《咸》《恒》。《上经》言天道，《下经》言人事。读《序卦传》，大义已明。而善观天人之际者，要在以人法天，推诸家国、身心，吉凶与民同患，故《上经》著《泰》《否》二卦，《下经》即著《损》《益》二卦，皆天人之大原也。《上经》终《坎》《离》，《下经》终《既》《未济》，《坎》《离》为《乾》《坤》之相交，《既》《未济》又为《坎》《离》之相重也。学者每读一卦，当审其为天道、为人事，为政治之本原，为心理之奥窔，随卦随爻，随时随事，返之于身，征之于实事，则得之矣。

《系辞传》曰："《易》之为书也，广大悉备，有天道焉，有人道焉，有地道焉。兼三才而两之，故六。六者非它也，三才之道也。"又《说卦传》曰："兼三才而两之，故《易》六画而成卦。"而《乾》卦《文言传》曰："上不在天，下不在田，中不在人。"是爻例上两画为天，下两画为地，中两画为人。然似《泰》《否》两卦《象传》以君子、小人与天地对言，《谦》卦《彖传》以天道、地道、人道与鬼神并言，《贲》卦《彖传》专言天文、人文，《益》卦《彖传》专言天施地生，要知《易》义变化无方，未可滞于一隅也。

京房《易积算法》曰："孔子《易》云有四易，一世二世为地易，三世四世为人易，五世八纯为天易，游魂归魂为鬼易。"盖游于上，斯归于下，先儒谓"归魂"者，"硕果不食”也。朱子《分宫卦象次序歌》方以类聚，物以群分，一纵一横，可乐而玩。文治尝悉心推求之，如《晋》为乾宫游魂卦，其二爻云“受兹介福，于其王母”，先儒谓指祭祀而言。又如《小过》为兑宫游魂卦，其二爻云：“过其祖，遇其妣。”是则游魂之义，圣经固有明征矣。而八纯卦积[①]极于五世，盖即《孟子》所谓“君子之泽，五世而斩；小人之泽，五世而斩”也。又《乾凿度》曰：“爻例初为元士，二为大夫，三为三公，四为诸侯，五为天子，上为宗庙。”此与《履》卦《彖传》所称“帝位”，及《大有》三爻“公用亨于天子”之文相合。学者读《易》时，以意推求之可也。

《系辞传》曰：“以动者尚其变。”又曰：“刚柔相推，变在其中矣。”是孔子明示人卦变之例。而李氏光地乃谓“不过内外刚柔，上下往来，无卦变之义”。案：《讼·彖传》曰“刚来而得中”，《贲·彖传》曰“柔来而文刚”，“分刚上而文柔”，《无妄·彖传》曰“刚自外来而为主于内”，明指卦变而言；如李氏说，实于圣《传》不合。窃意“周易”之义，有交易，有变易。乾坤相交而生六子，是交易也；八卦变而成十二辟卦，十二辟卦变而成六十四卦，是变易也。是编所载卦变说，大旨宗荀、虞氏，与朱子说略有不同。

《系辞传》云：“杂物撰德，辨是与非，则非其中爻不

---

① 积：醒园本作“即”。

备。”沈氏起元曰：“中爻，互卦也。文王卦辞，周公爻辞，以互体立义者，其象皎然。故先儒多以互体说《易》，不可忽也。”任氏启运曰：“互卦之例，明见于爻，若《泰》中互《归妹》而五言‘帝乙’，《归妹》《萃》上互《巽》而《象传》言‘上巽’是也。”任氏又谓上下易卦之例，明见于《彖》《象》，若《泰》曰“小往大来”，《否》曰“大往小来”；《晋》曰“明出地上”，《明夷》曰“明入地中”；《屯》曰“动乎险中”，《解》曰“动而免乎险”。《系传》，《大过》《大壮》诸卦，胡氏谓“凡言‘后世易之’，皆以上下卦相易”是也。文治案：《小畜》互《离》，其三爻曰“夫妻反目”，《离》为目也；《谦》互《坎》，其初爻曰“用涉大川”，三爻曰“劳谦”，《坎》为川、为劳也。《左传》占事亦多有用互卦者，如周史占陈敬仲遇《观》之《否》，谓“《巽》，风也”，“风为天于土上，山也”之类，是互卦之义，经、传均有明征矣。《需》《讼》两象相易，《需》上爻曰“有不速之客三人来”，《需》易为《讼》也；《履》五爻曰“夬履，贞厉”，《夬》易为《履》也。是易卦之例，圣经更有明文矣。惟谓《系辞传》“‘后世易之’，皆以上下卦相易”，则不免失之穿凿耳。

凡易卦，《彖辞》系言一卦之性情，故《乾·文言传》曰：“乾元者，始而亨者也。利贞者，性情也。”可见《彖辞》系言性情，圣人特于《乾》卦明其例。而《彖传》则系每卦卦德之赞辞也。至卦爻则各有其志，如“志刚也”“志未变也”“志大得也”之类。每爻之各有其志，犹每卦之各有其性情也。《系辞传》曰：“爱恶相攻”，“情伪相感”。学者观卦之性情与爻之志，则于利害吉凶，思过半矣。

此外杂例，下卦为内，上卦为外；之外为往，之内为来；初与四、二与五、三与上为应，乘下为乘；二与五为中，当位为正；阴为消，阳为息；阳为大，阴为小；阳为贵，阴为贱；阳为君子，阴为小人。阳数奇而阴数偶，此小人之所以恒多于君子也，尤可畏哉！

虞氏发明十二辟卦消息，实本于孟长卿《卦气图》，以《坎》《离》《震》《兑》为四正卦，余六十卦，卦主六日七分，合周天之数，内辟卦十二，自《复》而《临》、而《泰》、而《大壮》、而《夬》、而《乾》，谓之阳息卦；自《姤》而《遯》、而《否》、而《观》、而《剥》、而《坤》，谓之阴消卦。此十二卦分配十二月，《复》为十一月冬至阳生，故《象传》曰“至日闭关”。卦变皆从此十二卦而来，义最精审。

《乾》《坤》二卦，《文言传》《系辞上传》“鸣鹤在阴”七节、“自天佑之”一节，《系辞下传》“憧憧往来”十一节，凡天人之奥，修身处世、开物成务之原，具备于是，学者当终身服膺之者也。又《序卦传》“升而不已必困，故受之以《困》”，“穷大者必失其居，故受之以《旅》”，其言深切，尤足警世。

朱子谓“有伏羲之《易》，有文王、周公之《易》，有孔子之《易》，学者不可便以孔子之说为文王之说”。陈氏世镕驳之，谓：“文王、周公、孔子同言卦象，何所分别？”

其说是矣。然彖、爻义确有互相发明者，亦有绝不相蒙者，如《屯·彖辞》言“勿用有攸往，利建侯”，初爻言“利居贞，利建侯”；《谦·彖辞》言“君子有终”，三爻言“君子有终吉”，此周公于《屯》《谦》主爻，发明文王之意也。《咸·彖辞》言“取女吉”，而初爻言“咸其拇”，二爻言“咸其腓”，三爻言“咸其股”，四爻言“憧憧往来”，五爻言“咸其脢”，上爻言“咸其辅”，皆言相感之理，并无“取女”之象；《渐·彖辞》言“女归吉”，而初爻言“鸿渐于干”，二爻言“鸿渐于磐”，三爻言“鸿渐于陆”，四爻言“鸿渐于木”，五爻言“鸿渐于陵”，上爻言“鸿渐于陆”，皆言高尚之义，并无“女归”之象，此爻辞与彖辞绝不相蒙者也。孔子作《易传》，均系循文衍义，然《乾》二爻“见龙在田”，与言行似无关也，而孔子则释之曰：“庸言之信，庸行之谨。”《中孚》二爻“鸣鹤在阴”，与言行似无关也，而孔子释之曰：“言行，君子之枢机。枢机之发，荣辱之主也。”此则广大精微，更非后人所能窥测矣。《杂卦传》与《序卦》次序不同，后儒争作图说，以为孔子别有命意，不知孔子明言“作《易》者其有忧患乎”，“乾刚坤柔”一章不过忧患之旨耳，先圣后圣，其揆一也，若谓《杂卦》别具王道圣功之要，岂《序卦传》不寓王道于圣功乎！

先师黄氏以周曰：“学《易》者当于《通志堂经解》中求之，《学海堂经解》中自惠氏、张氏外，馀无取焉。”文治泛滥二书，深信其说。盖《通志堂经解》实系顾氏炎武所藏之书，而徐氏乾学得之，归诸纳兰成德，其中说《易》

之书尤夥，故多精粹之作；然其惑于图象而坠于空虚者，亦复不少。任氏启运《周易洗心》有《读易法》一卷，论八卦性情才德，因而重之，有合有不合，当有补救之方，其论极精。惟其说“五十学《易》”，以为用五用十，且纠缠先天后天，推之未有卦画以前，则穿凿而无所取。近陈氏澧《东塾读书记》说《易经》一卷，精当不刊，惜左袒王弼，是其一病。陈氏世镕《周易廓》有《读易杂记》一卷，发明爻例卦象，贯串旁通，勉励初学，兢兢戒慎，为学者必读之书也。

六、《易》微言一

是篇属稿在先，重卦之说与上不同，传闻异辞，各有意义，自可并存，不必因此疑彼也。[①]

学《易》之法，备于孔子之《系辞传》。《系辞传》云：“《易》有圣人之道四焉，以言者尚其辞，以动者尚其变，以制器者尚其象，以卜筮者尚其占。”此《易》之精蕴也。

曷谓“以言者尚其辞”？圣人设卦观象，系辞焉而明吉凶，卦有卦之系辞，爻有爻之系辞。伏羲三画，文王重之，而系之辞曰“乾，元亨利贞”；及周公，又系之辞曰“潜龙勿用，见龙在田”云云者，抑何奇也！孔子曰：“圣人之情见乎辞。”而即继之曰：“天地之大德曰生，圣人之大宝曰

---

① 醒园本篇题无此段说明文字。

位，何以守位曰仁，何以聚人曰财。”然则圣人之情，要以修德行仁为主。因孔子之辞意，而周公之辞意可知也，文王之辞意可知也。孔子曰：“其辞文，其言曲而中，其事肆而隐。”以至纤之辞，而包至广至大之事，此所谓“奇而法”者也，皆以其苦心觉示天下者也。是故君子所乐而玩者，爻之辞也。

曷谓“以动者尚其变”？孔子曰：“刚柔相推而生变化。”又曰：“变化者，进退之象也。”又曰：“变通配四时。”文治尝考卦变之义，以消息之序言之，皆自十二辟卦而来。所谓“变通”者，趣时者也，亦所谓“变动不居，周流六虚”者也。（卦变说见下篇。）孔子曰：“变动以利言。”利者，性情也，自然之道也。因乎时而变焉，因乎性情而变焉。变则通，通则久，此圣人所以贞天下之动也。

曷谓“以制器者尚其象”？包牺氏通神明，类万物，作八卦是矣。顾文治窃有疑焉者：神农之时，未有重卦，而云“取诸《益》”“取诸《噬嗑》”，何也？盖古人制器，有取卦象者，有取卦义者。《离》之为罔罟也，《乾》《坤》之为衣裳也，《涣》之为舟楫也，皆取其象者也。《益》之为耒耜也，《噬嗑》之为市也，《随》之为引重致远也，《夬》之为书契也，皆取其义者也。又推而言之，《剥》之为床也、庐也，《大过》之为栋也，火、风之为《鼎》也，《艮》之为门也，皆取其象者也。《坎》之为曳轮也，水、风之为《井》也，皆取其义者也。孔子曰：“备物致用，立成器以为天下利，莫大乎圣人。”周子曰：“五行之生，各一其性。”圣人备物成器，莫非取五行之精，后有作者，莫能越其范围矣。

曷谓“以卜筮者尚其占”？于大衍之数五十见之矣。孔子曰：“《易》之为书也不可远，为道也屡迁，变动不居，周流六虚，上下无常，刚柔相易，不可为典要，惟变所适。”是故吉者未必其终吉也，凶者未必其尽凶也，其所以变化无常者，随人心之善恶为转移也。考《左氏春秋》内外传占筮之法，可知之矣。（如穆姜占得“随，元亨利贞”之类。）且吉凶者，失得之象也，非必以祸福计也。是故君子思不出其位，洗濯其心，神明其德，而后可以言占也。凡此，所谓圣人之道也。

抑文治更有进者：人事之吉凶悔吝，由于人心之喜怒哀乐相配而成。“喜”字从口，开口而笑，吉事之象[①]；然喜者伤生，不可过也，故吉者不可恃也。志，气之帅也；气，体之充也。理为心之主，气为心之奴。人之心专以气用事，奴者主之，未有不亡身破家者也，是为大凶。悔恨多而哀感生，然哀者清明之气也，两军相见，哀者胜矣，有悔斯可以贞也。吝者羞也，乐不可极，乐而不止，未有不至于吝者也。人心之喜怒哀乐，万有不齐，故人事之吉凶悔吝，亦变迁而无定，皆配之以其分者也。《中庸》曰：“喜怒哀乐之未发谓之中。”未发之性，卦画之未成爻者也。

① “‘喜’字从口，开口而笑，吉事之象”，醒园本作“吉事有喜，故‘喜’之字从吉”。

画而成爻，是为已发之情，六十四卦三百八十四爻，皆归于《既济》定，所谓“发而皆中节”者也。王者之刑赏庆罚，制礼作乐，皆本于喜怒哀乐。因一人之喜怒哀乐，而使万物各得其所，所谓“致中和，天地位焉，万物育焉”者也。《中庸》尽人之性，尽物之性，赞天地之化育，经纶天下之大经，立天下之大本，皆《易》理也。圣人通天下之志，定天下之业，断天下之疑，其德行事业，要归于使万物各得其所。是故“人不知而不愠”，“不知命无以为君子”者，《易》之道也。“己欲立而立人，己欲达而达人”，“老者安之，朋友信之，少者怀之”者，《易》之道也。此则圣人之情，学《易》者所当勉而志焉者也。

七、《易》微言二

孔子曰：“《易》之兴也，其于中古乎？作《易》者，其有忧患乎？”处忧患之卦凡九，《履》《谦》《复》《恒》《损》《益》《困》《井》《巽》是也。文王用其五，周公用其五，孔子亦用其五，而以《损》《益》《井》《巽》之义，时时载之于文。文治尝熟绎而详说之。

孔子曰：“履，德之基也。”“履，和而至。”“履以和行。”案：《履》卦《大象传》云：“履，君子以辩上下、定民志。”盖“履”者，礼也，《论语》曰“礼之用，和为贵”，是君子修德之第一卦也。其初爻曰“素履，往，无咎”，二爻曰“履道坦坦，幽人贞吉”，处忧患之道，尽于是矣，进乎三则凶矣。

孔子曰：“谦，德之柄也。”“谦，尊而光。”“谦以制礼。”案：“柄”当为根本之义，是君子修德之第二卦也。三爻为一卦之主，劳而不伐，有功而不德，厚之至也。《谦》也者，致恭以存其位者也。

孔子曰：“复，德之本也。”“复，小而辨于物。”“复以自知。”案：“复小”，谓阳微也。“辨于物”者，辨物之善恶。自知者有不善，未尝不知中以自考也。《复》卦为天地之心，在人为善恶之几，洗心之奥旨。《履》《谦》行于外，至《复》则勘诸内，是君子修德之第三卦也。

孔子曰：“恒，德之固也。”“恒，杂而不厌。”“恒以一德。”案：“杂而不厌”，谓遇凡人之性情气质杂糅不齐，因应之而不厌，惟不厌而后能有恒。“维天之命，於穆不已。”“无息”者，天地之功用，人事之所以有成。惟履而后能谦，惟复而后能恒。履以践之，必谦以下之；复以省之，必恒以贞之，是君子修德之第四卦也。

孔子曰：“损，德之修也。”“损，先难而后易。”“损以远害。”案：《损》卦《大象传》云：“损，君子以惩忿窒欲。”是德之修也，酌损已事，阻者必多，是为最难；迨其后也，众皆知损之益，故云“先难后易”。当忧患之世，而有满溢奢靡之象，祸害立至，故云“《损》以远害”，是君子修德之第五卦也。

孔子曰：“益，德之裕也。”“益，长裕而不设。”“益以兴利。”案：《益》卦《大象传》曰：“益，君子以见善则迁，有过则改。”是德之裕也。“不设”者，郑君云“设，大也”，《益》虽长裕，而作事不自张大也。《益》初利用为大作，故以兴利，士君子生当世，务在以美利利天下也。然上爻曰“莫益之，或击之”，盖欲作事兴利而莫之与，则伤之者至矣。《损》之初爻，酌损已事，其上爻曰“无咎，贞吉”；《益》之初爻，用为大作，其上爻曰“或击之”，本末如此可鉴也，是君子修德之第六卦也。

《损》近乎《节》，而君子修德用《损》不用《节》者，盖《节》仅以止涣，不若《损》《益》之为用至大。三代礼乐之制，不过损益；人道刚柔之宜，亦不外乎损益。《易》，《乾》《坤》二卦为泰否往来，而《损》《益》二卦则山泽通气、雷风相薄，与《咸》《恒》之为夫妇，《坎》《离》之为既、未济，同为《易》中之大关键。是以孔子于《彖传》特赞之曰：“损刚益柔有时，损益盈虚，与时偕行。”又曰：“天施地生，其益无方。”又于《杂卦传》特著之曰：“《损》《益》，盛衰之始也。”盖一心一身之盛衰、一家一国之盛衰皆系之，《损》《益》之为用大矣！《淮南子·人间训》曰：“孔子读《易》至《损》《益》，未尝不愤然叹曰：‘《益》《损》者，其王者之事与？事或欲以利之，适足以害之；或欲害之，乃反以利之。利害之反，祸福之门户，不可不察也。’”明于利害之反、祸福之门户者，其惟圣人乎？

孔子曰：“困，德之辨也。”“困，穷而通。”“困以寡怨。”案：《困》卦《彖传》云：“尚口乃穷也。”“辨”字决非辨论之义，疑当作“徧”字解，盖如《孟子》所云“苦其心志，劳其筋骨，饿其体肤”，言徧历艰苦也。爻辞之“困于株木”，“困于酒食”，“困于石”，“困于金车”，“困于赤绂”，“困于葛藟”，亦周徧之义。周历艰苦则穷，穷极则通，如此而能不怨不尤，故以寡怨，是君子修德之第七卦也。

孔子曰：“井，德之地也。”“井，居其所而迁。”“井以辨义。”案：“德之地”及“辨义”二字，先儒均未有确解。窃谓“地”者“底”也，井深象德之底止，《大学》所谓“止于至善”，“知止而后有定也”。《困》既为德之徧，由是而知所止，“居其所”犹“止其所”也。虽居其所，而《井》道养人，不穷其德，博施而动，故曰“迁”。凡事能穷所底止，则于本末终始辨之各得其宜，故曰“辨义”。此《论语》“可与立”之境，进乎此者，“可与权”矣，是君子修德之第八卦也。

孔子曰：“《巽》，德之制也。”“《巽》，称而隐。”“《巽》以行权。”案：“德之制”，谓因时以制宜。《井》以辨义，辨义之深，乃为精义；义精，则于凡事之大小轻重各称其平，故曰“称而隐”。“隐”者“伏”也，不露于外也。惟精义，乃能行权；申命行事，惟“可与权”者能之。《巽》，风也，挠万物者莫疾乎风，惟行权乃可正天下之风气也，是君子修德之第九卦也。

兹九卦，反身修德之道，胥在于是，学者所当性命以之者也。《系辞传》曰：“君子所居而安者，《易》之序也。”曷谓“《易》之序”？文治心尝疑之，今考《上经》自《乾》至《履》九卦，《下经》自《恒》至《损》《益》亦九卦；

《上经》《履》至《谦》五卦,《下经》《益》至《困》《井》亦五卦;《上经》《谦》至《复》又九卦,《下经》《井》至《巽》又九卦;《上经》自《复》而后八卦,而为《下经》之《恒》,《下经》自《巽》而《未济》亦八卦,上下《经》对待,次第至正也,义理至微也。其斯为“《易》之序”乎?其斯为忧患之世,“君子所居而安者”乎?

八、《易》微言三

读《易》之方,宜祛迷惑。

一曰辨图象。自宋以来,先天、河洛之说,纷然日出而不穷矣。谨案:《乾·文言传》曰:“先天而天弗违,后天而奉天时。”此言圣人与时消息,能先乎天、后乎天,以崇德而广业,犹《中庸》言“上律天时”之义,初非教人以作图也。《系辞传》曰:“河出图,洛出书,圣人则之。”此言文字之始,取则于图、书,所谓“仰则观象于天,俯则观法于地”,故许氏《说文》曰:“惟初大极,道立于一,造分天地,化成万物。”大极实即一昼,亦非教人以作图也。《说卦传》“天地定位”节言八卦相荡之理,“帝出乎震”节,疑是文王、周公相传之古说,而孔子释之。质言之,不过《震》动、《离》明、《兑》说、《艮》止之义,而消息寓其中,亦非教人以作图也。后人喜言图象,不知而作,甚者推至未有画卦以前,杳冥惝恍,实违经传之本旨。此当辨者一也。

二曰明卦变。卦变之例，发自宣圣。《讼》之《彖传》曰“讼，有孚窒惕，中吉，刚来而得中也”，是《讼》明自《遯》变。《随》之《彖传》曰“随，刚来而下柔”，是《随》明自《否》变。《蛊》之《彖传》曰“蛊，刚上而柔下”，是《蛊》明自《泰》变。《贲》之《彖传》曰“柔来而文刚”，是《贲》明自《泰》变。推之《损》《益》之“损上益下”“损下益上”，明自《泰》《否》二卦变。（顾亭林先生谓：“卦变之说，不始于孔子，周公系《损》之六三已言之矣。曰：‘三人行则损一人，一人行则得其友。’是六子之变皆出于《乾》《坤》，无所谓自《复》《姤》《临》《遯》而来者。”不知“三人行则损一人，一人行则得其友”，是《损》明自《泰》变，此周公所发明之例也。若谓皆是《乾》《坤》变，则于诸卦《彖传》皆不能合，惟六子为《乾》《坤》之交易卦，而十二辟卦则为八卦交易、变易之卦，此外各卦则均由八卦、十二辟卦变易而来。如朱子谓《升》自《解》来，《涣》自《渐》来，恐未是。）[1] 此卦变之说也。自虞氏以阴阳相对为旁通，六十四卦皆当变成《既济》。焦礼堂更驰骋其说，以为无卦不变、无爻不变，是直误以卜筮之尚占为动者之尚变，其凿甚矣。此当辨者二也。

三曰明卦象。《说卦传》载“乾为天为圜”一章，厥后荀九家补之，虞氏又补之，几于无义不收矣，然实有未可强合者。王辅嗣因谓“触类可为其象，合义可为其征”，“爻苟合顺，何必坤乃为牛”，“义苟应健，何必乾乃为马”，后儒因有“忘象”之说。窃以为“忘象”者固非，“泥象”

[1] 此段随文注为醒园本所无。

者亦非也。

谨案："履霜坚冰"，明著于《坤》象，而《说卦传》则曰"乾为冰"，其义殊不可解。又如"邑人不诫"，"自邑告命"，《坤》之为邑，明著于《比》《泰》二卦，然《讼》九二"其邑人三百户无眚"，《无妄》六三"邑人之灾"，是《乾》亦未尝不为邑。（《易》"邑"字例：《讼》二爻"邑人三百户"，《讼》上卦《乾》，《乾》为邑。《比》五爻"邑人不诫"，《比》下卦《坤》，《坤》为邑。《泰》上爻"自邑告命"，《泰》上卦《坤》，《坤》为邑。《无妄》三爻"邑人之灾"，《无妄》上卦《乾》，《乾》为邑。《晋》上爻"维用伐邑"，《晋》下卦《坤》，《坤》为邑。《夬·彖》"告自邑"，《夬》下卦《乾》，《乾》为邑。《升》三爻"升虚邑"，《升》上卦《坤》，《坤》为邑。《井·彖》"改邑不改井"，《井》由《泰》变，《泰》上卦《坤》，《坤》为邑，故云"改邑"。）《震》为足，明著于《说卦传》，然《贲》初九"贲其趾"，《贲》下《离》，是《离》亦未尝不为足。《剥》初六"剥床以足"，《剥》下《坤》，是《坤》亦未尝不为足。又如《坎》之为舆，明著于《说卦传》，然《小畜》九三"舆说辐"，《小畜》下《乾》；《大有》九二"大车以载"，《大有》下《乾》，是《乾》亦未尝不为舆。程子引《经》"公用射隼于高墉之上"，"子曰：'隼者禽也，弓矢者器也，射之者人也。'"圣人并不言取象于某卦，然则泥象者非也。

又案：《坤·彖辞》言"利牝马之贞"，《离·彖辞》言"利贞，畜牝牛吉"，两两相对，《坤》为子、母牛，故《离》为畜、牝牛。（《坤》交《乾》成《离》，《离》者《坤》所畜也，其象甚明，而元黄楚望《易学滥觞》云："《左传》言'纯离为牛'，已不可晓。《离》卦辞曰‘畜牝牛吉’，尤不可晓。”黄氏自言探索象学四十余年，而尚不能言其理，岂百密而不免一疏欤?）《坤》五主爻“黄裳元吉”，《离》二主爻“黄离元吉”，亦两两相对。又如《震》为侯，《屯》卦下《震》，《象辞》言“利建侯”，主爻亦言“利建侯”；《豫》卦上《震》，《象辞》亦言“利建侯”。又如《噬嗑·象辞》“利用狱”，取《离》明之象，推之《贲》“无敢折狱”，《丰》“折狱致刑”，《旅》“明慎用而不留狱”，皆取《离》象。《中孚》“议狱缓死”，取重《离》之象，是卦象未为无定也。《小过》象飞鸟，而《旅》之上九曰“鸟焚其巢”，明言上爻变鸟巢，为离火所焚也。下文又言“号咷”，离象也；又言“丧牛于易”，则谓《离》变矣。盖圣人因事以著象，因象以明理，若泥象或忘象，则皆悖乎“变动不居”之义。此当辨者三也。

文治弇陋，窃谓学《易》之法，当以易简为主。孔子于《系辞上》之首章云：“乾以易知，坤以简能。”“易简而天下之理得矣。”于《系辞下》之首章云：“夫《乾》，确然示人易矣；夫《坤》，隤然示人简矣。爻也者，效此者也。象也者，像此者也。”又于《系辞下》之末章云：“乾，德行恒易以知险。……坤，德行恒简以知阻。”圣人明示人以易简之道，为可久可大之德业，而后世学者自入于支离穿凿之途，深可悯也。《大有》为《易》中最吉之卦，五爻为之主，其辞曰：“厥孚交如、威如，吉。”孔子释之曰：“厥孚交如，信以发志也；威如之吉，易而无备也。”然则易简之德，其至矣哉！后儒得吾说以学《易》，并用吾说以治其家、以治其国，庶几免于咎悔而能寡过矣乎?!

九、《易》微言四

孔子曰："彖者，言乎象者也；爻者，言乎变者也。"又曰："刚柔相推，变在其中矣。"而唐韩子则曰"《易》奇而法"。文治尝疑变则无所谓法，既而潜心观象玩辞，始知惟法乃所以生变，而变常在于法之中。奚以知之？读《传》之言志而知之。盖文王之《彖辞》，乃言每卦之性情与材。（《乾·文言传》曰："乾元者，始而亨者也。利贞者，性情也。"《系辞传》曰："彖者，材也。"言裁断也。如《坤》之"元亨，利牝马之贞"，言其性情也；"君子有攸往"以下，言其材也。《屯》之"元亨，利贞"，言其性情也；"勿用有攸往"以下，言其材也。盖文王《彖辞》已有占法，惜后世无传耳。）而周公之《爻辞》，则恒言每爻之志。"志"者，因交易、变易而见者也。交易、变易而其志犹不变，此人之气质所以有终不可变者也。故学者观《传》之言志，可以知《易》之法，其于读《易》之方，亦可得其一隅矣。爰详绎其义如左。

《屯》䷂初爻《象传》曰："虽盘桓，志行正也。"《屯》由《临》变，初爻不动，故曰"志行正"。

《蒙》䷃《彖传》曰："匪我求童蒙，童蒙求我，志应也。"《蒙》由《观》变，五爻本阳，与二相应，故曰"志应"。

《小畜》䷈《彖传》曰："刚中而志行，乃亨。"《小畜》由《夬》变，阴行于下，故曰"志行"。四爻《象传》曰：

“有孚惕出，上合志也。”言与上合志，明四爻之由《夬》变也。

《履》䷉三爻《象传》曰：“武人为于大君，志刚也。”《履》由《夬》变，三爻本刚，又与上相应，故曰“志刚”。四爻《象传》曰：“愬愬终吉，志行也。”盖《履》之四爻，即《夬》之初爻，志行于上也。

《泰》䷊《象传》曰：“上下交而其志同也。”《泰》卦《乾》来交《坤》，故曰“其志同”。初爻《象传》曰：“拔茅征吉，志在外也。”内卦本阴，故初爻志在外。

《否》䷋初爻《象传》曰：“拔茅贞吉，志在君也。”《否》卦《坤》来交《乾》，下三爻皆阳位，阳为君，故初爻曰“志在君也”。四爻《象传》曰：“有命无咎，志行也。”《否》之上三爻，即《泰》之下三爻，群遇祉福，故四爻曰“志行”也。

《同人》䷌《象传》曰：“唯君子为能通天下之志。”《同人》由《姤》变，初爻进二，中正而应，故曰“通天下之志”。初爻之《象传》曰：“出门同人，又谁咎也。”言初阴出门，以同人也。上爻《象传》曰：“同人于郊，志未得也。”《姤》与《夬》反对，初阴进二，而未进于上，故曰“志未得”。

《大有》䷍五爻《象传》曰：“厥孚交如，信以发志也。”《大有》由《夬》变，五爻与上爻交孚，故曰“厥孚交如”；上爻履信思乎顺，五信而顺，故曰“信以发志”，亦以见与上合志也。

《谦》䷎上爻《象传》曰：“鸣谦，志未得也。”《谦》由《剥》变，上本阳爻，与三相应，故虽鸣而志未得。

《豫》䷏初爻《象传》曰：“初六鸣豫，志穷凶也。”《豫》由《复》变，初失其阳，故鸣豫而志穷凶。此鸣之志与《谦》上同。四爻《象传》曰：“由豫大有得，志大行也。”《复》初阳上进于四，故“志大行”。

《随》䷐三爻《象传》曰：“系丈夫，志舍下也。”《随》由《否》变，下三爻皆阴，故三爻之志，舍下之阳也。

《蛊》䷑上爻《象传》曰：“不事王侯，志可则也。”《蛊》由《泰》变，上爻以阴变阳，故高尚而志可，则善初之能变，嘉其志也。

《临》䷒初爻《象传》曰：“咸临贞吉，志行正也。”上爻《象传》曰：“敦临之吉，志在内也。”盖《临》由《震》变，初爻例与《屯》初同，故曰“志行”也。上之“敦临”与《艮》之“敦艮”同，“志在内”者，志在内卦之二阳也，此变例也。

《观》䷓上爻《象传》曰：“观其生，志未平也。”《观》由《艮》变，二阳在上，未得其平，故“志未平”。

《贲》䷕上爻《象传》曰：“白贲无咎，上得志也。”《贲》由《泰》变，《彖传》曰：“柔来而文刚，分刚上而文柔”，是其显证。“上得志”者，分刚上而文柔，故阳刚得志也。

《无妄》䷘初爻《象传》曰：“无妄之往，得志也。”案：《彖传》曰：“无妄刚自外来，而为主于内。”是《无妄》明由《遯》变。《易》例之内为来、之外为往，初爻往吉，得其本志也。

《大畜》䷙三爻《象传》曰：“利有攸往，上合志也。”《大畜》由《大壮》变，上爻即《大壮》之初三爻，与上相应，故曰“上合志也”。

《咸》䷞初爻《象传》曰：“咸其拇，志在外也。”盖《咸》由《否》变，“志在外”者，言初爻本位之志在于外也；此与《损》卦“已事遄往，尚合志”义同。三爻《象传》曰：“志在随人，所执下也。”《随》三以阴随阳，曰“志舍下”；《咸》三以阳随阴，则曰“志在随人”。盖本在外，《随》变而下，故曰“所执下”也。五爻《象传》曰：“咸其脢，志末也。”《系辞传》曰：“其初难知，其上易知，本末也。”故爻例初为本、上为末，《咸》五爻本《否》之上爻，故志在于末也。

《遯》䷠二爻《象传》曰：“执用黄牛，固志也。”盖《遯》由《离》变，《离》为牛，其二爻曰“黄离元吉”，故《遯》二曰“执用黄牛，固志也”。《遯》二爻之志，即《离》二爻之志也。五爻《象传》曰：“嘉遯贞吉，以正志也。”《离》五本阴，变《遯》则刚，当位而应，故曰“正志”，言变而其志正也。初爻不当位，故曰“勿用有攸往”，此尤可见人之所志，不可非其位也。

《晋》䷢三爻《象传》曰：“众允之，志上行也。”《晋》由《观》变，四爻之志，上行为中所允服，故曰“志上行”也。

《明夷》䷣《彖传》曰："内难而能正其志。"《明夷》由《临》变，二、三易而当位，故曰"能正其志"，此与《遯》五爻之"正志"同。三爻《象传》曰："南狩之志，乃大得也。""狩"者，行也。三爻上行当位，故志大得也。

《家人》䷤初爻《象传》曰："闲有家，志未变也。"《家人》由《离》变，内卦均当位而不变，是家有闲，故于初爻发之曰"志未变"也。

《睽》䷥《彖传》曰："二女同居，其志不同行。"又曰："男女睽，而其志通也。"《睽》由《离》变，本为两离，而下变上不变，故"其志不同行"，二、五相应，故"其志通"。四爻《象传》曰："交孚无咎，志行也。"《离》三、四重阳变《睽》，则二阳而三阴，四阳而五阴，故曰"交孚志行"。

《蹇》䷦上爻《象传》曰："往蹇来硕，志在内也。"《蹇》由《观》变，三往而上来，故上曰"往蹇来硕，志在内也"。

《损》䷨初爻《象传》曰："已事遄往，尚合志也。"《损》由《泰》变，初爻已往上，《损》之初即《泰》之二，与上合志，故曰"上合志"；此与《小畜》之"上合志"同例。二爻《象传》曰："九二利贞，中以为志也。"《损》之二爻即《泰》之三爻，变《损》居中，圣人因《损》之元吉，故勉之曰"中以为志"。上爻《象传》曰："弗损益之，大得志也。"《损》以《泰》之初阳往上，《损》下《益》上，为卦之主，故"大得志"。《损》之由《泰》变，周公于三爻已明著之，而孔子言卦志又详明如此。

《益》䷩四爻《象传》曰："告公从，以益志也。"《益》由《否》变，"告公从"者，从内二阴也。"以益志"者，《益》外二阳也，上来而四，有以益其志也。五爻《象传》曰："惠我德，大得志也。"四往从阳，五与相孚，故曰"有孚惠心"。阳升五居中得正，又有阴之相孚，故"大得志"。

《姤》䷫五爻《象传》曰："有陨自天，志不舍命也。"《姤》以柔遇刚，五为卦主，"有陨自天"者，五陨于初也。命者，巽之命也，以卦主而不能违初阴之志，不能舍初阴之命，《姤》之一阴可惧哉！

《萃》䷬初爻《象传》曰："乃乱乃萃，其志乱也。"《萃》由《临》变，初进于四，失位，故"其志乱"。五爻《象传》曰："萃有位，志未光也。"《临》二升五，虽当位而阳未盛，故"志未光"。

《升》䷭《象传》曰："南征吉，志行也。"《升》由《观》变，三阴均升于上，故曰"志行"。初爻《象传》曰："允升大吉，上合志也。"初升于四，故"上合志"。此与《小畜》《损》两卦之"上合志"不同，盖言与外卦合志，非指上爻也。五爻《象传》曰："贞吉升阶，大得志也。"三阴均上升，而五居中为主，故"大得志"，正与《象传》之"志行"相应。

《困》䷮四爻《象传》曰："来徐徐，志在下也。"五爻《象传》曰："劓刖，志未得也。"《困》由《泰》变，四阳本在下卦，故“志在下”，五阳为阴所擒不能息，故“劓刖”而“志未得”。

《革》䷰《象传》曰：“二女同居，其志不相得曰革。”《革》由《离》变，故其志与《睽》同。四爻《象传》曰：“改命之吉，信志也。”本《离》而变《兑》，是“改命”也；然五、上均变，而四犹未变，故虽改命而犹“信志”也。

《归妹》䷵ 四爻《象传》曰：“愆期之志，有待而行也。”《归妹》由《泰》变，故“帝乙归妹”明著于《泰》卦。“愆期之志，有待而行”者，《震》为行，以三进四，《泰》三之志，待《震》而后行，是以迟归也。

《丰》䷶ 二爻《象传》曰：“有孚发若，信以发志也。”《丰》由《泰》变，上阴来二，阴阳相孚，故曰“有孚发若，信以发志”；此与《大有》五爻“厥孚交如，信以发志”同例。

《旅》䷷ 初爻《象传》曰：“旅琐琐，志穷灾也。”《旅》由《否》变，初进于五，失位，故“志穷灾也”。

《巽》䷸《象传》曰：“刚巽乎中正而志行。”《巽》为《坤》来交《乾》之卦，柔顺乎刚，而阳志得行，故曰“志行”。初爻《象传》曰：“进退，志疑也；利武人之贞，志治也。”阴阳进退之际，故其志疑；武人类刚，变而得正，故其志治。三爻《象传》曰：“频巽之吝，志穷也。”以《巽》重《巽》，四变为柔，失重刚之性，故其志穷。

《兑》䷹ 二爻《象传》曰：“孚兑之吉，信志也。”

《兑》，《坤》来交《乾》，二、三刚柔相孚，故曰“信志”，犹《大有》之“信以发志”也。

《涣》䷺三爻《象传》曰：“涣其躬，志在外也。”《涣》由《否》变，二进于三，与四相比，故“志在外”。

《中孚》䷼初爻《象传》曰：“初九虞吉，志未变也。”《中孚》由《离》变，即重《离》象，初爻未动，故“志未变”。

《未济》䷿四爻《象传》曰：“贞吉悔亡，志行也。”《未济》由《否》变，四爻未变，与初相应，故“志得行”。

昔虞仲翔因《既济·象传》言“刚柔正而位当”，遂悟当位、不当位之例。文治窃谓：《周易》位与志实并重。圣人所以时言位者，勉人之有定位而无越分也；所以时言志者，勉人之有定志而无歧思也。然位不能变，而志则有变而得之者。盖天下之位万殊，卑高以陈，各有一定；而生人之志万殊，则宜有改过迁善之路也。此“改命”所以为“信志”，“有孚”所以亦为“信志”也。然亦有虽变而不离其宗者，此《遯》之所以有“固志”也，在因时而善变耳。圣人之通变宜民，盖有法焉，可轻言哉！

文治弱冠时治汉《易》，溺于“旁通之正”之说，于交易、变易之例初未究心。五十以后，熟玩经传，始知《易传》之言志，变例实寓其中，而《易》之法于是而益显。抑又思之，周公爻例之言“变易”，不独见于《损》之三爻，如《履》九五之言《夬》《泰》、六五之言《归妹》，皆是也。又如《革》初爻曰“巩用黄牛之革”，《革》由《离》

变，初爻不变，是以为“鞏用黄牛”之象；五、上爻变，是以五之《爻辞》曰“大人虎变”，上之《爻辞》曰“君子豹变”。然则《革》之由《离》变，周公固明明以示后学矣。所以取象于虎豹者，《离》为文采，（《论语》子贡论文质以“虎豹之鞟”为文，“鞟”者，革也。）《贲》六二《象传》曰“实其须，与上兴也”，不明言志，而志在其中。窃意《彖》《象传》中言上、下者，亦皆指变易而言。《系辞传》曰：“上下无常，刚柔相易，唯变所适。”岂非《易》之本志与？

一得之见，不足窥圣道之高深，且经传变化神明，不可为典要。后儒卦变之说，又复言人人殊，各执一理，折衷末由。此篇恐多牵强武断之处，唯大雅君子教正之。

十、《易》微言五

孔子曰：“仁者见之谓之仁，智者见之谓之智，百姓日用而不知。”孟子曰：“行之而不著焉，习矣而不察焉，终身由之而不知其道者，众也。”君子于是求用《易》之道焉。圣人于六十四卦《大象传》皆系以“以”字，而于《系辞传》又总言之曰“圣人以此洗心，退藏于密”，又曰“圣人以此齐戒，以神明其德”，又于“包牺氏王天下章”畅发取象之旨，其用《易》之道，固以昭示万世。文治于是兢兢业业，求所以用《易》卦之法。

夫盈天下皆道，则盈天下皆《易》，内而念虑之细，外而酬酢之繁，大而伦常之间，小而起居之际，莫不皆有

《易》道焉。君子善用之以吉，小人不知用之而凶且悔吝，然则穷理尽性以至于命，岂非本于用《易》之道乎？

窃尝于《大学》“三纲领”中求之。“明明德”之象为《晋》，《大象传》曰“君子以自昭明德”，是明德当用《晋》卦也。“亲民”之象为《师》、为《比》，《大象传》曰“君子以容民畜众”，先王以建万国、亲诸侯。盖天下之至亲切者，莫如地之与水，是亲民当用《师》《比》二卦也。“艮其止，止其所也”，“终万物、始万物者，莫盛乎艮”，是“止于至善”当用《艮》卦也。

“定”“静”“安”“虑”“得”，皆所谓“居而安”“乐而玩”者乎？“知所先后，则近道矣”，“吾道一以贯之”者也。先者逆而数之，故功夫较难；后者顺而推之，故效验较易。格致诚正，所以“通天下之志”也；修齐治平，所以“定天下之业”也。致知格物，“君子以多识前言往行，以畜其德”，其必用《大畜》乎？然《大学》“八条目”以修身为本，而修身又以诚意为本。郑君注曰：“其知于善深，则来善物；其知于恶深，则来恶物。”是诚意之与格致，固有息息相通之理矣。《同人》之《象传》曰“君子以类族辨物”，是辨天之与火，同中之异也，非所谓格物也。《未济》之《象传》曰“君子以慎辨物居方”，是辨火之与水，异中之异也，亦非所谓格物也。《系辞传》曰：“《复》，小而辨于物。”《复》者，一阳之始，当善念之初萌，是则与诚意有息息相通之理矣。《彖传》曰“复，其见天地之心乎”，正心之道也；《象传》曰“不远之复”，修身之道也。

善学者“终日乾乾”，反复其道，盖举“格”“致”“诚”“正”“修”一以贯之矣。

君子“戒慎乎其所不睹，恐惧乎其所不闻”，十二辟卦阴阳消息之微，无非内省不疚之用。然人第知诚意之当用《剥》《复》二卦，而不知尤宜用《夬》《姤》二卦也。盖《夬》者阳之盛，而一阴犹伏于上；《姤》者阳之盛，而一阴已生于下。苟或不慎，一反对焉，则《夬》变而为《姤》矣，一念转移之间，可惧哉！

修身为齐、治、平之标准，人第知《蹇》之当反身修德，而不知修身之当用《震》《艮》二卦也。《大象传》曰“洊雷，震，君子以恐惧修省”，修其身，省其身也，此由诚正以进于修身也。其六三曰“震苏苏”，“苏苏”者，醒也；其上九曰“震索索”，“索索”者，敬也。然而《震》不于其躬，则反对而为《艮》。“艮其身”者，止诸躬也。“君子思不出其位”，其修身之本于内者乎？“动静不失其时，其道光明”，其修身之见于外者乎？

《家人》之《象传》曰“威如之吉”，反身之谓也。人第知齐家之当用《家人》卦，而不知《家人》之反对为《睽》。《睽》则家道不能和顺，更可惧也。人既知齐家当用《家人》与《睽》，而不知尤当用《归妹》与《渐》也。妇者，家之所由盛衰也，“归妹睽孤，寇张之弧”，《传》文有明戒矣。必如《渐》之“女归吉”，庶几宜其家人乎？齐家其必慎之于始哉！

自古帝王盛德大业，悉备于《周易》之中，故治国平天下之要道，尤为上下两《经》之枢纽。《上经》始《乾》《坤》，隔八卦而为《泰》《否》。《否》《泰》反其类也，治平者之殷鉴也。《下经》始《咸》《恒》，隔八卦而为《损》《益》。损益，盛衰之始也。损之益之，得其宜，则为《泰》；失其宜，则为《否》矣。《上经》，《泰》《否》隔六卦而为《临》《观》。《临》者，《泰》之未成者也；《观》者，《否》之已进者也。用《临》而甘之，则反对而为《观》。“观国之光，利用宾于王”，陈成子之得政，已伏于齐桓公之时，可惧哉！然犹未为极也。《下经》，《损》《益》隔六卦而为《革》《鼎》。《革》，去故也；《鼎》，取新也。则“治历明时”“正位凝命”者，起而代之矣。有国与天下者，苟能懔懔焉以此为戒，又何至失其国而失其天下乎？

“天地之道，贞观者也；日月之道，贞明者也；天下之动，贞夫一者也。”“贞夫一”者，六十四卦一贯之道也。“夫《乾》，确然示人易矣；夫《坤》，隤然示人简矣。”“何以守位曰仁，仁者，《乾》道也。《大学》“一国兴仁”，“强恕以行”[①]，仁之道也。“何以聚人曰财”，理财正辞，禁民为非曰义。义者，《坤》道也。《大学》“生财有大道”，以义为利之道也。《易》之道，“穷则变，变则通，通则久”。“黄帝、尧、舜垂衣裳而天下治，盖取诸《乾》《坤》”，易简而已矣。是故由“知至至之”，及于“知终终之”，由直方之大，应乎黄裳之元，皆易简之道也，亦皆仁义之道也。

---

① 此句《大学》未见，《孟子·尽心上》作“强恕而行”。

是则“三纲领”“八条目”，一以贯之者也。

《乾》《坤》，其《易》之门邪？文治又深探乎世道升降之故，与夫圣人忧患之心，则又有“情见乎辞”者。人第知世道人心祸福之几，在于《易》反对诸卦，而不知反对卦之可忧，其显焉者也；旁通卦之可忧，其隐焉者也。《乾》《坤》，旁通卦也。《上经》以《坎》《离》两卦终，《乾》《坤》之交也；《下经》以《既》《未济》两卦终，则又《坎》《离》之交也，皆旁通卦也。而《坎》《离》之前，为《颐》与《大过》两卦，何也？《颐》䷚，《离》象也；《大过》䷛，《坎》象也。《既济》《未济》之前为《中孚》《小过》两卦，何也？《中孚》䷼，《离》象也；《小过》䷽，《坎》象也，皆旁通卦也。《坎》之“人于坎窞”，《未济》之“有孚失是”，皆虚而失实者也；《离》之“日昃之离”，《既济》之“繻有衣袽”，皆盈而极敝者也。斯固足为治国平天下者鉴矣！

然读《颐》与《大过》《中孚》《小过》四卦，其忧患又何其至也。“《颐》之时大矣哉”，圣人不作，无养贤、养民之吉矣。“颠颐拂经”，“十年勿用”，“利涉大川”，有行焉而已；然犹未为极也。“《大过》之时大矣哉”，“本末弱”矣，“栋桡凶”矣，“过涉灭顶”之占及在上矣；然犹未为极也。《中孚》“信及豚鱼”，至诚宜可以动物矣，然而“或鼓或罢，或泣或歌”，喜怒既无常，哀乐又复失真，其能常与此终古乎？“翰音登于天”，有飞鸟之象焉，则旁通而为《小过》矣。初爻曰：“飞鸟以凶，不可如何矣。”三爻曰：

“从或戕之，凶如何矣。”上爻曰：“飞鸟离之”，“已亢矣”。夫子赞山梁之雌雉曰：“色斯举矣。”君子不能以身之高尚投世之网罗，于斯时也，惟有取《颐》之象以“慎言语，节饮食”，取《大过》之象以“独立不惧，遯世无闷”而已矣。

呜呼！圣人忧世之心深，而处己之道乃愈贞矣！文治是以五作“微言”，而益增身世之感也。

卷二 尚书

一、道政事

司马迁曰："《书》纪先王之事，故长于政。"又曰："《书》以道事。"故《尚书》者，政治学之权舆也。吾国自圣门四科而后，政事无学，良可怪叹！使后世而有政治学也，必先课以《尚书》明矣。孔子曰："诵《诗》三百，授之以政，不达，亦奚以为?"文治亦谓：诵《尚书》二十八篇，授之以政，不达，亦奚以为?

政治之本，敬天尊贤而已。故《尧典》一篇曰"钦曰明"。舜之命牧，辄言"钦哉"。《皋陶谟》之知人安民，能哲而惠，要之曰"天聪明，自我民聪明；天明畏，自我民明威"，惟敬天而后能勤民也；又要之曰"兢兢业业，一日二日万几，无旷庶官，天工人其代之"，此帝王之心学也。惟治心而后能敬天，惟敬天而后能代天以成功，所以赞天地之化育者，发为万几，而实基于一心。

《皋陶谟》："禹曰：'安汝止，惟几惟康……天其申命用休。'"[①] 此即大舜无为而治之根本。无为而治者，"安汝止，

① 此处引文，今本多见于《益稷》。孔安国割裂《皋陶谟》，自"帝曰来禹"以下别为一篇，即伪《孔传》之《益稷》。

惟几惟康”而已，故舜之自述，不过曰“敕天之命，惟时惟几”。大哉，时乎、几乎！时者，措之咸宜也；几者，动而未形、有无之间也。此帝王之治心，所以能安汝止而答天命也。

汉唐以后之人君，知德者鲜矣。尧之“光被四表，格于上下”，其功本于“克明俊德”。禹之平水土，声教远讫，其功本于“祗台德先，不距朕行”。盖禹之所以“不距”其行者，在于能明其德，故曰：“美哉禹功，明德远矣！”《多方》赞殷王之德，曰成汤“至于帝乙，罔不明德慎罚”；周公之赞文王，首曰“克明德”；而《诗》人之赞王季曰“其德克明”，赞文王曰“予怀明德”。古人为学，以明德为根本，故《大学》之道，首言“在明明德”。所谓“济济多士，秉文之德”，此文王之教也。朱子云：“明德者，人之所得乎天，而虚灵不昧，以具众理而应万事者也。”是“明明德”即治心之学，而其用功则在于“顾諟天之明命”。“顾諟明命”即敬天也。《康诰》曰：“丕则敏德，用康乃心。”此亦周公述文王之学也。文王之明德，“缉熙敬止”，“纯亦不已”，故能“敏德，用康乃心”也。故凡治天下国家者，首在治心。

《洪范》曰：“无虐茕独，而畏高明。”古圣王之行政在仁慈，而行仁慈必先鳏寡茕独，盖恻隐之端所由始也。故《大诰》曰“呜呼！允蠢鳏寡”；《康诰》曰“不敢侮鳏寡”；《无逸》亦曰“不敢侮鳏寡”，又曰“惠及鳏寡”；《孟子》曰：“文王发政施仁，必先鳏寡孤独。”呜呼，何其仁也！生人之大苦，莫如无所托命。彼鳏寡孤独者，皆无所托其生而为造物之缺憾，为政者当代天以弭之者也。“文王视民如伤”，民有伤而君伤之至也。后世人君不仁之渐，起于侮鳏寡；侮鳏寡因而侮其民，侮其民而天下乱矣。

为治之要，务法前王。文王之德，可谓盛矣，而周公赞之，乃曰：“往敷求于殷先哲王，用保乂民。”又曰：“别求闻由古先哲王，用康保民。”又曰：“我时其惟殷先哲王德，用康乂民。”《无逸》一篇，历叙殷王中宗之“严恭寅畏”，高宗之“嘉靖殷邦”，祖甲之“保惠庶民”，殷勤慎重。司马迁引《传》曰“法后王”，“以其近己而俗变相类也”；周之则效殷先哲王，岂不大哉、美哉！（顾亭林《日知录》云：“《多士》之书：惟三月，周公初于新邑洛，用告商王士，曰：‘非我小国，敢弋殷命。’亡国之民，而号之‘商王士’；新朝之主，而自称‘我小国’。以天下为公，而不没其旧日之名分，殷人以此‘中心悦而诚服’。‘卜世三十，卜年七百’，其始基之矣。”此说极精。）后之为政者，动辄蔑视前朝，甚且菲薄之，以为概不足法，侈然自大，而治道于是日乖矣。

箕子之陈政事，曰：“无偏无党，王道荡荡；无党无偏，王道平平；无反无侧，王道正直。”又曰：“臣无有作福、作威、玉食。”（此“臣”字指武王而言，乃箕子戒勉武王之辞，盖古时人君对于天亦自称臣。《通鉴》：汉桓帝九年，“平原襄楷上疏云：‘臣窃见太微、天廷五帝之坐，而金、火罚星扬光其中，于占，天子凶。臣闻于师，曰：柏伤竹枯，不出二年，天子当之。今自春夏以来，连有霜雹及大雨雷电，臣作威作福，刑罚急刻之所感也。’”——并见《后汉书·襄楷传》。此“臣作威作福”，“臣”字指天子而言，尤为明证。自后人解《洪范》，误作“君臣”字解，以为惟君主可作福、作威、玉食，而后人辟，乃惟知作福、作威、玉食，以害及家国。解经一字之误如此，是以君子畏圣人之言，而不敢轻谭经也。）周公之告康叔，曰：“无作怨，勿用非谋非彝。”后世所以乱日多而治日少者，有偏有党而已，作福作威而已，非谋非彝而已。呜呼！其尚懔之哉！至周公之戒嗣王曰：“不永念厥辟，不宽绰厥心、乱罚无罪、杀无辜。怨有同，是丛于厥身。”此亦“无作怨”之意，盖怨气积而杀机至，以不能保我子孙矣。呜呼！其尚懔之哉！

顾亭林《日知录》云：“自古国家承平日久，法制废弛，而上之令不能行于下，未有不亡者也。纣以不仁而亡天下，人人知之，吾谓不尽然。纣之为君，沉湎于酒，而逞一时之威，至于刳孕斮胫，盖齐文宣之比耳。商之衰也久矣，一变而《盘庚》之书，则卿大夫不从君令；再变而《微子》之书，则小民不畏国法。至于‘攘窃神祇之牺牷牲，用以容，将食无灾’，可谓民玩其上，而威刑不立者矣。即以中主守之，犹不能保，而况以纣之狂酗昏虐，又祖伊奔告而不省乎？”谅哉斯言！民玩其上，则上之威信不行，于是以压力横制之。民不独不顾赏罚，抑且不顾身命，与上为雠，而国乃不能复治矣。

二、辨真伪

真者，汉伏生所传今文《尚书》是也；伪者，东晋梅赜所传古文《尚书》是也。伏氏所传，共二十八篇。梅氏所传，共五十八篇，内伪者如《大禹谟》等二十五篇。梅氏并撰伪孔安国《传》，唐时列于学官，学者莫辨其是非。

至宋朱子，始疑其伪。迨清初阎百诗《古文尚书疏证》、江艮庭《尚书集注音疏》、王西庄《尚书后案》、孙渊如《尚书今古文注疏》，始昌言排斥，而《尚书后案》辨析尤详。（治《书》以上列数书为最精审，蔡仲默先生《集传》亦可备参考。）后人读之，自可辨真伪之源流。① （今古文考证，详备于阎氏诸书，兹不赘述②。至讲求训诂者，先太夫子黄薇香先生《尚书启幪》、近吴挚甫先生《尚书故》，尤简核精当。）③

《太誓》篇之真伪，诸儒聚讼纷纭，据马氏《书序》曰："《泰誓》后得，案其文似若浅露。又云'八百诸侯不召自来，不期同时，不谋同辞'，及'火复于上，至于王屋，流为鵰，五至，以穀俱来'，举火神怪，得毋在子所不语中乎"云云。文治细绎《太誓》篇文，语涉浅陋，不类周时文字；惟孙本中乃复采入，未便删去，余故特申明马氏之说，以告世之学者。

梅赜本虽作伪，亦有精当可采之处。如《大禹谟》：

---

① "后人读之，自可辨真伪之源流"，醒园本作："兹特以伏氏所传二十八篇列于前，梅氏所传二十五篇列于后，读者第求之于字句神气之间，自可识其真伪也。"

② "兹不赘述"四字，为国专本所无。

③ 醒园本此后另有一段："自唐孔冲远作《五经正义》用伪《孔传》，而《尚书》马、郑注遂微。宋王伯厚撰集成书，抱残守阙，至可宝贵。国初孙渊如复为之补集，厥功伟矣。兹于二十八篇用马、郑注本，（郑君《注》间有未合者，如解《尧典》"稽古"为同天，解《金縢》"罪人斯得"为周公属党，俱未是。说见陈兰甫《东塾读书记》。）而于梅赜本之二十五篇则用伪《孔传》，仍其旧也；至伪《孔传·书序》，则概从删削。"

“惠迪吉，从逆凶，惟影响”，“与其杀不辜，宁失不经，好生之德，洽于民心”；《仲虺之诰》“佑贤辅德”两节；《汤诰》“惟皇上帝，降衷于下民，若有恒性”，“咸有一德”，“德惟一，动罔不吉；德二三，动罔不凶”；《太誓》“吉人为善，惟日不足；凶人为不善，亦惟日不足”；《旅獒》：“不宝远物，则远人格；所宝惟贤，则迩人安”；《君陈》“无依势作威，无倚法以削，宽而有制，从容以和”之类，语皆精粹不磨，足为法戒。盖晋时去汉未远，凡此粹语，必从汉儒传述而来者也。故后人读梅氏书，以为汉晋间极纯粹文字可耳。

三、审文法

古人有言：通天、地、人曰儒；吾谓通天、地、人，方可与言文。《尧典》“乃命羲和”数节，天文也；《禹贡》，地文也；《无逸》《立政》诸篇，人文也。其他散见于各篇中者，不可更仆数。故惟通于天、地、人之理，乃可以读书，乃可以论文。

孔子之赞尧曰：“巍巍乎其有成功也，焕乎其有文章！”《尧典》一篇，备哉灿烂，其神明之式乎！《皋陶谟》曰：“帝光天之下，至于海隅苍生，万邦黎献。”[①] 惟成功懋，而文章乃益著。终以夔之论乐曰：“笙镛以间，鸟兽跄跄。

① 此处引文，亦为《皋陶谟》分出《益稷》之文。

《箫韶》九成，凤皇来仪。”又终之以拜手飏言、庚歌喜起。呜呼！何其盛也！焕乎天下之至文也！后有作者，不可尚已，故韩子曰：“上规姚姒，浑浑无涯。”（韩子《进学解》，自述得力以《书》居首，故《尚书》为学古文之祖。）

《论语》引商王之辞，曰：“敢用玄牡，敢昭告于皇皇后帝，有罪不敢赦。帝臣不蔽，简在帝心。”是为殷人尚鬼之始。《盘庚》中篇，专言鬼事；《高宗肜日》一篇，鬼气溢于纸上；《西伯戡黎》《微子》二篇，悽恻已极，寒同语冰。吾尝谓墨氏尚鬼，故其文多鬼气，盖墨子实传殷家之文者也。后人学之，缒幽绝险，进于生辣。

周公著作，集群圣之大成，更集虞、夏、商文章之大成。今考《史记》所载先儒所述周公之所作者，曰《牧誓》，曰《金縢》，曰《大诰》，曰《多士》，曰《无逸》，曰《立政》，曰《康诰》，曰《梓材》，曰《召诰》，曰《洛诰》。然吾谓《金縢篇》册祝之辞外，并非周公所作，何也？无自誉之理也。至于《大诰》《康诰》《无逸》《立政》诸篇，忠厚恳挚，至诚感人，所以靖一时之变乱，定万世之大法，垂八百年之丕基者，胥在于此，至哉文乎！

孔子曰：“文王既没，文不在兹乎？”文治尝求文王之文，《易·彖辞》外，鲜有足征者。公明仪曰：“文王，我师也；周公岂欺我哉！”窃尝谓周公述文王之德，实即述文王之文，盖周公不独师文王之为人，且师文王之为文。孝者，善继人之志、善述人之事者也。凡学圣人者，当求圣人之精神；而圣人之精神，必于其文字中求之。后儒尊仰文王、周公，鲜有能读文王、周公之文而求文王、周公之精神者，不已陋与？《孟子》曰："诵其诗，读其书，不知其人可乎？"知其人者，求其精神也。《大学》引《康诰》之辞最多，曰"克明德"，曰"作新民"，曰"如保赤子"，曰"惟命不于常"，虽未必赅《康诰》全篇之谊，而其相传为文王之德，盖无疑义。

文治最喜诵昔贤所引之书，若《诗》，如《大雅·文王》之诗，《孟子》引之曰"周虽旧邦，其命维新"，《大学》引之曰"穆穆文王，于缉熙敬止"，《孟子》引之曰"商之孙子，其丽不亿"，《孝经》引之曰"无念尔祖，聿修厥德"，《孟子》引之曰"永言配命，自求多福"，《大学》引之曰"殷之未丧师，克配上帝"，《中庸》引之曰"上天之载，无声无臭"。可见《书·康诰篇》，古圣贤所常诵读者也；《诗·文王篇》，亦古圣贤所常诵读者也。吾辈朝夕吟咏之，作圣之基，在于是矣。孔子曰："不亦说乎！"

《无逸》一篇，详分段落，若断若续，开示义法，至为美备，司马迁常仿效之。吾尝谓《无逸篇》可与《孟子》"牛山之木章"并读。盖读"牛山之木章"，可以治心，可以知文章之义法；读《无逸篇》，可以养德，可以知文章之义法，俱为千古不刊之作。《多方篇》以"尔"字作线索，文气浩瀚无伦。昔人于秦汉人文字，零篇剩句尚珍贵之至；于虞、夏、商、周之文，其宝贵当何如？！

凡学文，必先寻声。《虞》《夏书》之声，如奏钧天之乐，愈读愈高；迄于商、周，其声已渐低矣。《吕刑》文至为高响，曾文正评之云："安章宅句，与后世卿、云、马、班、韩、柳诸人蹊径相近，惜不能尽通其读耳。"《秦誓》为穆公悔过之辞，声宏以远，如"我心之忧"三句与"昧昧我思之"，提笔独有千古，识者知夏声之将大矣。顾说者谓孔子逆知周之将并于秦，故以《秦誓》作结，则非也。顾亭林《日知录》云："有秦誓故列《秦誓》，有秦诗故录《秦诗》，'述而不作'也。谓夫子逆知天下之将并于秦而存之者，小之乎知圣人矣！"

吴挚甫《写定尚书》本《书后》云："古《尚书》百篇，今存者二十八篇，虞、夏、商、周之遗文，可见者尽此矣。汉时《书》多十六篇，由时师莫能说，不传，卒以亡，惜哉、惜哉！古帝王之事，与后世同，其所为传载万世、薄九闳、弥厚土、不敝坏者，非独道胜，亦其文崇奥，有以久大之也。扬子云最四代之书，以为'浑浑尔，噩噩灏灏尔'，彼有以通其故矣。由晋宋以来，士汩于晚出之伪篇，莫复知子云之所谓。独韩退之氏称《虞》《夏书》亦曰'浑浑'，于商、于周独取其诘屈聱牙者。《诗》曰：'惟其有之，是以似之。'信哉！其徒李汉叙论六艺，又曰：'《书》《礼》剔其伪'，《书》之伪盖自此发。且必退之与其徒常所讲说云尔，而汉诵述之；不然，汉之智殆不及此。

"圣人者，道与文故并至，下此则偏胜焉，少衰焉。要皆有孤诣独到，非可放效而袭似之者，知言者可望而决耳。吾尤惜近儒考辨伪篇，论稍稍定矣；至问所谓'浑浑'者，'灏灏'者，'诘屈而聱牙'者，其瞢然而莫辨犹若也。于是写其文，自典、谟迄秦穆，颇采文字异者著于篇，庶缀学之士，有以考求扬、韩氏之说而得其意焉。嗟乎！自古求道者必有赖于文，而文章与时升降。春秋以还，丘明所记，管、晏、老氏所言，去《尚书》抑远矣。秦缪区区，起邠荒，宾诸夏，无可言者，独其文崒然隮千载，上视三代，殆无愧色。吾又以知帝王之文之肸蚃于后人者，盖终古不绝息也。”

附《尚书》选目

《尧典》《皋陶谟》《禹贡》《盘庚上》《盘庚中》《盘庚下》《微子》《牧誓》《洪范》《金縢》《大诰》《康诰》《酒诰》《召诰》《洛诰》《多士》《无逸》《君奭》《多方》《立政》《顾命》《吕刑》《秦誓》

虞书·尧典

昔在帝尧，聪明文思，光宅天下。将逊于位，让于虞舜，作《尧典》。

曰若稽古，帝尧曰放勋，钦、明、文、思、安安，允恭克让，光被四表，格于上下。克明俊德，以亲九族；九族既睦，平章百姓；百姓昭明，协和万邦；黎民于变时雍。

乃命羲、和，钦若昊天，历象日月星辰，敬授民时。分命羲仲，宅嵎夷，曰旸谷。寅宾出日，平秩东作。日中，星鸟，以殷仲春。厥民析，鸟兽孳尾。申命羲叔，宅南交。平秩南讹，敬致。日永，星火，以正仲夏。厥民因，鸟兽希革。分命和仲，宅西，曰昧谷。寅饯纳日，平秩西成。宵中，星虚，以殷仲秋。厥民夷，鸟兽毛毨。申命和叔，宅朔方，曰幽都。平在朔易。日短，星昴，以正仲冬。厥民隩，鸟兽鹬毛。帝曰：“咨！汝羲暨和。期三百有六旬有六日，以闰月定四时，成岁。允厘百工，庶绩咸熙。”

帝曰：“畴咨若时登庸？”放齐曰：“胤子朱启明。”帝曰：“吁！嚚讼，可乎？”

帝曰：“畴咨若予采？”驩兜曰：“都！共工方鸠僝功。”帝曰：“吁！静言庸违，象恭滔天。”

帝曰：“咨！四岳，汤汤洪水方割，荡荡怀山襄陵，浩浩滔天。下民其咨，有能俾乂？”佥曰：“於！鲧哉。”帝曰：“吁！咈哉，方命圮族。”岳曰：“异哉！试可乃已。”帝曰：“往，钦哉！”九载，绩用弗成。

帝曰：“咨！四岳。朕在位七十载，汝能庸命，巽朕位？”岳曰：“否德忝帝位。”曰：“明明扬侧陋。”师锡帝曰：“有鳏在下，曰虞舜。”帝曰：“俞？予闻，如何？”岳曰：“瞽子，父顽，母嚚，象傲；克谐以孝，烝烝乂，不格奸。”帝曰：“我其试哉！女于时，观厥刑于二女。”釐降二女于妫汭，嫔于虞。帝曰：“钦哉！”

虞书·舜典[①]

虞舜侧微，尧闻之聪明，将使嗣位，历试诸难，作《舜典》。

---

① 此篇本为今文《尚书》本《尧典》后半部分，孔安国伪古文本割裂分出，别为一篇，即《舜典》。唐氏《十三经读本》用今文本《尧典》；今通行本则《尧典》《舜典》各为一篇。此处《舜典》依今通行本单列，并带出部类（下文《诗经》类同），“选目”标题则仍其旧。

曰若稽古，帝舜曰重华，协于帝。浚哲文明，温恭允塞，玄德升闻，乃命以位。慎徽五典，五典克从；纳于百揆，百揆时叙；宾于四门，四门穆穆；纳于大麓，烈风雷雨弗迷。

帝曰："格！汝舜。询事考言，乃言厎可绩，三载。汝陟帝位。"舜让于德，弗嗣。

正月上日，受终于文祖。在璿玑玉衡，以齐七政。肆类于上帝，禋于六宗，望于山川，遍于群神。辑五瑞。既月乃日，觐四岳群牧，班瑞于群后。

岁二月，东巡守，至于岱宗，柴。望秩于山川，肆觐东后。协时月正日，同律度量衡。修五礼、五玉、三帛、二生、一死贽。如五器，卒乃复。五月南巡守，至于南岳，如岱礼。八月西巡守，至于西岳，如初。十有一月朔巡守，至于北岳，如西礼。归，格于艺祖，用特。

五载一巡守，群后四朝。敷奏以言，明试以功，车服以庸。

肇十有二州，封十有二山，浚川。

象以典刑，流宥五刑，鞭作官刑，扑作教刑，金作赎刑。眚灾肆赦，怙终贼刑。钦哉，钦哉，惟刑之恤哉！

流共工于幽州，放驩兜于崇山，窜三苗于三危，殛鲧于羽山，四罪而天下咸服。

二十有八载，帝乃殂落。百姓如丧考妣，三载，四海遏密八音。月正元日，舜格于文祖，询于四岳，辟四门，明四目，达四聪。

"咨，十有二牧！"曰，"食哉惟时！柔远能迩，惇德允元，而难任人，蛮夷率服。"

舜曰："咨，四岳！有能奋庸熙帝之载，使宅百揆亮采，惠畴？"佥曰："伯禹作司空。"

帝曰："俞，咨！禹，汝平水土，惟时懋哉！"禹拜稽首，让于稷、契暨皋陶。帝曰："俞，汝往哉！"

帝曰："弃，黎民阻饥，汝后稷，播时百谷。"

帝曰："契，百姓不亲，五品不逊。汝作司徒，敬敷五教，在宽。"

帝曰："皋陶，蛮夷猾夏，寇贼奸宄。汝作士，五刑有服，五服三就。五流有宅，五宅三居。惟明克允！"

帝曰："畴若予工？"佥曰："垂哉！"帝曰："俞，咨！垂，汝共工。"垂拜稽首，让于殳斨暨伯与。帝曰："俞，往哉！汝谐。"

帝曰："畴若予上下草木鸟兽？"佥曰："益哉！"帝曰："俞，咨！益，汝作朕虞。"益拜稽首，让于朱虎、熊罴。帝曰："俞，往哉！汝谐。"

帝曰："咨！四岳，有能典朕三礼？"佥曰："伯夷！"帝曰："俞，咨！伯，汝作秩宗。夙夜惟寅，直哉惟清。"伯拜稽首，让于夔、龙。帝曰："俞，往，钦哉！"

帝曰："夔！命汝典乐，教胄子，直而温，宽而栗，刚而无虐，简而无傲。诗言志，歌永言，声依永，律和声。八音克谐，无相夺伦，神人以和。"夔曰："於！予击石拊石，百兽率舞。"

帝曰："龙，朕堲谗说殄行，震惊朕师。命汝作纳言，夙夜出纳朕命，惟允！"

帝曰："咨！汝二十有二人，钦哉！惟时亮天功。"

三载考绩，三考，黜陟幽明，庶绩咸熙。分北三苗。

舜生三十征，庸三十，在位五十载，陟方乃死。

虞书·皋陶谟

曰若稽古皋陶曰："允迪厥德，谟明弼谐。"禹曰："俞！如何?"皋陶曰："都！慎厥身，修思永。惇叙九族，庶明励翼，迩可远，在兹。"禹拜昌言曰："俞！"

皋陶曰："都！在知人，在安民。"禹曰："吁！咸若时，惟帝其难之。知人则哲，能官人。安民则惠，黎民怀之。能哲而惠，何忧乎驩兜？何迁乎有苗？何畏乎巧言令色孔壬?"

皋陶曰："都！亦行有九德。亦言，其人有德，乃言曰，载采采。"禹曰："何?"

皋陶曰："宽而栗，柔而立，愿而恭，乱而敬，扰而毅，直而温，简而廉，刚而塞，强而义。彰厥有常，吉哉！日宣三德，夙夜浚明有家；日严祗敬六德，亮采有邦。翕受敷施，九德咸事，俊乂在官。百僚师师，百工惟时，抚于五辰，庶绩其凝。无教逸欲，有邦兢兢业业，一日二日万几。无旷庶官，天工，人其代之。天叙有典，敕我五典五惇哉！天秩有礼，自我五礼有庸哉！同寅协恭和衷哉！天命有德，五服五章哉！天讨有罪，五刑五用哉！政事懋哉懋哉！"

"天聪明，自我民聪明。天明畏，自我民明威。达于上下，敬哉有土！"

皋陶曰："朕言惠可底行?"禹曰："俞！乃言厎可绩。"皋陶曰："予未有知，思曰赞赞襄哉！"

虞书·益稷[①]

帝曰："来，禹！汝亦昌言。"禹拜曰："都！帝，予何言？予思日孜孜。"皋陶曰："吁！如何？"禹曰："洪水滔天，浩浩怀山襄陵，下民昏垫。予乘四载，随山刊木，暨益奏庶鲜食。予决九川，距四海，浚畎浍距川；暨稷播，奏庶艰食鲜食。懋迁有无，化居。烝民乃粒，万邦作乂。"皋陶曰："俞！师汝昌言。"

禹曰："都！帝，慎乃在位。"帝曰："俞！"禹曰："安汝止，惟几惟康。其弼直，惟动丕应。徯志以昭受上帝，天其申命用休。"

帝曰："吁！臣哉邻哉！邻哉臣哉！"禹曰："俞！"

帝曰："臣作朕股肱耳目。予欲左右有民，汝翼。予欲宣力四方，汝为。予欲观古人之象，日、月、星辰、山、龙、华虫，作会；宗彝、藻、火、粉米、黼、黻，絺绣，以五采彰施于五色，作服，汝明。予欲闻六律五声八音，在治忽，以出纳五言，汝听。予违，汝弼，汝无面从，退有后言。钦四邻！庶顽谗说，若不在时，侯以明之，挞以记之，书用识哉，欲并生哉！工以纳言，时而飏之，格则承之庸之，否则威之。"

禹曰："俞哉！帝光天之下，至于海隅苍生，万邦黎献，共惟帝臣，惟帝时举。敷纳以言，明庶以功，车服以庸。谁敢

---

① 此篇本为今文《尚书》本《皋陶谟》后半部分，孔安国割裂分出，别为一篇，即《益稷》。此处《益稷》亦依今通行本单列，"选目"标题仍旧。

不让，敢不敬应？帝不时敷，同，日奏，罔功。无若丹朱傲，惟慢游是好，傲虐是作。罔昼夜頟頟，罔水行舟。朋淫于家，用殄厥世。予创若时，娶于涂山，辛壬癸甲。启呱呱而泣，予弗子，惟荒度土功。弼成五服，至于五千。州十有二师，外薄四海，咸建五长，各迪有功，苗顽弗即工，帝其念哉！”帝曰：“迪朕德，时乃功，惟叙。”

皋陶方祗厥叙，方施象刑，惟明。

夔曰：“戛击鸣球、搏拊、琴、瑟、以咏。”祖考来格，虞宾在位，群后德让。下管鼗鼓，合止柷敔，笙镛以间。鸟兽跄跄；箫韶九成，凤皇来仪。夔曰：“於！予击石拊石，百兽率舞。”

庶尹允谐，帝庸作歌。曰：“敕天之命，惟时惟几。”乃歌曰：“股肱喜哉！元首起哉！百工熙哉！”皋陶拜手稽首飏言曰：“念哉！率作兴事，慎乃宪，钦哉！屡省乃成，钦哉！”乃赓载歌曰：“元首明哉，股肱良哉，庶事康哉！”又歌曰：“元首丛脞哉，股肱惰哉，万事堕哉！”帝拜曰：“俞，往钦哉！”

夏书·禹贡

禹别九州，随山浚川，任土作贡。禹敷土，随山刊木，奠高山大川。

冀州：既载壶口，治梁及岐。既修太原，至于岳阳；覃怀底绩，至于衡漳。厥土惟白壤，厥赋惟上上错，厥田惟中中。恒、卫既从，大陆既作。岛夷皮服，夹右碣石入于河。

济河惟兖州。九河既道，雷夏既泽，澭、沮会同。桑土既蚕，是降丘宅土。厥土黑坟，厥草惟繇，厥木惟条。厥田惟中下，厥赋贞，作十有三载乃同。厥贡漆丝，厥篚织文。浮于济、漯，达于河。

海岱惟青州。嵎夷既略，潍、淄其道。厥土白坟，海滨广斥。厥田惟上下，厥赋中上。厥贡盐絺，海物惟错。岱畎丝、枲、铅、松、怪石。莱夷作牧。厥篚檿丝。浮于汶，达于济。

海、岱及淮惟徐州。淮、沂其乂，蒙、羽其艺，大野既猪，东原厎平。厥土赤埴坟，草木渐包。厥田惟上中，厥赋中中。厥贡惟土五色，羽畎夏翟，峄阳孤桐，泗滨浮磬，淮夷蠙珠暨鱼。厥篚玄纤、缟。浮于淮、泗，达于河。

淮海惟扬州。彭蠡既猪，阳鸟攸居。三江既入，震泽厎定。筱簜既敷，厥草惟夭，厥木惟乔。厥土惟涂泥。厥田唯下下，厥赋下上，上错。厥贡惟金三品，瑶、琨筱、簜、齿、革、羽、毛惟木。鸟夷卉服。厥篚织贝，厥包桔柚，锡贡。沿于江、海，达于淮、泗。

荆及衡阳惟荆州。江、汉朝宗于海，九江孔殷，沱、潜既道，云土、梦作乂。厥土惟涂泥，厥田惟下中，厥赋上下。厥贡羽、毛、齿、革惟金三品，杶、干、栝、柏，砺、砥、砮、丹惟箘簵、楛，三邦厎贡厥名。包匦菁茅，厥篚玄纁玑组，九江纳锡大龟。浮于江、沱、潜、汉，逾于洛，至于南河。

荆河惟豫州。伊、洛、瀍、涧既入于河，荥波既猪。导菏泽，被孟猪。厥土惟壤，下土坟垆。厥田惟中上，厥赋错上中。厥贡漆、枲，絺、纻，厥篚纤、纩，锡贡磬错。浮于洛，达于河。

华阳、黑水惟梁州。岷、嶓既艺，沱、潜既道。蔡、蒙旅平，和夷厎绩。厥土青黎，厥田惟下上，厥赋下中，三错。厥贡璆、铁、银、镂、砮磬、熊、罴、狐、狸、织皮，西倾因桓是来，浮于潜，逾于沔，入于渭，乱于河。

黑水、西河惟雍州。弱水既西，泾属渭汭，漆沮既从，沣水攸同。荆、岐既旅，终南、惇物，至于鸟鼠。原隰厎绩，至于猪野。三危既宅，三苗丕叙。厥土惟黄壤，厥田惟上上，厥赋中下。厥贡惟球、琳、琅玕。浮于积石，至于龙门、西河，会于渭汭。织皮昆仑、析支、渠搜，西戎即叙。

导岍及岐，至于荆山，逾于河；壶口、雷首至于太岳；厎柱、析城至于王屋；太行、恒山至于碣石，入于海。

西倾、朱圉、鸟鼠至于太华；熊耳、外方、桐柏至于陪尾。

导嶓冢，至于荆山；内方，至于大别。

岷山之阳，至于衡山，过九江，至于敷浅原。

导弱水，至于合黎，馀波入于流沙。

导黑水，至于三危，入于南海。

导河、积石，至于龙门；南至于华阴，东至于厎柱，又东至于孟津，东过洛汭，至于大伾；北过降水，至于大陆；又北，播为九河，同为逆河，入于海。

嶓冢导漾，东流为汉，又东，为沧浪之水，过三澨，至于大别，南入于江。东，汇泽为彭蠡，东，为北江，入于海。

岷山导江，东别为沱，又东至于澧；过九江，至于东陵，东迤北，会于汇；东为中江，入于海。

导沇水，东流为济，入于河，溢为荥；东出于陶丘北，又东至于菏，又东北，会于汶，又北，东入于海。

导淮自桐柏，东会于泗、沂，东入于海。

导渭自鸟鼠同穴，东会于沣，又东会于泾，又东过漆沮，入于河。

导洛自熊耳，东北，会于涧、瀍；又东，会于伊，又东北，入于河。

九州攸同，四隩既宅，九山刊旅，九川涤源，九泽既陂，四海会同。六府孔修，庶土交正，厎慎财赋，咸则三壤成赋。中邦锡土、姓，祗台德先，不距朕行。

五百里甸服：百里赋纳总，二百里纳铚，三百里纳秸服，四百里粟，五百里米。

五百里侯服：百里采，二百里男邦，三百里诸侯。

五百里绥服：三百里揆文教，二百里奋武卫。

五百里要服：三百里夷，二百里蔡。

五百里荒服：三百里蛮，二百里流。

东渐于海，西被于流沙，朔南暨声教讫于四海。禹锡玄圭，告厥成功。

商书·盘庚上

盘庚五迁，将治亳殷，民咨胥怨。作《盘庚》三篇。

盘庚迁于殷，民不适有居，率吁众戚出，矢言曰："我王来，即爰宅于兹，重我民，无尽刘。不能胥匡以生，卜稽，曰其如台？先王有服，恪谨天命，兹犹不常宁；不常厥邑，于今五邦。今不承于古，罔知天之断命，矧曰其克从先王之烈？若颠木之有由蘖，天其永我命于兹新邑，绍复先王之大业，厎绥四方。"

盘庚学于民，由乃在位以常旧服，正法度。曰："无或敢伏小人之攸箴！”王命众，悉至于庭。

王若曰：“格汝众，予告汝训汝，猷黜乃心，无傲从康。

“古我先王，亦惟图任旧人共政。王播告之，修不匿厥指。王用丕钦；罔有逸言，民用丕变。今汝聒聒，起信险肤，予弗知乃所讼。非予自荒兹德，惟汝含德，不惕予一人。予若观火，予亦拙谋作，乃逸。

若网在纲，有条而不紊；若农服田，力穑乃亦有秋。汝克黜乃心，施实德于民，至于婚友，丕乃敢大言汝有积德。乃不畏戎毒于远迩，惰农自安，不昏作劳，不服田亩，越其罔有黍稷。

“汝不和吉言于百姓，惟汝自生毒，乃败祸奸宄，以自灾于厥身。乃既先恶于民，乃奉其恫，汝悔身何及！相时憸民，犹胥顾于箴言，其发有逸口，矧予制乃短长之命！汝曷弗告朕，而胥动以浮言，恐沈于众？若火之燎于原，不可向迩，其犹可扑灭。则惟汝众自作弗靖，非予有咎。

“迟任有言曰：‘有惟求旧，器非求旧，惟新。’古我先王暨乃祖乃父胥及逸勤，予敢动用非罚？世选尔劳，予不掩尔善。兹予大享于先王，尔祖其从与享之。作福作灾，予亦不敢动用非德。

“予告汝于难，若射之有志。汝无侮老成人，无弱孤有幼。各长于厥居。勉出乃力，听予一人之作猷。

“无有远迩，用罪伐厥死，用德彰厥善。邦之臧，惟汝众；邦之不臧，惟予一人有佚罚。凡尔众，其惟致告：自今至于后日，各恭尔事，齐乃位，度乃口。罚及尔身，弗可悔。”

商书·盘庚中

盘庚作，惟涉河以民迁。乃话民之弗率，诞告用亶。其有众咸造，勿亵在王庭，盘庚乃登进厥民。曰："明听朕言，无荒失朕命！呜呼！古我前后，罔不惟民之承保。后胥戚鲜，以不浮于天时。殷降大虐，先王不怀厥攸作，视民利用迁。汝曷弗念我古后之闻？承汝俾汝惟喜康共，非汝有咎比于罚。予若吁怀兹新邑，亦惟汝故，以丕从厥志。

"今予将试以汝迁，安定厥邦。汝不忧朕心之攸困，乃咸大不宣乃心，钦念以忱动予一人。尔惟自鞠自苦，若乘舟，汝弗济，臭厥载。尔忱不属，惟胥以沈。不其或稽，自怒曷瘳？汝不谋长以思乃灾，汝诞劝忧。今其有今罔后，汝何生在上？

"今予命汝，一无起秽以自臭，恐人倚乃身，迂乃心。予迓续乃命于天，予岂汝威，用奉畜汝众。

"予念我先神后之劳尔先，予丕克羞尔，用怀尔，然。失于政，陈于兹，高后丕乃崇降罪疾，曰'曷虐朕民？'汝万民乃不生生，暨予一人猷同心，先后丕降与汝罪疾，曰：'曷不暨朕幼孙有比？'故有爽德，自上其罚汝，汝罔能迪。古我先后既劳乃祖乃父，汝共作我畜民，汝有戕则在乃心！我先后绥乃祖乃父，乃祖乃父乃断弃汝，不救乃死。

"兹予有乱政同位，具乃贝玉。乃祖乃父丕乃告我高后曰：'作丕刑于朕孙！'迪高后丕乃崇降弗祥。

"呜呼！今予告汝：不易！永敬大恤，无胥绝远！汝分猷念以相从，各设中于乃心。乃有不吉不迪，颠越不恭，暂遇奸宄，我乃劓殄灭之，无遗育，无俾易种于兹新邑。

“往哉！生生！今予将试以汝迁，永建乃家。”

商书·盘庚下

盘庚既迁，奠厥攸居，乃正厥位，绥爰有众。曰：“无戏怠，懋建大命！今予其敷心腹肾肠，历告尔百姓于朕志。罔罪尔众，尔无共怒，协比谗言予一人。古我先王将多于前功，适于山。用降我凶，德嘉绩于朕邦。今我民用荡析离居，罔有定极，尔谓朕曷震动万民以迁？肆上帝将复我高祖之德，乱越我家。朕及笃敬，恭承民命，用永地于新邑。肆予冲人，非废厥谋，吊由灵各；非敢违卜，用宏兹贲。

“呜呼！邦伯师长百执事之人，尚皆隐哉！予其懋简相尔念敬我众。朕不肩好货，敢恭生生。鞠人谋人之保居，叙钦。今我既羞告尔于朕志若否，罔有弗钦！无总于货宝，生生自庸。式敷民德，永肩一心。”

商书·微子

殷既错天命，微子作诰父师、小师。

微子若曰：“父师、少师！殷其弗或乱正四方。我祖厎遂陈于上，我用沈酗于酒，用乱败厥德于下。殷罔不小大好草窃奸宄。卿士师师非度。凡有辜罪，乃罔恒获，小民方兴，相为敌雠。今殷其沦丧，若涉大水，其无津涯。殷遂丧，越至于今！”

曰：“父师、少师，我其发出狂？吾家耄逊于荒？今尔无指告，予颠隮，若之何其？”

父师若曰：“王子！天毒降灾荒殷邦，方兴沈酗于酒，乃罔畏畏，咈其耇长旧有位人。今殷民乃攘窃神祇之牺牷牲用以容，将食无灾。降监殷民，用乂雠敛，召敌雠不怠。罪合于一，多瘠罔诏。

“商今其有灾，我兴受其败；商其沦丧，我罔为臣仆。诏王子出，迪我旧云刻子。王子弗出，我乃颠隮。自靖，人自献于先王，我不顾行遁。”

周书·牧誓

武王戎车三百两，虎贲三百人，与受战于牧野，作《牧誓》。

时甲子昧爽，王朝至于商郊牧野，乃誓。

王左杖黄钺，右秉白旄以麾，曰：“逖矣，西土之人！”

王曰：“嗟！我友邦冢君御事，司徒、司邓、司空，亚旅、师氏，千夫长、百夫长，及庸，蜀、羌、髳、微、卢、彭、濮人。称尔戈，比尔干，立尔矛，予其誓。”

王曰：“古人有言曰：‘牝鸡无晨；牝鸡之晨，惟家之索。’今商王受，惟妇言是用，昏弃厥肆祀弗答，昏弃厥遗王父母弟不迪，乃惟四方之多罪逋逃，是崇是长，是信是使，是以为大夫卿士，俾暴虐于百姓，以奸宄于商邑。今予发，惟恭行天之罚。

“今日之事，不愆于六步、七步，乃止齐焉。勖哉夫子！不愆于四伐、五伐、六伐、七伐，乃止齐焉。勖哉夫子！尚桓桓如虎如貔、如熊如罴，于商郊弗迓克奔，以役西土，勖哉夫子！尔所弗勖，其于尔躬有戮！”

周书·洪范

武王胜殷，杀受，立武庚，以箕子归。作《洪范》。

惟十有三祀，王访于箕子。王乃言曰："呜呼！箕子。惟天阴骘下民，相协厥居，我不知其彝伦攸叙。"

箕子乃言曰："我闻在昔，鲧堙洪水，汩陈其五行。帝乃震怒，不畀'洪范'九畴，彝伦攸斁。鲧则殛死，禹乃嗣兴，天乃锡禹'洪范'九畴，彝伦攸叙。

"初一曰五行，次二曰敬用五事，次三曰农用八政，次四曰协用五纪，次五曰建用皇极，次六曰乂用三德，次七曰明用稽疑，次八曰念用庶征，次九曰向用五福，威用六极。

"一、五行：一曰水，二曰火，三曰木，四曰金，五曰土。水曰润下，火曰炎上，木曰曲直，金曰从革，土爰稼穑。润下作咸，炎上作苦，曲直作酸，从革作辛，稼穑作甘。

"二、五事：一曰貌，二曰言，三曰视，四曰听，五曰思。貌曰恭，言曰从，视曰明，听曰聪，思曰睿。恭作肃，从作乂，明作哲，聪作谋，睿作圣。

"三、八政：一曰食，二曰货，三曰祀，四曰司空，五曰司徒，六曰司寇，七曰宾，八曰师。

"四、五纪：一曰岁，二曰月，三曰日，四曰星辰，五曰历数。

"五、皇极：皇建其有极。敛时五福，用敷锡厥庶民。惟时厥庶民于汝极。锡汝保极：凡厥庶民，无有淫朋，人无有比德，惟皇作极。凡厥庶民，有猷有为有守，汝则念之。不协于极，不罹于咎，皇则受之。而康而色，曰：'予攸好德。'汝则锡之福。时人斯其惟皇之极。无虐茕独而畏高明，人之有能有为，使羞其行，而邦其昌。凡厥正人，既富方谷，汝弗能使有好于而家，时人斯其辜。于其无好德，汝虽锡之福，其作汝用咎。无偏无陂，遵王之义；无有作好，遵王之道；无有作恶，尊王之路。无偏无党，王道荡荡；无党无偏，王道平平；无反无侧，王道正直。会其有极，归其有极。曰：皇，极之敷言，是彝是训，于帝其训，凡厥庶民，极之敷言，是训是行，以近天子之光。曰：天子作民父母，以为天下王。

“六、三德：一曰正直，二曰刚克，三曰柔克。平康，正直；强弗友，刚克；燮友，柔克。沈潜，刚克；高明，柔克。惟辟作福，惟辟作威，惟辟玉食。臣无有作福、作威、玉食。臣之有作福、作威、玉食，其害于而家，凶于而国。人用侧颇僻，民用僭忒。

“七、稽疑：择建立卜筮人，乃命卜筮。曰雨，曰霁，曰蒙，曰驿，曰克，曰贞，曰悔，凡七。卜五，占用二，衍忒。立时人作卜筮，三人占，则从二人之言。汝则有大疑，谋及乃心，谋及卿士，谋及庶人，谋及卜筮。汝则从，龟从，筮从，卿士从，庶民从，是之谓大同。身其康强，子孙其逢吉，汝则从，龟从，筮从，卿士逆，庶民逆，吉。卿士从，龟从，筮从，汝则逆，庶民逆，吉。庶民从，龟从，筮从，汝则逆，卿士逆，吉。汝则从，龟从，筮逆，卿士逆，庶民逆，作内吉，作外凶。龟筮共违于人，用静吉，用作凶。

“八、庶征：曰雨，曰旸，曰燠，曰寒，曰风。曰时五者来备，各以其叙，庶草蕃庑。一极备，凶；一极无，凶。曰休征：曰肃，时雨若；曰乂，时旸若；曰晰，时燠若；曰谋，时寒若；曰圣，时风若。曰咎征：曰狂，恒雨若；曰僭，恒旸若；曰豫，恒燠若；曰急，恒寒若；曰蒙，恒风若。曰王省惟岁，卿士惟月，师尹惟日。岁月日时无易，百谷用成，乂用民，俊民用章，家用平康。日月岁时既易，百谷用不成，乂用昏不明，俊民用微，家用不宁。庶民惟星，星有好风，星有好雨。日月之行，则有冬有夏。月之从星，则以风雨。

“九、五福：一曰寿，二曰富，三曰康宁，四曰攸好德，五曰考终命。六极：一曰凶、短、折，二曰疾，三曰忧，四曰贫，五曰恶，六曰弱。”

周书·金縢

武王有疾，周公作《金縢》。

既克商二年，王有疾，弗豫。二公曰：“我其为王穆卜。”周公曰：“未可以戚我先王？”公乃自以为功，为三坛同墠。为坛于南方，北面，周公立焉。植璧秉珪，乃告太王、王季、文王。

史乃册，祝曰：“惟尔元孙某，遘厉虐疾。若尔三王是有丕子之责于天，以旦代某之身。予仁若考能，多材多艺，能事鬼神。乃元孙不若旦多材多艺，不能事鬼神。乃命于帝庭，敷佑四方，用能定尔子孙于下地。四方之民罔不祗畏。呜呼！无坠天之降宝命，我先王亦永有依归。今我即命于元龟，尔之许我，我其以璧与珪归俟尔命；尔不许我，我乃屏璧与珪。”

乃卜三龟，一习吉。启籥见书，乃并是吉。公曰：“体！王其罔害。予小子新命于三王，惟永终是图；兹攸俟，能念予一人。”

公归，乃纳册于金縢之匮中。王翼日乃瘳。

武王既丧，管叔及其群弟乃流言于国，曰："公将不利于孺子。"周公乃告二公曰："我之弗辟，我无以告我先王。"周公居东二年，则罪人斯得。于后，公乃为诗以贻王，名之曰《鸱鸮》。王亦未敢诮公。

秋，大熟，未获，天大雷电以风，禾尽偃，大木斯拔，邦人大恐。王与大夫尽弁以启金縢之书，乃得周公所自以为功代武王之说。二公及王乃问诸史与百执事。对曰："信。噫！公命我勿敢言。"

王执书以泣，曰："其勿穆卜！昔公勤劳王家，惟予冲人弗及知。今天动威以彰周公之德，惟朕小子其新逆，我国家礼亦宜之。"王出郊，天乃雨，反风，禾则尽起。二公命邦人凡大木所偃，尽起而筑之。岁则大熟。

周书·大诰

武王崩，三监及淮夷叛，周公相成王，将黜殷，作《大诰》。

王若曰："猷！大诰尔多邦越尔御事。弗弔，天降割于我家，不少延。洪惟我幼冲人，嗣无疆大历服。弗造哲，迪民康，矧曰其有能格知天命！

"已！予惟小子，若涉渊水，予惟往求朕攸济。敷贲敷前人受命，兹不忘大功。予不敢于闭。天降威，用宁王遗我大宝龟，绍天明。即命曰：'有大艰于西土，西土人亦不静，越兹蠢。殷小腆，诞敢纪其叙。天降威，知我国有疵，民不康，曰：予复！反鄙我周邦，今蠢今翼。日，民献有十夫予翼，以于敉宁、武图功。我有大事，休？'朕卜并吉。"

“肆予告我友邦君越尹氏、庶士、御事，曰：‘予得吉卜，予惟以尔庶邦于伐殷逋播臣。’尔庶邦君越庶士、御事，罔不反曰：‘艰大，民不静，亦惟在王宫邦君室。越予小子考，翼不可征，王害不违卜？’

“肆予冲人永思艰，曰：呜呼！允蠢，鳏寡哀哉！予造天役，遗大投艰于朕身，越予冲人，不卬自恤。义尔邦君越尔多士、尹氏、御事绥予曰：‘无毖于恤，不可不成乃宁考图功！’

“已！予惟小子，不敢替上帝命。天休于宁王，兴我小邦周，宁王惟卜用，克绥受兹命。今天其相民，矧亦惟卜用。呜呼！天明畏，弼我丕丕基！”

王曰：“尔惟旧人，尔丕克远省，尔知宁王若勤哉！天閟毖我成功所，予不敢不极卒宁王图事。肆予大化诱我友邦君，天棐忱辞，其考我民，予曷其不于前宁人图功攸终？天亦惟用勤毖我民，若有疾，予曷敢不于前宁人攸受休毕！”

王曰：“若昔朕其逝，朕言艰日思。若考作室，既厎法，厥子乃弗肯堂，矧肯构？厥父菑，厥子乃弗肯播，矧肯获？厥考翼，其肯曰：予有后，弗弃基？肆予曷敢不越卬敉宁王大命？若兄考，乃有友伐厥子，民养其劝弗救？”

王曰：“呜呼！肆哉尔庶邦君越尔御事。爽邦由哲，亦惟十人，迪知上帝命越天棐忱，尔时罔敢易法，矧今天降戾于周邦？惟大艰人诞邻胥伐于厥室，尔亦不知天命不易。

“予永念曰：天惟丧殷，若穑夫，予曷敢不终朕亩？天亦惟休于前宁人，予曷其极卜，敢弗于从率宁人有指疆土？矧今卜并吉？肆朕诞以尔东征。天命不僭，卜陈惟若兹。”

周书·康诰

成王既伐管叔、蔡叔，以殷馀民封康叔，作《康诰》《酒诰》《梓材》。惟三月哉生魄，周公初基作新大邑于东国洛，四方民大和会。侯、甸、男邦、采、卫百工、播民，和见士于周。周公咸勤，乃洪大诰治。

王若曰："孟侯，朕其弟，小子封。惟乃丕显考文王，克明德慎罚；不敢侮鳏寡，庸庸，祇祇，威威，显民，用肇造我区夏，越我一二邦以修我西土。惟时怙冒，闻于上帝，帝休，天乃大命文王。殪戎殷，诞受厥命越厥邦民，惟时叙，乃寡兄勖。肆汝小子封在兹东土。

王曰："呜呼！封，汝念哉！今民将在祇遹乃文考，绍闻衣德言。往敷求于殷先哲王用保乂民，汝丕远惟商耇成人宅心知训。别求闻由古先哲王用康保民。宏于天，若德，裕乃身不废在王命！"

王曰："呜呼！小子封，恫瘝乃身，敬哉！天畏棐忱；民情大可见，小人难保。往尽乃心，无康好逸，乃其乂民。我闻曰：'怨不在大，亦不在小；惠不惠，懋不懋。'

"已！汝惟小子，乃服惟弘王应保殷民，亦惟助王宅天命，作新民。"

王曰："呜呼！封，敬明乃罚。人有小罪，非眚，乃惟终自作不典；式尔，有厥罪小，乃不可不杀。乃有大罪，非终，乃惟眚哉：适尔，既道极厥辜，时乃不可杀。"

王曰："呜呼！封，有叙时，乃大明服，惟民其敕懋和。若有疾，惟民其毕弃咎。若保赤子，惟民其康乂。非汝封刑人杀人，无或刑人杀人。非汝封又曰劓刵人，无或劓刵人。”

王曰：“外事，汝陈时臬司师，兹殷罚有伦。”又曰：“要囚，服念五、六日至于旬时，丕蔽要囚。”

王曰：“汝陈时臬事罚。蔽殷彝，用其义刑义杀，勿庸以次汝封。乃汝尽逊曰时叙，惟曰未有逊事。

“已！汝惟小子，未其有若汝封之心。朕心朕德，惟乃知。

“凡民自得罪：寇攘奸宄，杀越人于货，暋不畏死，罔弗憝。”

王曰：“封，元恶大憝，矧惟不孝不友。子弗祗服厥父事，大伤厥考心；于父不能字厥子，乃疾厥子。于弟弗念天显，乃弗克恭厥兄；兄亦不念鞠子哀，大不友于弟。惟吊兹，不于我政人得罪，天惟与我民彝大泯乱，曰：乃其速由文王作罚，刑兹无赦。

“不率大戛，矧惟外庶子、训人惟厥正人越小臣、诸节。乃别播敷，造民大誉，弗念弗庸，瘝厥君，时乃引恶，惟朕憝。已！汝乃其速由兹义率杀。亦惟君惟长，不能厥家人越厥小臣、外正；惟威惟虐，大放王命；乃非德用乂。汝亦罔不克敬典，乃由裕民，惟文王之敬忌；乃裕民曰：‘我惟有及。’则予一人以怿。”

“王曰：“封，爽惟民迪吉康，我时其惟殷先哲王德，用康乂民作求。矧今民罔迪，不适；不迪，则罔政在厥邦。”

王曰：“封，予惟不可不监，告汝德之说于罚之行。今惟民不静，未戾厥心，迪屡未同，爽惟天其罚殛我，我其不怨。惟厥罪无在大，亦无在多，矧曰其尚显闻于天。”

王曰：“呜呼！封，敬哉！无作怨，勿用非谋非彝蔽时忱。

丕则敏德，用康乃心，顾乃德，远乃猷，裕乃以；民宁，不汝瑕殄。”

王曰：“呜呼！肆汝小子封。惟命不于常，汝念哉！无我殄享，明乃服命，高乃听，用康乂民。”

王若曰：“往哉！封，勿替敬，典听朕告，汝乃以殷民世享。”

周书·酒诰

王若曰：“明大命于妹邦。乃穆考文王，肇国在西土。厥诰毖庶邦、庶士越少正御事，朝夕曰：‘祀兹酒。惟天降命，肇我民，惟元祀。天降威，我民用大乱丧德，亦罔非酒惟行；越小大邦用丧，亦罔非酒惟辜。’

“文王诰教小子有正有事：无彝酒。越庶国：饮惟祀，德将无醉。惟曰我民迪小子惟土物爱，厥心臧。聪听祖考之遗训，越小大德。

“小子惟一妹土，嗣尔股肱，纯其艺黍稷，奔走事厥考厥长。肇牵车牛，远服贾用，孝养厥父母。厥父母庆，自洗腆，致用酒。

“庶士有正越庶伯君子，其尔典听朕教！尔大克羞耇惟君，尔乃饮食醉饱。丕惟曰尔克永观省，作稽中德，尔尚克羞馈祀。尔乃自介用逸，兹乃允惟王正事之臣。兹亦惟天若元德，永不忘在王家。”

王曰：“封，我西土棐徂，邦君御事小子尚克用文王教，不腆于酒，故我至于今，克受殷之命。”

王曰：“封，我闻惟曰：‘在昔殷先哲王迪畏天显小民，经德秉哲。自成汤咸至于帝乙，成王畏相惟御事，厥棐有恭，不敢自暇自逸，矧曰其敢崇饮？越在外服，侯甸男卫邦伯，越在内服，百僚庶尹惟亚惟服宗工越百姓里居，罔敢湎于酒。不惟不敢，亦不暇，惟助成王德显越，尹人祇辟。’

“我闻亦惟曰：‘在今后嗣王，酣，身厥命，罔显于民祇，保越怨不易。诞惟厥纵，淫泆于非彝，用燕丧威仪，民罔不衋伤心。惟荒腆于酒，不惟自息乃逸，厥心疾很，不克畏死。辜在商邑，越殷国灭，无罹。弗惟德馨香祀，登闻于天；诞惟民怨，庶群自酒，腥闻在上。故天降丧于殷，罔爱于殷，惟逸。天非虐，惟民自速辜。’”

王曰：“封，予不惟若兹多诰。古人有言曰：‘人无于水监，当于民监。’今惟殷坠厥命，我其可不大监抚于时！

“予惟曰：‘汝劼毖殷献臣、侯、甸、男、卫，矧太史友、内史友、越献臣百宗工，矧惟尔事服休，服采，矧惟若畴，圻父薄违，农夫若保，宏父定辟，矧汝，刚制于酒。’

“厥或诰曰：‘群饮。’汝勿佚。尽执拘以归于周，予其杀。又惟殷之迪诸臣惟工，乃湎于酒，勿庸杀之，姑惟教之。有斯明享，乃不用我教辞，惟我一人弗恤弗蠲，乃事时同于杀。”

王曰：“封，汝典听朕毖，勿辩乃司民湎于酒。”

周书·召诰

成王在丰，欲宅洛邑，使召公先相宅，作《召诰》。

惟二月既望，越六日乙未，王朝步自周，则至于丰。

惟太保先周公相宅，越若来三月，惟丙午朏。越三日戊申，太保朝至于洛，卜宅。厥既得卜，则经营。越三日庚戌，太保乃以庶殷攻位于洛汭。越五日甲寅，位成。

若翼日乙卯，周公朝至于洛，则达观于新邑营。越三日丁巳，用牲于郊，牛二。越翼日戊午，乃社于新邑，牛一，羊一，豕一。

越七日甲子，周公乃朝用书命庶殷侯甸男邦伯。厥既命殷庶，庶殷丕作。

太保乃以庶邦冢君出取币，乃复入锡周公。曰："拜手稽首，旅王若公诰告庶殷越自乃御事：呜呼！皇天上帝，改厥元子兹大国殷之命。惟王受命，无疆惟休，亦无疆惟恤。呜呼！曷其奈何弗敬？

"天既遐终大邦殷之命，兹殷多先哲王在天，越厥后王后民，兹服厥命。厥终，智藏瘝在。夫知保抱携持厥妇子，以哀吁天，徂厥亡，出执。呜呼！天亦哀于四方民，其眷命用懋。王其疾敬德！

"相古先民有夏，天迪从子保，面稽天若；今时既坠厥命。今相有殷，天迪格保，面稽天若；今时既坠厥命。今冲子嗣，则无遗寿耇，曰其稽我古人之德，矧曰其有能稽谋自天？

"呜呼！有王虽小，元子哉。其丕能諴于小民。今休：王不敢后，用顾畏于民碞；王来绍上帝，自服于土中。旦曰：'其作大邑，其自时配皇天，毖祀于上下，其自时中乂；王厥有成命治民。'今休。

"王先服殷御事，比介于我有周御事，节性惟日其迈。王敬作所，不可不敬德。

"我不可不监于有夏，亦不可不监于有殷。我不敢知曰，有夏服天命，惟有历年；我不敢知曰，不其延。惟不敬厥德，乃早坠厥命。我不敢知曰，有殷受天命，惟有历年；我不敢知曰，不其延。惟不敬厥德，乃早坠厥命。今王嗣受厥命，我亦惟兹二国命，嗣若功。

“王乃初服。呜呼！若生子，罔不在厥初生，自贻哲命。今天其命哲，命吉凶，命历年；知今我初服，宅新邑。肆惟王其疾敬德？王其德之用，祈天永命。

“其惟王勿以小民淫用非彝，亦敢殄戮用乂民，若有功。其惟王位在德元，小民乃惟刑用于天下，越王显。上下勤恤，其曰我受天命，丕若有夏历年，式勿替有殷历年。欲王以小民受天永命。”

拜手稽首，曰：“予小臣敢以王之仇民百君子越友民，保受王威命明德。王末有成命，王亦显。我非敢勤，惟恭奉币，用供王能祈天永命。”

周书·洛诰

召公既相宅，周公往营成周，使来告卜，作《洛诰》。

周公拜手稽首曰：“朕复子明辟。王如弗敢及天基命定命，予乃胤保大相东土，其基作民明辟。予惟乙卯，朝至于洛师。我卜河朔黎水，我乃卜涧水东，瀍水西，惟洛食；我又卜瀍水东，亦惟洛食。伻来以图及献卜。”

王拜手稽首曰：“公不敢不敬天之休，来相宅，其作周配，休！公既定宅，伻来，来，视予卜，休恒吉。我二人共贞。公其以予万亿年敬天之休。拜手稽首诲言。”

周公曰：“王，肇称殷礼，祀于新邑，咸秩无文。予齐百工，伻从王于周，予惟曰：‘庶有事。’今王即命曰：‘记功，

宗以功作元祀。’惟命曰：‘汝受命笃弼，丕视功载，乃汝其悉自教工。’

“孺子其朋，孺子其朋，其往！无若火始焰焰；厥攸灼叙，弗其绝。厥若彝及抚事如予，惟以在周工往新邑。伻向即有僚，明作有功，惇大成裕，汝永有辞。”

公曰：“已！汝惟冲子，惟终。汝其敬识百辟享，亦识其有不享。享多仪，仪不及物，惟曰不享。惟不役志于享，凡民惟曰不享，惟事其爽侮。乃惟孺子颁，朕不暇听。

“朕教汝于棐民，彝汝乃是不蘉，乃时惟不永哉！笃叙乃正父罔不若予，不敢废乃命。汝往敬哉！兹予其明农哉！被裕我民，无远用戾。”

王若曰：“公！明保予冲子。公称丕显德，以予小子扬文武烈，奉答天命，和恒四方民，居师；惇宗将礼，称秩元祀，咸秩无文。惟公德明光于上下，勤施于四方，旁作穆穆，迓衡不迷。文武勤教，予冲子夙夜毖祀。”王曰：“公功棐迪，笃罔不若时。”

王曰：“公！予小子其退，即辟于周，命公后。四方迪乱未定，于宗礼亦未克敉，公功迪将，其后监我士师工，诞保文武受民，乱为四辅。”王曰：“公定，予往已。以功肃将祗欢，公无困哉！我惟无斁其康事，公勿替刑，四方其世享。”

周公拜手稽首曰：“王命予来承保乃文祖受命民，越乃光烈考武王弘朕恭。孺子来相宅，其大惇典殷献民，乱为四方新辟，作周恭先。曰其自时中乂，万邦咸休，惟王有成绩。予旦以多子越御事笃前人成烈，答其师，作周孚先。’考朕昭子刑，乃单文祖德。

“伻来毖殷，乃命宁予以秬鬯二卣。曰明禋，拜手稽首休享。予不敢宿，则禋于文王、武王。惠笃叙，无有遘自疾，万年厌于乃德，殷乃引考。王伻殷乃承叙万年，其永观朕子怀德。”

戊辰，王在新邑烝，祭岁，文王骍牛一，武王骍牛一。王命作册逸祝册，惟告周公其后。

王宾杀禋咸格，王入太室，裸。王命周公后，作册逸诰，在十有二月。惟周公诞保文武受命，惟七年。

周书·多士

成周既成，迁殷顽民，周公以王命诰，作《多士》。

惟三月，周公初于新邑洛，用告商王士。

王若曰：“尔殷遗多士，弗吊旻天，大降丧于殷，我有周佑命，将天明威，致王罚，敕殷命终于帝。肆尔多士！非我小国敢弋殷命。惟天不畀允罔固乱，弼我，我其敢求位？惟帝不畀，惟我下民秉为，惟天明畏。

“我闻曰：上帝引逸，有夏不适逸；则惟帝降格，向于时夏。弗克庸帝，大淫泆有辞。惟时天罔念闻，厥惟废元命，降致罚；乃命尔先祖成汤革夏，俊民甸四方。

“自成汤至于帝乙，罔不明德恤祀。亦惟天丕建，保乂有殷，殷王亦罔敢失帝，罔不配天其泽。

“在今后嗣王，诞罔显于天，矧曰其有听念于先王勤家？诞淫厥泆，罔顾于天显民祇，惟时上帝不保，降若兹大丧。惟天不畀不明厥德，凡四方小大邦丧，罔非有辞于罚。”

“王若曰：“尔殷多士，今惟我周王丕灵承帝事，有命曰

‘割殷’，告敕于帝。惟我事不贰适，惟尔王家我适。予其曰惟尔洪无度，我不尔动，自乃邑。予亦念天，即于殷大戾，肆不正。”

王曰：“猷！告尔多士，予惟时其迁居西尔，非我一人奉德不康宁，时惟天命。无违，朕不敢有后，无我怨。

“惟尔知，惟殷先人有册有典，殷革夏命。今尔又曰：‘夏迪简在王庭，有服在百僚。’予一人惟听用德，肆予敢求于天邑商，予惟率肆矜尔。非予罪，时惟天命。”

王曰：“多士，昔朕来自奄，予大降尔四国民命。我乃明致天罚，移尔遐逖，比事臣我宗多逊。”

王曰：“告尔殷多士，今予惟不尔杀，予惟时命有申。今朕作大邑于兹洛，予惟四方罔攸宾，亦惟尔多士攸服奔走臣我多逊。尔乃尚有尔土，尔用尚宁干止，尔克敬，天惟畀矜尔；尔不克敬，尔不啻不有尔土，予亦致天之罚于尔躬！今尔惟时宅尔邑，继尔居；尔厥有干有年于兹洛。尔小子乃兴，从尔迁。”

王曰：“又曰时予，乃或言尔攸居。”

周书·无逸

周公作《无逸》。

周公曰：“呜呼！君子所，其无逸。先知稼穑之艰难，乃逸，则知小人之依。相小人，厥父母勤劳稼穑，厥子乃不知稼穑之艰难，乃逸乃谚。既诞，否则侮厥父母，曰：‘昔之人无闻知。’”

周公曰：“呜呼！我闻曰：昔在殷王中宗，严恭寅畏，天命自度，治民祇惧，不敢荒宁。肆中宗之享国七十有五年。其在高宗，时旧劳于外，爰暨小人。作其即位，乃或亮阴，三年不言。其惟不言，言乃雍。不敢荒宁，嘉靖殷邦。至于小大，无时或怨。肆高宗之享国五十年有九年。其在祖甲，不义惟王，旧为小人。作其即位，爰知小人之依，能保惠于庶民，不敢侮鳏寡。肆祖甲之享国三十有三年。自时厥后立王，生则逸。生则逸，不知稼穑之艰难，不闻小人之劳，惟耽乐之从。自时厥后，亦罔或克寿。或十年，或七八年，或五六年，或四三年。”

周公曰：“呜呼！厥亦惟我周太王、王季，克自抑畏。文王卑服，即康功田功。徽柔懿恭，怀保小民，惠鲜鳏寡。自朝至于日中昃，不遑暇食，用咸和万民。文王不敢盘于游田，以庶邦惟正之供。文王受命惟中身，厥享国五十年。”

周公曰：“呜呼！继自今嗣王，则其无淫于观、于逸、于游、于田，以万民惟正之供。无皇曰：‘今日耽乐。’乃非民攸训，非天攸若，时人丕则有愆。无若殷王受之迷乱，酗于酒德哉！”

周公曰：“呜呼！我闻曰：‘古之人犹胥训告，胥保惠，胥教诲，民无或胥诪张为幻。’此厥不听，人乃训之，乃变乱先王之正刑，至于小大。民否则厥心违怨，否则厥口诅祝。”

周公曰：“呜呼！自殷王中宗，及高宗，及祖甲，及我周文王，兹四人迪哲。厥或告之曰：‘小人怨汝詈汝。’则皇自敬德。厥愆，曰：‘朕之愆。’允若时，不啻不敢含怒。此厥不听，人乃或诪张为幻，曰：‘小人怨汝詈汝。’则信之，则若时，不永念厥辟，不宽绰厥心，乱罚无罪，杀无辜。怨有同，是从于厥身。”

周公曰：“呜呼！嗣王其监于兹。”

周书·君奭

召公为保，周公为师，相成王为左右。召公不说，周公作《君奭》。

周公若曰：“君奭！弗弔天降丧于殷，殷既坠厥命，我有周既受。我不敢知曰：厥基永孚于休。若天棐忱，我亦不敢知曰：其终出于不祥。

“呜呼！君已曰‘时我’，我亦不敢宁于上帝命，弗永远念天威越我民；罔尤违，惟人。在我后嗣子孙，大弗克恭上下，遏佚前人光在家，不知天命不易，天难谌，乃其坠命，弗克经历。嗣前人，恭明德，在今予小子旦非克有正，迪惟前人光施于我冲子。”又曰：“天不可信，我道惟宁王德延，天不庸释于文王受命。”

公曰：“君奭！我闻在昔成汤既受命，时则有若伊尹，格于皇天。在太甲，时则有若保衡。在太戊，时则有若伊陟、臣扈，格于上帝；巫咸乂王家。在祖乙，时则有若巫贤。在武丁，时则有若甘盘。率惟兹有陈，保乂有殷，故殷礼陟配天，多历年所。天维纯佑命，则商实百姓王人。罔不秉德明恤，小臣屏侯甸，矧咸奔走。惟兹惟德称，用乂厥辟，故一人有事于四方，若卜筮罔不是孚。”

公曰：“君奭！天寿平格，保乂有殷，有殷嗣，天灭威。今汝永念，则有固命，厥乱明我新造邦。”

公曰：“君奭！在昔上帝割申劝宁王之德，其集大命于厥躬？惟文王尚克修和我有夏；亦惟有若虢叔，有若闳夭，有若散宜生，有若泰颠，有若南宫括。”又曰：“无能往来，兹迪彝教，文王蔑德降于国人。亦惟纯佑秉德，迪知天威，乃惟时昭文王，迪见冒，闻于上帝。惟时受有殷命哉！武王惟兹四人，尚迪有禄。后暨武王，诞将天威，咸刘厥敌。惟兹四人昭武王，惟冒，丕单称德。

“今在予小子旦，若游大川，予往暨汝奭其济。小子同未在位，诞无我责，收，罔勖不及。耇造德不降我则，鸣鸟不闻，矧曰其有能格？”

公曰：“呜呼！君肆其监于兹！我受命于疆惟休，亦大惟艰。告君，乃猷裕我，不以后人迷。”

公曰：“前人敷乃心，乃悉命汝，作汝民极。曰：‘汝明勖偶王，在亶。乘兹大命，惟文王德丕承，无疆之恤！’”

公曰：“君！告汝，朕允保奭。其汝克敬，以予监于殷丧大否，肆念我天威。予不允，惟若兹诰，予惟曰：‘襄我二人，汝有合哉？’言曰：‘在时二人。’天休兹至，惟时二人弗戡。其汝克敬德，明我俊民，在让后人于丕时。呜呼！笃棐时二人，我式克至于今日休？我咸成文王功于！不怠丕冒，海隅出日，罔不率俾。”

公曰：“君！予不惠若兹多诰，予惟用闵于天越民。”

公曰：“呜呼！君！惟乃知民德亦罔不能厥初，惟其终。祗若兹，往敬用治！”

周书·多方

成王归自奄，在宗周，诰庶邦，作《多方》。

惟五月丁亥，王来自奄，至于宗周。

周公曰：王若曰："猷告尔四国多方，惟尔殷侯尹民。我惟大降尔命，尔罔不知。洪维图天之命，弗永寅念于祀，惟帝降格于夏。有夏诞厥逸，不肯感言于民，乃大淫昏，不克终日劝于帝之迪，乃尔攸闻。厥图帝之命，不克开于民之丽，乃大降罚，崇乱有夏。因甲于内乱，不克灵承于旅。罔丕惟进之恭，洪舒于民。亦惟有夏之民叨懫日钦，劓割夏邑。天惟时求民主，乃大降显休命于成汤，刑殄有夏。惟天不畀纯，乃惟以尔多方之义民不克永于多享；惟夏之恭多士大不克明保享于民，乃胥惟虐于民，至于百为，大不克开。乃惟成汤克以尔多方简，代夏作民主。慎厥丽，乃劝；厥民刑，用劝。以至于帝乙，罔不明德慎罚，亦克用劝；要囚殄戮多罪，亦克用劝；开释无辜，亦克用劝。今至于尔辟，弗克以尔多方享天之命，呜呼！"

王若曰："诰告尔多方，非天庸释有夏，非天庸释有殷。乃惟尔辟以尔多方大淫，图天之命屑有辞。乃惟有夏图厥政，不集于享，天降时丧，有邦间之。乃惟尔商后王逸厥逸，图厥政不蠲烝，天惟降时丧。

"惟圣罔念作狂，惟狂克念作圣。天惟五年须暇之子孙，诞作民主，罔可念听。天惟求尔多方，大动以威，开厥顾天。惟尔多方罔堪顾之。惟我周王灵承于旅，克堪用德，惟典神天。天惟式教我用休，简畀殷命，尹尔多方。

"今我曷敢多诰。我惟大降尔四国民命。尔曷不忱裕之于尔多方？尔曷不夹介乂我周王享天之命？今尔尚宅尔宅，畋尔田，尔曷不惠王熙天之命？

“尔乃迪屡不静，尔心未爱。尔乃不大宅天命，尔乃悄播天命，尔乃自作不典，图忱于正。我惟时其教告之，我惟时其战要囚之，至于再，至于三。乃有不用我降尔命，我乃其大罚殛之！非我有周秉德不康宁，乃惟尔自速辜！”

王曰：“呜呼！猷告尔有方多士暨殷多士，今尔奔走臣我监五祀，越惟有胥伯小大多正，尔罔不克臬。自作不和，尔惟和哉！尔室不睦，尔惟和哉！尔邑克明，尔惟克勤乃事。尔尚不忌于凶德，亦则以穆穆在乃位，克阅于乃邑谋介。尔乃自时洛邑，尚永力畋尔田，天惟畀矜尔，我有周惟其大介赉尔，迪简在王庭。尚尔事，有服在大僚。”

王曰：“呜呼！多士，尔不克劝忱我命，尔亦则惟不克享，凡民惟曰不享。尔乃惟逸惟颇，大远王命，则惟尔多方探天之威，我则致天之罚，离逖尔土。”

王曰：“我不惟多诰，我惟祇告尔命。”又曰：“时惟尔初，不克敬于和，则无我怨。”

周书·立政

周公作《立政》。

周公若曰：“拜手稽首，告嗣天子王矣。”用咸戒于王曰：“王左右常伯、常任、准人、缀衣、虎贲。”

周公曰：“呜呼！休兹知恤，鲜哉！古之人迪惟有夏，乃有室大竞，吁俊尊上帝迪，知忱恂于九德之行。乃敢告教厥后曰：‘拜手稽首后矣！’曰：‘宅乃事，宅乃牧，宅乃准，兹惟后矣。谋面，用丕训德，则乃宅人，兹乃三宅无义民。’

“桀德，惟乃弗作往任，是惟暴德罔后。亦越成汤陟，丕鳌上帝之耿命，乃用三有宅；克即宅，曰三有俊，克即俊。严惟丕式，克用三宅三俊，其在商邑，用协于厥邑；其在四方，用丕式见德。

“呜呼！其在受德，暋为羞刑暴德之人，同于厥邦；乃惟庶习逸德之人，同于厥政。帝钦罚之，乃伻我有夏，式商受命，奄甸万姓。

“亦越文王、武王，克知三有宅心，灼见三有俊心，以敬事上帝，立民长伯。立政：任人、准夫、牧、作三事。虎贲、缀衣、趣马、小尹、左右携仆、百司庶府。大都小伯、艺人、表臣百司、太史、尹伯，庶常吉士。司徒、司马、司空、亚、旅。夷、微、卢烝。三亳阪尹。

“文王惟克厥宅心，乃克立兹常事司牧人，以克俊有德。文王罔攸兼于庶言；庶狱庶慎，惟有司之牧夫是训用违；庶狱庶慎，文王罔敢知于兹。

“亦越武王，率惟敉功，不敢替厥义德，率惟谋从容德，以并受此丕丕基。”

“呜呼！孺子王矣！继自今我其立政。立事、准人、牧夫，我其克灼知厥若，丕乃俾乱；相我受民，和我庶狱庶慎。时则勿有间之，自一话一言。我则末惟成德之彦，以乂我受民。

“呜呼！予旦已受人之徽言咸告孺子王矣。继自今文子文孙，其勿误于庶狱庶慎，惟正是乂之。

“自古商人亦越我周文王立政，立事、牧夫、准人，则克宅之，克由绎之，兹乃俾乂，国则罔有。立政用憸人，不训于德，是罔显在厥世。继自今立政，其勿以憸人，其惟吉士，用励相我国家。

“今文子文孙，孺子王矣！其勿误于庶狱，惟有司之牧夫。其克诘尔戎兵以陟禹之迹，方行天下，至于海表，罔有不服。以觐文王之耿光，以扬武王之大烈。呜呼！继自今后王立政，其惟克用常人。”

周公若曰：“太史！司寇苏公式敬尔由狱，以长我王国。兹式有慎，以列用中罚。”

周书·顾命

成王将崩，命召公、毕公率诸侯相康王，作《顾命》。

惟四月，哉生魄，王不怿。甲子，王乃洮頮水。相被冕服，凭玉几。乃同，召太保奭、芮伯、彤伯、毕公、卫侯、毛公、师氏、虎臣、百尹、御事。王曰：“呜呼！疾大渐，惟几，病日臻。既弥留，恐不获誓言嗣，兹予审训命汝。昔君文王、武王宣重光，奠丽陈教，则肄肄不违，用克达殷集大命。在后之侗，敬迓天威，嗣守文、武大训，无敢昏逾。今天降疾，殆弗兴弗悟。尔尚明时朕言，用敬保元子钊弘济于艰难，柔远能迩，安劝小大庶邦。思夫人自乱于威仪。尔无以钊冒贡于非几。”

兹既受命，还出缀衣于庭。越翼日乙丑，王崩。太保命仲桓、南宫毛俾爰齐侯吕伋，以二干戈、虎贲百人逆子钊于南门之外。延入翼室，恤宅宗。丁卯，命作册度。

越七日癸酉，伯相命士须材。狄设黼扆、缀衣。牖间南向，敷重篾席，黼纯，华玉，仍几。西序东向，敷重底席，缀纯，文贝，仍几。东序西向，敷重丰席，画纯，雕玉，仍几。西夹南向，敷重笋席，玄纷纯，漆，仍几。越玉五重，陈宝，赤刀、大训、弘璧、琬琰，在西序；大玉、夷玉、天球、河图，在东序。胤之舞衣、大贝、鼖鼓，在西房；兑之戈、和之弓、垂之竹矢，在东房。大辂在宾阶面，缀辂在阼阶面，先辂在左塾之前，次辂在右塾之前。

二人雀弁，执惠，立于毕门之内。四人綦弁，执戈上刃，夹两阶戺。一人冕，执刘，立于东堂；一人冕，执钺，立于西堂。一人冕，执戣，立于东垂；一人冕，执瞿，立于西垂。一人冕，执锐，立于侧阶。

王麻冕黼裳，由宾阶隮。卿士邦君麻冕蚁裳，入即位。太保、太史、太宗皆麻冕彤裳。太保承介圭，上宗奉同瑁，由阼阶隮。太史秉书，由宾阶隮，御王册命。曰："皇后凭玉几，道扬末命，命汝嗣训，临君周邦，率循大卞，燮和天下，用答扬文、武之光训。"王再拜，兴，答曰："眇眇予末小子，其能而乱四方以敬忌天威。"乃受同瑁，王三宿，三祭，三咤。上宗曰："飨！"太保受同，降，盥，以异同秉璋以酢。授宗人同，拜。王答拜。太保受同，祭，哜，宅，授宗人同，拜。王答拜。太保降，收。诸侯出庙门俟。

周书·吕刑

吕命穆王训夏赎刑，作《吕刑》。

惟吕命，王享国百年，耄，荒度作刑，以诘四方。王曰："若古有训，蚩尤惟始作乱，延及于平民，罔不寇贼，鸱义，奸宄，夺攘，矫虔。苗民弗用灵，制以刑，惟作五虐之刑曰法。杀戮无辜，爰始淫为劓、刵、椓、黥。越兹丽刑并制，罔差有辞。民兴胥渐，泯泯棼棼，罔中于信，以覆诅盟。虐威庶戮，方告无辜于上。上帝监民，罔有馨香德，刑发闻惟腥。黄帝哀矜庶戮之不辜，报虐以威，遏绝苗民，无世在下。乃命重、黎，绝地天通，罔有降格。群后之逮在下，明明棐常，鳏寡无盖。

黄帝清问下民鳏寡有辞于苗。德威惟畏，德明惟明。乃命三后，恤功于民。伯夷降典，折民惟刑；禹平水土，主名山川；稷降播种，家殖嘉谷。三后成功，惟殷于民。士制百姓于刑之中，以教祗德。穆穆在上，明明在下，灼于四方，罔不惟德之勤，故乃明于刑之中，率乂于民棐彝。典狱非讫于威，惟讫于富。敬忌，罔有择言在身。惟克天德，自作元命，配享在下。”

王曰：“嗟！四方司政典狱，非尔惟作天牧？今尔何监？非时伯夷播刑之迪？其今尔何惩？惟时苗民匪察于狱之丽，罔择吉人，观于五刑之中；惟时庶威夺货，断制五刑，以乱无辜，上帝不蠲，降咎于苗，苗民无辞于罚，乃绝厥世。”

王曰：“呜呼！念之哉。伯父、伯兄、仲叔、季弟、幼子、童孙，皆听朕言，庶有格命。今尔罔不由慰曰勤，尔罔或戒不勤。天齐于民，俾我一日，非终惟终，在人。尔尚敬逆天命，以奉我一人！虽畏勿畏，虽休勿休。惟敬五刑，以成三德。一人有庆，兆民赖之，其宁惟永。”

王曰：“吁！来，有邦有土，告尔祥刑。在今尔安百姓，何择，非人？何敬，非刑？何度，非及？两造具备，师听五辞。五辞简孚，正于五刑。五刑不简，正于五罚；五罚不服，正于五过。五过之疵：惟官，惟反，惟内，惟货，惟来。其罪惟均，其审克之！

“五刑之疑有赦，五罚之疑有赦，其审克之！简孚有众，惟貌有稽。无简不听，具严天威。墨辟疑赦，其罚百锾，阅实其罪。劓辟疑赦，其罪惟倍，阅实其罪。剕辟疑赦，其罚倍差，阅实其罪。宫辟疑赦，其罚六百锾，阅实其罪。大辟疑赦，其罚千锾，阅实其罪。墨罚之属千。劓罚之属千，剕罚之属五百，宫罚之属三百，大辟之罚其属二百。五刑之属三千。

“上下比罪，无僭乱辞，勿用不行，惟察惟法，其审克之！上刑适轻，下服；下刑适重，上服。轻重诸罚有权。刑罚世轻世重，惟齐非齐，有伦有要。罚惩非死，人极于病。非佞折狱，惟良折狱，罔非在中。察辞于差，非从惟从。哀敬折狱，明启刑书胥占，咸庶中正。其刑其罚，其审克之。狱成而孚，输而孚。其刑上备，有并两刑。”

王曰：“呜呼！敬之哉！官伯族姓，朕言多惧。朕敬于刑，有德惟刑。今天相民，作配在下。明清于单辞，民之乱，罔不中听狱之两辞，无或私家于狱之两辞！狱货非宝，惟府辜功，报以庶尤。永畏惟罚，非天不中，惟人在命。天罚不极，庶民罔有令政在于天下。”

王曰：“呜呼！嗣孙，今往何监，非德？于民之中，尚明听之哉！哲人惟刑，无疆之辞，属于五极，咸中有庆。受王嘉师，监于兹祥刑。”

周书·秦誓

秦穆公伐郑，晋襄公帅师败诸崤，还归，作《秦誓》。

公曰：“嗟！我士，听无哗！予誓告汝群言之首。古人有言曰：‘民讫自若，是多盘。’责人斯无难，惟受责俾如流，是惟艰哉！我心之忧，日月逾迈，若弗云来。惟古之谋人，则曰未就予忌；惟今之谋人，姑将以为亲。虽则云然，尚猷询兹黄发，则罔所愆。番番良士，旅力既愆，我尚有之；仡仡勇夫，射御不违，我尚不欲。惟截截善谝言，俾君子易辞，我皇多有之！昧昧我思之，如有一介臣，断断猗无他技，其心休休焉，其如有容。人之有技，若已有之；人之彦圣，其心好之，不啻若自其口出。是能容之，以保我子孙黎民，亦职有利哉！人之有技，冒疾以恶之；人之彦圣而违之，俾不达。是不能容，以不能保我子孙黎民，亦曰殆哉！邦之杌陧，曰由一人；邦之荣怀，亦尚一人之庆。”

卷三　诗　经

一、家　法[①]

学《诗》家法，创自孔子，传于曾子、子思、孟子。孔子赞《鸱鸮》之诗曰："为此诗者，其知道乎！能治其国家，谁敢侮之?"赞《烝民》之诗曰："为此诗者，其知道乎！故有物必有则，民之秉彝也，故好是懿德。"皆用一二字点缀咏叹，而义跃如。曾子得其传，作《大学》，于"邦畿千里，维民所止""桃之夭夭，其叶蓁蓁""乐只君子，民之父母"数节，皆不拘本文，断章取义，自言其所心得。子思子得其传，作《中庸》，于"衣锦尚絅"数节，精探道蕴，引人入胜；而于"予怀明德"一节，三引《诗》文，有左右逢原之妙，尤为千古说《诗》之祖。孟子得其传，作《七篇》，章末每引《诗》语作结，实开"外传"之先河，（《韩诗》有《外传》，《毛诗》亦称"传"，"传"者，传其义也。）而"以意逆志"数言，尤为说《诗》之要领。后世学《诗》者能得孔门家法，自无支离穿凿之习矣。

---

① 此卷原本无小标题，编者酌拟。

二、审　音

“声成文谓之音”，诗者，音而已矣。古人有言：“审乐知政。”审乐者，审音而已矣。《诗序》云：“情动于中而形于言，言之不足，故嗟叹之；嗟叹之不足，故永歌之；永歌之不足，不知手之舞之、足之蹈之也。”昔曾子居鲁，读《商颂》，其声渊渊然，恍闻金石之奏，盖《长发》《殷武》诸诗，其声大矣、远矣。予尝推斯意以读周家之《诗》，若《大明》《緜》，若《皇矣》，若《公刘》诸篇，其忠厚渊懿之意，洋溢乎纸上。美哉，商周之音也！盖在唐虞之世，契为舜司徒，敬敷五教，教在人伦，历五百年而生汤与伊尹，再历五百年而生孔子。（孔子，其先宋人。宋，殷之后也。）盖契始创教民之政者也，教民者，后世食其报，故商《诗》之音特远。后稷教民稼穑，树艺五谷，历十余世而生文王、武王、周公。盖稷始创养民之政者也，养民者，后世食其报，故周《诗》之音特闳。由是推之，而其他之音均可知已。一升一降，一治一乱，一盛一衰，皆可于音验之。不独一国然也，一家亦然，一身一心亦然。积善愈深以厚，则其音愈和以平。故夫善治天下与善观人者，能知天下之善音，并能远天下之恶音。此其义难与俗人言也。

《左氏传》载吴季子观乐，即所谓“审音以知政”；而学《诗》之方，更详于《论语》。子曰：“《诗》三百，一言以蔽之，曰：思无邪。”又曰：“诵《诗》三百，授之以政，不达；使于四方，不能专对；虽多，亦奚以为?”盖思无邪，治心之学也，礼也；达于政事，专对四方，用也。舍是二者，则不必学《诗》矣。通经贵乎致用，自圣学衰而沟瞀之儒骋辞驰说，世遂诋圣学为无用，固不独说《诗》一端为然也。

三、文　情

唐李汉序《韩昌黎集》云：“周情孔思，日光玉洁。”自古文情之至深者，其惟我周公乎?《常棣》之诗，每章言兄弟，末曰：“是究是图，亶其然乎?”何其婉也！《七月》之诗，陈民事也，则曰：“女心伤悲，殆及公子同归。”《鸱鸮》之诗，明素心也，则曰：“恩斯勤斯，鬻子之闵斯。”《东山》之诗，慰师旅也，则曰：“之子于归，皇驳其马。其新孔嘉，其旧如之何?”以圣哲神相之著作，无异于劳人思妇之离忧。至于《闵予小子》《小毖》诸篇，深情若揭。孝哉我周公！忠哉我周公！文情之至深者，亦惟我周公！天下惟至情之人，乃能感天地、泣鬼神而定天下之大业，周家八百年之基，统根于情而已矣。故学者学《诗》，先在养其性情，深于情，而兴观群怨乃有不能自已者。孔子曰：“吾不复梦见周公。”事有旷百世而相感者，予诚不知其何心也！

言词章者多宗《骚》《选》，予谓读《骚》《选》不如读《诗》。试略论之：《雅》之《生民》《皇矣》《公刘》，《颂》之《载芟》诸篇，实为《文选》诗赋之胚胎。《斯干》之诗，颂嘉祥也，而中间忽以“乃寝乃兴，乃占我梦”作转，末乃以“乃生男子”“乃生女子”作结，其文思之奇，可谓千古独绝。《谁谓尔无羊》一篇，逸趣横生，为后世画记之祖，末乃以牧人一梦作结，与《斯干》诗同一奇想。苏东坡《后赤壁赋》以一梦作结，用意实本于此，因无结束而得好结束法也。又如《緜》之诗以“予曰有御侮”作结，《皇矣》诗以“四方以无拂”作结，《大东》诗以“维北有斗，西柄之揭”作结，简老奇横，无与伦比。美哉《诗》乎，盖无体不备矣！（友人某君云：“杜子美‘绝代有佳人’诗一首，实脱胎于《谷风》一篇。”予深思之，其说良然。如“夫婿轻薄儿，新人美如玉”数句，实本于“宴尔新昏，如兄如弟”；“在山泉水清，出山泉水浊”二句，实本于“泾以渭浊，湜湜其沚”；“侍婢买珠回，牵萝补茅屋”二句，实本于“我有旨蓄，亦以御冬”。然如《谷风》诗之“既生既育，比予于毒”，则子美诗尚不能如是之沉痛；而“宴尔新昏，以我御穷”二句尤为奇横，后人所不能及也。）

曾文正《古文四象》“少阴情韵”类选诗八十篇，以《关雎》《葛覃》《卷耳》《鹊巢》《采蘩》《采蘋》《清庙》《雍》为可兴上；以《七月》《鸱鸮》《东山》《狼跋》《文王》《大明》《緜》《思齐》为可兴下；以《楚茨》《信南山》《文王有声》《生民》《行苇》《笃公刘》《那》《长发》为美中之可观；以《北门》《匪风》《北山》《鴳弁》《白华》《板》《荡》《瞻卬》为刺中之可观；以《鹿鸣》《四牡》《常棣》《伐木》《崧高》《烝民》《江汉》《常武》为可群；以《节南山》《正月》《十月之交》《雨无正》《小旻》《小宛》《小弁》《巧言》为可怨；以《柏舟》《淇奥》《蓼莪》《抑》

《闵予小子》《访落》《敬之》《小毖》属义理；以《硕人》《小戎》《采芑》《车攻》《斯干》《皇矣》《韩奕》《閟宫》属气势；以《柏舟》《谷风》《伯兮》《葛生》《蒹葭》《黄鸟》《采薇》《杕杜》属情韵；以《简兮》《大叔于田》《清人》《还》《伐檀》《山有枢》《宛丘》《大东》属趣味，可谓精思入杳冥矣。惟概入于"少阴情韵"类，鄙意窃以为可商。盖《诗》中如《柏舟》《绿衣》《蒹葭》等，丰韵独绝，斯可属诸情韵。若《那》《长发》不得不谓之太阳，《江汉》《常武》不得不谓之少阳，未可概以"少阴"目之。观文正于兴、观、群、怨四类外，另分义理、气势、情韵、趣味四者，是以八十篇概属之少阴，固未定之意也。

四、读　法

学《诗》当以《传》《笺》为主，而以朱子《集传》辅之，孔冲远《疏》亦称详备。近世作者，以陈硕甫《毛诗传疏》为最精博，李氏《毛诗绌义》、胡氏《毛诗后笺》亦足备参考；惜皆详于考据，鲜有注意于性情者。陈兰甫《读诗日录》，涵泳义理，深合孔门家法，[①] 读者尤宜注意[②]。

---

① 醒园本此后尚有一段文字："亟录之，附于卷末，至是编文法明。钟伯敬先生评点用红笔，国朝刘海峰先生评点用墨笔，其蓝笔为宋谢叠山先生所评。学者循是以求之，于昌黎所谓'正而葩'者，自可得其门径也。"

② "读者尤宜注意"，醒园本无此句。

附《诗经》选目

卷上　《那》《玄鸟》《长发》《殷武》《生民》《公刘》《大明》《緜》《皇矣》《常棣》《七月》《鸱鸮》《东山》《思文》《小毖》《卷阿》《小宛》《荡》《江汉》《常武》《既醉》《斯干》

卷下　《蓼莪》《鸨羽》《葛覃》《卷耳》《柏舟》《绿衣》《谷风》《氓》《女曰鸡鸣》《蒹葭》《黍离》

曾文正《古文四象》所选《诗经》分兴、观、群、怨、义理、气势、情韵、趣味各类，未免太烦。此卷所选，上编专取清明广大之音，下编专取情韵抑扬之作，用以自娱，故哀怨离忧之词选录较少。学者欲考盛衰兴亡之消息，非读全经不可也。

商颂·那

猗与那与！置我鞉鼓。奏鼓简简，衎我烈祖。
汤孙奏假，绥我思成。

鞉鼓渊渊，嘒嘒管声。既和且平，依我磬声。
于赫汤孙！穆穆厥声。

庸鼓有斁，万舞有奕。我有嘉客，亦不夷怿。
自古在昔，先民有作。

温恭朝夕，执事有恪。顾予烝尝，汤孙之将。

商颂·玄鸟

天命玄鸟，降而生商，宅殷土芒芒。
古帝命武汤，正域彼四方。

方命厥后，奄有九有。
商之先后，受命不殆，在武丁孙子。
武丁孙子，武王靡不胜。

龙旂十乘，大糦是承。
邦畿千里，维民所止，肇域彼四海。

四海来假，来假祁祁。
景员维河。殷受命咸宜，百禄是何。

商颂·长发

濬哲维商，长发其祥。洪水芒芒，禹敷下土方。
外大国是疆，幅陨既长。有娀方将，帝立子生商。

玄王桓拨，受小国是达，受大国是达。
率履不越，遂视既发。相土烈烈，海外有截。

帝命不违，至于汤齐。汤降不迟，圣敬日跻。
昭假迟迟，上帝是祗，帝命式于九围。

受小球大球，为下国缀旒，何天之休。
不竞不絿，不刚不柔。敷政优优。百禄是遒。

受小共大共，为下国骏厖。何天之龙，敷奏其勇。
不震不动，不戁不竦，百禄是总。

武王载旆，有虔秉钺。如火烈烈，则莫我敢曷。
苞有三蘖，莫遂莫达。九有有截，韦顾既伐，昆吾夏桀。

昔在中叶，有震且业。允也天子，降予卿士。
实维阿衡，实左右商王。

商颂·殷武

挞彼殷武，奋伐荆楚。罙入其阻，裒荆之旅。
有截其所，汤孙之绪。

维女荆楚，居国南乡。昔有成汤，自彼氐羌，
莫敢不来享，莫敢不来王。曰商是常。

天命多辟，设都于禹之绩。
岁事来辟，勿予祸适，稼穑匪解。

天命降监，下民有严。不僭不滥，不敢怠遑。
命于下国，封建厥福。

商邑翼翼，四方之极。赫赫厥声，濯濯厥灵。
寿考且宁，以保我后生。

陟彼景山，松伯丸丸。是断是迁，方斫是虔。
松桷有梴，旅楹有闲，寝成孔安。

大雅·生民

厥初生民，时维姜嫄。生民如何？克禋克祀，以弗无子。
履帝武敏歆，攸介攸止，载震载夙。载生载育，时维后稷。

诞弥厥月，先生如达。不拆不副，无菑无害，以赫厥灵。
上帝不宁，不康禋祀，居然生子。

诞寘之隘巷，牛羊腓字之。诞寘之平林，会伐平林。
诞寘之寒冰，鸟覆翼之。鸟乃去矣，后稷呱矣。
实覃实訏，厥声载路。

诞实匍匐，克岐克嶷，以就口食。
蓺之荏菽，荏菽旆旆。禾役穟穟，麻麦幪幪，瓜瓞唪唪。

诞后稷之穑，有相之道。茀厥丰草，种之黄茂。
实方实苞，实种实褎。实发实秀，实坚实好。
实颖实栗，即有邰家室。

诞降嘉种，维秬维秠，维穈维芑。

恒之秬秠，是获是亩。恒之穈芑，是任是负，以归肇祀。

诞我祀如何？或舂或揄，或簸或蹂。
释之叟叟，烝之浮浮。载谋载惟，取萧祭脂，
取羝以軷，载燔载烈，以兴嗣岁。

卬盛于豆，于豆于登。其香始升，上帝居歆。
胡臭亶时，后稷肇祀。庶无罪悔，以迄于今。

大雅·公刘

笃公刘，匪居匪康。
乃埸乃疆，乃积乃仓；乃裹糇粮，于橐于囊。
思辑用光，弓矢斯张；干戈戚扬，爰方启行。

笃公刘，于胥斯原。
既庶既繁，既顺乃宣，而无永叹。
陟则在巘，复降在原。何以舟之？维玉及瑶，鞞琫容刀。

笃公刘，逝彼百泉。
瞻彼溥原，乃陟南冈。乃觏于京，京师之野。
于时处处，于时庐旅，于时言言，于时语语。

笃公刘，于京斯依。
跄跄济济，俾筵俾几。既登乃依，乃造其曹。
执豕于牢，酌之用匏。食之饮之，君之宗之。

笃公刘，既溥既长。
既景乃冈，相其阴阳，观其流泉。
其军三单，度其隰原。彻田为粮，度其夕阳。豳居允荒。

笃公刘，于豳斯馆。
涉渭为乱，取厉取锻。止基乃理，爰众爰有。
夹其皇涧，溯其过涧。止旅乃密，芮鞫之即。

大雅·大明

明明在下，赫赫在上。天难忱斯，不易维王。
天位殷适，使不挟四方。

挚仲氏任，自彼殷商，来嫁于周，曰嫔于京。
乃及王季，维德之行。

大任有身，生此文王。维此文王，小心翼翼。
昭事上帝，聿怀多福。厥德不回，以受方国。

天监在下，有命既集。文王初载，天作之合。
在洽之阳，在渭之涘。

文王嘉止，大邦有子。大邦有子，伣天之妹。
文定厥祥，亲迎于渭。造舟为梁，不显其光。

有命自天，命此文王。于周于京，缵女维莘。
长子维行，笃生武王。保右命尔，燮伐大商。

殷商之旅，其会如林。矢于牧野，维予侯兴。
上帝临女，无贰尔心。

牧野洋洋，檀车煌煌，驷騵彭彭。维师尚父，时维鹰扬。
凉彼武王，肆伐大商，会朝清明。

大雅·緜

绵绵瓜瓞，民之初生，自土沮漆。
古公亶父，陶复陶穴，未有家室。

古公亶父，来朝走马。率西水浒，至于岐下。
爰及姜女，聿来胥宇。

周原膴膴，堇荼如饴。爰始爰谋，爰契我龟。
曰止曰时，筑室于兹。

乃慰乃止，乃左乃右，乃疆乃理，乃宣乃亩。
自西徂东，周爰执事。

乃召司空，乃召司徒，俾立室家。
其绳则直，缩版以载，作庙翼翼。

捄之陾陾，度之薨薨，筑之登登，削屡冯冯。
百堵皆兴，鼛鼓弗胜。

乃立皋门，皋门有伉。乃立应门，应门将将。
乃立冢土，戎丑攸行。

肆不殄厥愠，亦不陨厥问。柞棫拔矣，行道兑矣。
混夷駾矣，维其喙矣！

虞芮质厥成，文王蹶厥生。予曰有疏附，予曰有先后。
予曰有奔奏，予曰有御侮！

大雅·皇矣

皇矣上帝，临下有赫。监观四方，求民之莫。维此二国，其政不获。维彼四国，爰究爰度。上帝耆之，憎其式廓。乃眷西顾，此维与宅。

作之屏之，其菑其翳。修之平之，其灌其栵。启之辟之，其柽其椐。攘之剔之，其檿其柘。帝迁明德，串夷载路。天立厥配，受命既固。

帝省其山，柞棫斯拔，松柏斯兑。帝作邦作对，自大伯王季。维此王季，因心则友。则友其兄，则笃其庆，载锡之光。受禄无丧，奄有四方。

维此王季，帝度其心。貊其德音，其德克明。克明克类，克长克君。王此大邦，克顺克比。比于文王，其德靡悔。既受帝祉，施于孙子。

帝谓文王：无然畔援，无然歆羡，诞先登于岸。密人不恭，敢距大邦，侵阮徂共。王赫斯怒，爰整其旅，以按徂旅。以笃于周祜，以对于天下。

依其在京，侵自阮疆。陟我高冈，无矢我陵。我陵我阿，无饮我泉，我泉我池。度其鲜原，居岐之阳，在渭之将。万邦之方，下民之王。

帝谓文王：予怀明德，不大声以色，不长夏以革。不识不知，顺帝之则。帝谓文王：询尔仇方，同尔弟兄。以尔钩援，与尔临冲，以伐崇墉。

临冲闲闲，崇墉言言。执讯连连，攸馘安安。是类是祃，是致是附，四方以无侮。临冲茀茀，崇墉仡仡。是伐是肆，是绝是忽，四方以无拂。

小雅·常棣

常棣之华，鄂不韡韡。凡今之人，莫如兄弟。
死丧之威，兄弟孔怀。原隰裒矣，兄弟求矣。
脊令在原，兄弟急难。每有良朋，况也永叹。
兄弟阋于墙，外御其务。每有良朋，烝也无戎。
丧乱既平，既安且宁。虽有兄弟，不如友生？
傧尔笾豆，饮酒之饫。兄弟既具，和乐且孺。
妻子好合，如鼓瑟琴。兄弟既翕，和乐且湛。
宜尔室家，乐尔妻帑。是究是图，亶其然乎？

豳风·七月

七月流火，九月授衣。一之日觱发，二之日栗烈。无衣无褐，何以卒岁？三之日于耜，四之日举趾。同我妇子，馌彼南亩，田畯至喜。

七月流火，九月授衣。春日载阳，有鸣仓庚。女执懿筐，遵彼微行，爰求柔桑。春日迟迟，采蘩祁祁。女心伤悲，殆及公子同归。

七月流火，八月萑苇。蚕月条桑，取彼斧斨。以伐远扬，猗彼女桑。七月鸣鵙，八月载绩。载玄载黄，我朱孔阳，为公子裳。

四月秀葽，五月鸣蜩。八月其获，十月陨萚。一之日于貉，取彼狐狸，为公子裘。二之日其同，载缵武功。言私其豵，献豜于公。

五月斯螽动股，六月莎鸡振羽。七月在野，八月在宇，九月在户。十月蟋蟀，入我床下。穹窒熏鼠，塞向墐户。嗟我妇子，曰为改岁，入此室处。

六月食郁及薁，七月亨葵及菽。八月剥枣，十月获稻。为此春酒，以介眉寿。七月食瓜，八月断壶，九月叔苴。采荼薪樗，食我农夫。

九月筑场圃，十月纳禾稼。黍稷重穋，禾麻菽麦。嗟我农夫，我稼既同，上入执宫功。昼尔于茅，宵尔索绹。亟其乘屋，其始播百谷。

二之日凿冰冲冲，三之日纳于凌阴。四之日其蚤，献羔祭韭。九月肃霜，十月涤场。朋酒斯飨，曰杀羔羊，跻彼公堂。称彼兕觥：万寿无疆！

豳风·鸱鸮

鸱鸮鸱鸮，既取我子，无毁我室。恩斯勤斯，鬻子之闵斯。

迨天之未阴雨，彻彼桑土，绸缪牖户。今女下民，或敢侮予？

予手拮据，予所捋荼，予所蓄租，予口卒瘏，曰予未有室家。

予羽谯谯，予尾翛翛，予室翘翘。风雨所漂摇，予维音哓哓！

豳风·东山

我徂东山，慆慆不归。我来自东，零雨其濛。我东曰归，我心西悲。制彼裳衣，勿士行枚。蜎蜎者蠋，烝在桑野。敦彼独宿，亦在车下。

我徂东山，慆慆不归。我来自东，零雨其濛。果臝之实，亦施于宇。伊威在室，蟏蛸在户。町畽鹿场，熠耀宵行。不可畏也，伊可怀也。

我徂东山，慆慆不归。我来自东，零雨其濛。鹳鸣于垤，妇叹于室。洒扫穹窒，我征聿至。有敦瓜苦，烝在栗薪。自我不见，于今三年。

我徂东山，慆慆不归。我来自东，零雨其濛。仓庚于飞，熠耀其羽。之子于归，皇驳其马。亲结其缡，九十其仪。其新孔嘉，其旧如之何？

周颂·思文

思文后稷，克配彼天。立我烝民，莫匪尔极。贻我来牟，帝命率育，无此疆尔界。陈常于时夏。

周颂·小毖

予其惩，而毖后患。莫予荓蜂，自求辛螫。肇允彼桃虫，拚飞维鸟。未堪家多难，予又集于蓼。

大雅·卷阿

有卷者阿，飘风自南。岂弟君子，来游来歌，以矢其音。

伴奂尔游矣，优游尔休矣。岂弟君子，俾尔弥尔性，似先公酋矣。

尔土宇昄章，亦孔之厚矣。岂弟君子，俾尔弥尔性，百神尔主矣。

尔受命长矣，茀禄尔康矣。岂弟君子，俾尔弥尔性，纯嘏尔常矣。

有冯有翼，有孝有德，以引以翼。岂弟君子，四方为则。

颙颙印印，如圭如璋，令闻令望。岂弟君子，四方为纲。

凤凰于飞，翙翙其羽，亦集爰止。蔼蔼王多吉士，维君子使，媚于天子。

凤凰于飞，翙翙其羽，亦傅于天。蔼蔼王多吉人，维君子命，媚于庶人。

凤凰鸣矣，于彼高冈。梧桐生矣，于彼朝阳。菶菶萋萋，雍雍喈喈。

君子之车，既庶且多。君子之马，既闲且驰。矢诗不多，维以遂歌。

小雅·小宛

宛彼鸣鸠，翰飞戾天。我心忧伤，念昔先人。明发不寐，有怀二人。

人之齐圣，饮酒温克。彼昏不知，壹醉日富。各敬尔仪，天命不又。

中原有菽，庶民采之。螟蛉有子，蜾蠃负之。教诲尔子，式穀似之。

题彼脊令，载飞载鸣。我日斯迈，而月斯征。夙兴夜寐，毋忝尔所生。

交交桑扈，率场啄粟。哀我填寡，宜岸宜狱。握粟出卜，自何能穀？

温温恭人，如集于木。惴惴小心，如临于谷。战战兢兢，如履薄冰。

大雅·荡

荡荡上帝，下民之辟。疾威上帝，其命多辟。天生烝民，其命匪谌。靡不有初，鲜克有终。

文王曰咨，咨女殷商。曾是彊御？曾是掊克？曾是在位？曾是在服？天降滔德，女兴是力。

文王曰咨，咨女殷商。而秉义类，彊御多怼。流言以对，寇攘式内。侯作侯祝，靡届靡究。

文王曰咨，咨女殷商。女炰烋于中国，敛怨以为德。不明尔德，时无背无侧。尔德不明，以无陪无卿。

文王曰咨，咨女殷商。天不湎尔以酒，不义从式。既愆尔止，靡明靡晦。式号式呼，俾昼作夜。

文王曰咨，咨女殷商。如蜩如螗，如沸如羹。小大近丧，人尚乎由行。内奰于中国，覃及鬼方。

文王曰咨，咨女殷商。匪上帝不时，殷不用旧。虽无老成人，尚有典刑。曾是莫听，大命以倾。

文王曰咨，咨女殷商。人亦有言：颠沛之揭。枝叶未有害，本实先拨。殷鉴不远，在夏后之世。

大雅·江汉

江汉浮浮，武夫滔滔。匪安匪游，淮夷来求。既出我车，既设我旟。匪安匪舒，淮夷来铺。

江汉汤汤，武夫洸洸。经营四方，告成于王。四方既平，王国庶定。时靡有争，王心载宁。

江汉之浒，王命召虎：式辟四方，彻我疆土。匪疚匪棘，王国来极。于疆于理，至于南海。

王命召虎：来旬来宣。文武受命，召公维翰。无曰予小子，召公是似。肇敏戎公，用锡尔祉。

釐尔圭瓒，秬鬯一卣。告于文人，锡山土田。于周受命，自召祖命。虎拜稽首：天子万年！

虎拜稽首，对扬王休。作召公考：天子万寿！明明天子，令闻不已。矢其文德，洽此四国。

大雅·常武

赫赫明明，王命卿士：南仲大祖，大师皇父，整我六师，以修我戎。既敬既戒，惠此南国。

王谓尹氏，命程伯休父，左右陈行，戒我师旅。率彼淮浦，省此徐土。不留不处，三事就绪。

赫赫业业，有严天子。王舒保作，匪绍匪游。徐方绎骚，震惊徐方。如雷如霆，徐方震惊。

王奋厥武，如震如怒。进厥虎臣，阚如虓虎。铺敦淮濆，仍执丑虏。截彼淮浦，王师之所。

王旅啴啴，如飞如翰。如江如汉，如山之苞。如川之流，绵绵翼翼。不测不克，濯征徐国。

王犹允塞，徐方既来。徐方既同，天子之功。四方既平，徐方来庭。徐方不回，王曰还归。

大雅·既醉

既醉以酒，既饱以德。君子万年，介尔景福。

既醉以酒，尔肴既将。君子万年，介尔昭明。

昭明有融，高朗令终。令终有俶，公尸嘉告。

其告维何？笾豆静嘉。朋友攸摄，摄以威仪。

威仪孔时，君子有孝子。孝子不匮，永锡尔类。

其类维何？室家之壸。君子万年，永锡祚胤。

其胤维何？天被尔禄。君子万年，景命有仆。

其仆维何？釐尔女士。釐尔女士，从以孙子。

小雅·斯干

秩秩斯干，幽幽南山。如竹苞矣，如松茂矣。兄及弟矣，式相好矣，无相犹矣。

似续妣祖，筑室百堵，西南其户。爰居爰处，爰笑爰语。

约之阁阁，椓之橐橐。风雨攸除，鸟鼠攸去，君子攸芋。

如跂斯翼，如矢斯棘，如鸟斯革，如翚斯飞，君子攸跻。

殖殖其庭，有觉其楹。哙哙其正，哕哕其冥，君子攸宁。

下莞上簟，乃安斯寝。乃寝乃兴，乃占我梦。吉梦维何？维熊维罴，维虺维蛇。

大人占之：维熊维罴，男子之祥；维虺维蛇，女子之祥。

乃生男子，载寝之床。载衣之裳，载弄之璋。其泣喤喤，朱芾斯皇，室家君王。

乃生女子，载寝之地。载衣之裼，载弄之瓦。无非无仪，唯酒食是议，无父母诒罹。

小雅·蓼莪

蓼蓼者莪，匪莪伊蒿。哀哀父母，生我劬劳。

蓼蓼者莪，匪莪伊蔚。哀哀父母，生我劳瘁。

瓶之罄矣，维罍之耻。鲜民之生，不如死之久矣。无父何怙？无母何恃？出则衔恤，入则靡至。

父兮生我，母兮鞠我。拊我畜我，长我育我，顾我复我，出入腹我。欲报之德。昊天罔极！

南山烈烈，飘风发发。民莫不穀，我独何害！南山律律，飘风弗弗。民莫不穀，我独不卒！

唐风·鸨羽

肃肃鸨羽，集于苞栩。王事靡盬，不能蓺稷黍。父母何怙？悠悠苍天，曷其有所？

肃肃鸨翼，集于苞棘。王事靡盬，不能蓺黍稷。父母何食？悠悠苍天，曷其有极？

肃肃鸨行，集于苞桑。王事靡盬，不能蓺稻粱。父母何尝？悠悠苍天，曷其有常？

周南·葛覃

葛之覃兮，施于中谷，维叶萋萋。黄鸟于飞，集于灌木，其鸣喈喈。

葛之覃兮，施于中谷，维叶莫莫。是刈是濩，为絺为绤，服之无斁。

言告师氏，言告言归。薄汙我私，薄浣我衣。害浣害否，归宁父母。

周南·卷耳

采采卷耳，不盈顷筐。嗟我怀人，置彼周行。

陟彼崔嵬，我马虺隤。我姑酌彼金罍，维以不永怀。

陟彼高冈，我马玄黄。我姑酌彼兕觥，维以不永伤。

陟彼砠矣，我马瘏矣。我仆痡矣，云何吁矣。

邶风·柏舟

泛彼柏舟，亦泛其流。耿耿不寐，如有隐忧。微我无酒，以敖以游。

我心匪鉴，不可以茹。亦有兄弟，不可以据。薄言往诉，逢彼之怒。

我心匪石，不可转也。我心匪席，不可卷也。威仪棣棣，不可选也。

忧心悄悄，愠于群小。觏闵既多，受侮不少。静言思之，寤辟有摽。

日居月诸，胡迭而微？心之忧矣，如匪浣衣。静言思之，不能奋飞。

邶风·绿衣

绿兮衣兮，绿衣黄里。心之忧矣，曷维其已！

绿兮衣兮，绿衣黄裳。心之忧矣，曷维其亡！

绿兮丝兮，女所治兮。我思古人，俾无訧兮！

絺兮绤兮，凄其以风。我思古人，实获我心！

邶风·谷风

习习谷风，以阴以雨。黾勉同心，不宜有怒。采葑采菲，无以下体？德音莫违，及尔同死。

行道迟迟，中心有违。不远伊迩，薄送我畿。谁谓荼苦？其甘如荠。宴尔新婚，如兄如弟。

泾以渭浊，湜湜其沚。宴尔新婚，不我屑以。毋逝我梁，毋发我笱。我躬不阅，遑恤我后。

就其深矣，方之舟之。就其浅矣，泳之游之。何有何亡，黾勉求之。凡民有丧，匍匐救之。

不我能慉，反以我为雠。既阻我德，贾用不售。昔育恐育鞫，及尔颠覆。既生既育，比予于毒。

我有旨蓄，亦以御冬。宴尔新婚，以我御穷。有洸有溃，既诒我肄。不念昔者，伊余来塈。

卫风·氓

氓之蚩蚩，抱布贸丝。匪来贸丝，来即我谋。送子涉淇，至于顿丘。匪我愆期，子无良媒。将子无怒，秋以为期。

乘彼垝垣，以望复关。不见复关，泣涕涟涟。既见复关，载笑载言。尔卜尔筮，体无咎言。以尔车来，以我贿迁。

桑之未落，其叶沃若。于嗟鸠兮，无食桑葚！于嗟女兮，无与士耽！士之耽兮，犹可说也。女之耽兮，不可说也。

桑之落矣，其黄而陨。自我徂尔，三岁食贫。淇水汤汤，渐车帷裳。女也不爽，士贰其行。士也罔极，二三其德。

三岁为妇，靡室劳矣。夙兴夜寐，靡有朝矣。言既遂矣，至于暴矣。兄弟不知，咥其笑矣。静言思之，躬自悼矣。

及尔偕老，老使我怨。淇则有岸，隰则有泮。总角之宴，言笑晏晏。信誓旦旦，不思其反。反是不思，亦已焉哉！

郑风·女曰鸡鸣

女曰鸡鸣，士曰昧旦。子兴视夜，明星有烂。将翱将翔，弋凫与雁。

弋言加之，与子宜之。宜言饮酒，与子偕老。琴瑟在御，莫不静好。

知子之来之，杂佩以赠之。知子之顺之，杂佩以问之。知子之好之，杂佩以报之。

秦风·蒹葭

蒹葭苍苍，白露为霜。所谓伊人，在水一方。溯洄从之，道阻且长。溯游从之，宛在水中央。

蒹葭萋萋，白露未晞。所谓伊人，在水之湄。溯洄从之，道阻且跻。溯游从之，宛在水中坻。

蒹葭采采，白露未已。所谓伊人，在水之涘。溯洄从之，道阻且右。溯游从之，宛在水中沚。

王风·黍离

彼黍离离，彼稷之苗。行迈靡靡，中心摇摇。知我者，谓我心忧；不知我者，谓我何求。悠悠苍天，此何人哉？

彼黍离离，彼稷之穗。行迈靡靡，中心如醉。知我者，谓我心忧；不知我者，谓我何求。悠悠苍天，此何人哉？

彼黍离离，彼稷之实。行迈靡靡，中心如噎。知我者，谓我心忧；不知我者，谓我何求。悠悠苍天，此何人哉？

卷四 周 礼

一、授受源流

《四库提要》云："《周礼》一书，上自河间献王，于诸经之中，其出最晚；其真伪亦纷如聚讼，不可缕举。惟《横渠语录》曰：'《周礼》是的当之书，然其间必有末世增入者。'郑樵《通志》引孙处之言曰：'周公居摄六年之后，书成归丰，而实未尝行。盖周公之为《周礼》，亦犹唐之显庆、开元礼，预为之以待他日之用，其实未尝行也。惟其未经行，故仅述大略，俟其临事而损益之。故建都之制，不与《召诰》《洛诰》合；封国之制，不与《武成》《孟子》合；设官之制，不与《周官》合；九畿之制，不与《禹贡》合'云云。其说差为近之，然亦未尽也。夫《周礼》作于周初，而周事之可考者，不过春秋以后。其东迁以前三百余年官制之沿革，政典之损益，除旧布新，不知凡几。其初去成康未远，不过因其旧章稍为改易，而改易之人，不皆周公也，于是以后世之法窜入之，其书遂杂。其后去之愈远，时移势变，不可行者渐多，其书遂废。此亦如后世律令条格，率数十年而一修，修则必有所附益。特世近者可考，年远者无征，其增删之迹遂靡所稽，统以为周公之旧耳。"

又云："《考工记》称'郑之刀'，又称'秦无庐'，郑封于宣王时，秦封于孝王时，其非周公之旧典，已无疑义。《南齐书》称文惠太子镇雍州，有盗发楚王冢，获竹简书，青丝编简，广数分，长二尺有奇，得十余简。以示王僧虔，僧虔曰：'是科斗书《考工记》。'则其为秦以前书，亦灼然可知。虽不足以当《冬官》，然百工为九经之一，共工为九官之一，先王原以制器为大事，存之尚稍见古制。俞庭椿以下，纷纷割裂五官，均无知妄作耳。郑《注》，《隋志》作十二卷，贾《疏》文繁，乃析为五十卷，新旧《唐志》并同。今本四十二卷，不知何人所并。（文治案：先师黄元同先生曰："四十二卷首尾完具，八卷乃其图。"此则非后人所并。）玄于《三礼》之学，本为专门，故所释特精。惟好引纬书，是其一短。《欧阳修集》有《请校正五经札子》，欲删削其书。然纬书不尽可据，亦非尽不可据，在审别其是非而已，不必窜易古书也。又好改经字，亦其一失。然所注但曰'当作某'耳，尚不似北宋以后连篇累牍，动称错简，则亦不必苛责于玄矣。公彦之《疏》亦极博核，足以发挥郑学。《朱子语录》曰：'《五经》疏中，《周礼疏》最好。'盖宋儒惟朱子深于《礼》，故能知郑、贾之善云。"

二、精　义

顾亭林先生《日知录》云："阉人、寺人属于冢宰，则内廷无乱政之人。九嫔、世妇属于冢宰，则后宫无盛色之事。太宰之于王，不惟佐之治国，而亦诲之齐家者也。自汉以来，惟诸葛孔明为知此义，故其上表后主，谓‘宫中、府中，俱为一体’，而“宫中之事，事无大小’，悉以咨攸之、祎、允三人。于是后主欲采择以充后宫，而终执不听。宦人黄皓‘终允之世，位不过黄门丞’，可以为行《周礼》之效矣。后之人君以为‘此吾家事’，而为之大臣者，亦以为天子之家事，人臣不敢执而问也。其家之不正，而何国之能理乎？魏杨阜为少府，上疏欲省宫人，乃召御府吏问后宫人数，吏曰：‘禁密不得喧露。’阜怒，杖吏一百，数之曰：‘国家不与九卿为密，反与小吏为密乎！’然后知阍寺、嫔御之系于天官，周公所以为后世虑至深远也。”文治谨按：阉寺之当废，尽人能言之，而宫内之制属于冢宰之职，亭林先生所论独为远大。具此卓识，方可与读经，方可与读史。

又云：“士师‘掌士之八成’，‘七曰为邦朋’。太公对武王‘民有十大’，而曰：‘民有百里之誉，千里之交，六大也。’又曰：‘一家害一里，一里害诸侯，诸侯害天下。’嗟乎！此太公之所以诛华士也。世衰道微，王纲弛于上，而私党植于下，故箕子之陈《洪范》，必‘皇建其有极’，而后庶民人无‘淫朋’‘比德’。《易·泰》之九二曰‘朋亡’，《涣》之六四曰‘涣其群，元吉’；《庄子》：‘文王寓政于臧丈人’，‘而列士坏植散群’。荀悦论曰：‘言论者，计薄厚而吐辞；选举者，度亲疏而举笔。苞苴盈于门庭，聘问交于道路，书记繁于公文，私务众于官事。’世之弊也，古今同之，可为太息也。”文治谨按：《洪范》云“无偏无党”，偏党行而议论庞杂，政治破坏，人心世道，盖如江河之日下。读亭林先生此条，不禁潸焉出涕也。

《［钦定］周官义疏》“总辨”① 云：“注释《三礼》，康成郑氏之功甚钜，而其过亦不细。盖王安石所以袭迹于新莽而祸宋者，多依于郑氏之说也。康成注‘九赋’，以为‘口率出泉’；注‘门关’市政，以‘举为官没其货’；注‘国服为之息’，曰‘贷以泉，息以泉’。而安石剥民之政，皆托是而为之。自康成之注‘王日一举’也，辞不别白，疏者以为日举太牢，共百二十瓮之醯醢，安石因之有‘备物’之说。自康成以王、后、世子不会为优尊者，安石倡之，而蔡京、童贯、王黼恣焉以速北宋之亡。经义之不明，其祸遂至于斯极，可不惧哉！

“夫‘口率出泉’，汉法也，《周官》无是也。闾师掌国中四郊之赋，而其职曰‘任农’，以耕事贡九谷。圃、牧、工、商、虞、衡、嫔妇，各贡其所有之物，则农自九谷以外，馀七职自所贡之物外，别无所谓‘赋’明矣。没民之货而入于官，汉之乱政也，《周官》无是也。《春秋传》曰：‘仲尼使举是礼也，以为多文辞。’《管子》曰：‘以时［简］稽帅马牛之肥瘠，其老而死者皆举之。’则‘举’乃登诸册籍之谓尔。况质人所稽者书籍，所考者度量涫制，而曰

① 《钦定周官义疏》为乾隆时期敕修，其卷首有“总辨八条”，此处所引为第三条。

‘犯禁者举而罚之’，则‘举’为登诸册籍，而不可谓‘没其货’决矣。贷民以财，使治产业，而计其赢馀以收利息者，莽之乱政也。《周官》本有赊而无贷，康成不能辨，而谓贷泉出息，一以园廛郊野受田之地为差，是为国服，以诬圣法，传莽事而启安石之愚迷，不亦悖乎？

“至于‘王日一举’，举少牢耳。醯醢六十瓮，朔月、月半共之，以为旬有五日之用者耳。大司乐职曰‘王大食，三侑’，则日一举之为恒食明矣。若恒食日举大牢，则朔月、月半之大食何以加焉？王后之膳服不会、饮酒不会、膳禽不会，以具于大宰羞服之式者，品数有常，无所用其会耳，非纵其欲而不为之限度也。至于世子，服不敢备则服会，饮无常期则饮会，膳无加献则禽会，以其有无、多少、疏数，惟王所命而无例程故也。其与王后同者，惟朝夕恒膳，品味有常，故无所用其会耳。然如此类者，在郑氏、贾氏则训释之疏，而在安石，则心术隐微之病也。安石虽于道未有闻焉，而于文则晰矣。其言‘祈寒暑雨，民犹怨咨’也，舍先王思图民艰之义，而谓‘民怨不足惜’，以惑主听而闭民言，则其假《周官》与注疏之说，乃明知其非而借之以售其术耳，是亦不可以无辨也。”

文治谨按：此数条，确系郑《注》之误。在郑君，以汉制说经，而未能逆知其流弊之巨。虽然，后世寻章摘句以自文其私者，何所不至？又焉能归咎于郑君哉！

陈兰甫先生《东塾读书记》云：“《考工记》实可补经，何必割裂五官乎？作《记》者以一人而尽谙众工之事，此人甚奇特；且所记皆有用之物，不可卑视之。惟其卑视工事，一任贱工为之，以致中国之物不如外国，此所关者甚大也，今时乃颇悟之矣。”

又云：“工事以治水为最大，匠人为沟为防，百馀字而尽治水之法：‘善沟者，水漱之。善防者，水淫之。’漱之者，潘季驯所谓‘以水刷沙’也；淫之者，贾让所谓‘左右游波，宽缓而不迫’也。‘凡沟，逆地防谓之不行’，如广东之西江，水盛时每为害。昔人欲于肇庆凿山，使西江分一支南入海，以杀水势，则下流不受其害，而不知此所谓‘逆地防谓之不行’也。”

文治按：二说皆通人之论，读此可悟读《礼》之法。窃尝欲采取经义，酌古斟今，旁考先儒绪论，别为《周官经世录》一书，冀得周公之遗意，未知何日能成也。

《孟子》曰：“周公思兼三王，以施四事，其有不合者，仰而思之，夜以继日，幸而得之，坐以待旦。”此《周官》所由作也。宋程子谓“有《关雎》《麟趾》之精义，而后可行《周官》之法度”，可见学《周官》者，不惟其法惟其意，所谓“有不忍人之心，斯有不忍人之政也”。陆稼书先生云：“立法以垂后者，千古之常经。因时以制宜者，天下之通义。”故读《周官》，宜考汉唐以来历代官制，“凡今有而古无、古有而今无，与名同而实异、实同而名异者，详为考证”。以后人因时制宜之意，上契周公因时制宜之意，且研究历代所以能合与其所以不合之故，会而通之，则庶几成经世之儒矣。陈兰甫先生云：“《周礼》者，古之政书也。治此经者，宜通知古今，陋儒不足以知之。”盖识见陋则必至于泥古，泥古则必至于害民，深可惧已。

三、正　伪

方望溪先生《周官辨伪》云：“凡疑《周官》为伪作者，非道听涂说而未尝一用其心，即粗用其心而未能究乎事理之实者也。然其间决不可信者，实有数事焉。《周官》九职贡物之外，别无所取于民，而载师职则曰：‘近郊十一，远郊二十而三，甸稍县都皆无过十二。’市官所掌，惟廛布与罚布，而廛人之敛布、总布、质布，别增其三。夏、秋二官，驱疫禬蛊，攻貍蠹，去妖鸟，驱水虫，所以除民害、安物生、肃礼事也。而以戈击圹，以矢射神，以书方厌鸟，以牡橭象齿杀神，则荒诞而不经。若是者，揆之于理则不宜，验之于人心之同然则不顺，而经有是文，何也？则莽与歆所窜入也。

“盖莽诵六艺，以文奸言，而浚民之政皆托于《周官》。其未篡也，既以公田口井布令，故既篡下书，不能遽变十一之说，而谓‘汉法名三十税一’，‘实十税五’，则其意居可知矣。故歆承其意，而增窜‘闾师’之文，以示《周官》之田赋本不止于十一也。莽立山泽六筦、榷酒铸器，税众物以穷工商，故歆增窜‘廛人’之文，以示《周官》征布之目本如是其多也。莽好厌胜妖妄愚诬，为天下讪笑，故歆增窜‘方相、壶涿、硩族、庭氏’之文，以示圣人之法固如是其多怪变也。夫歆颂莽之功，既曰‘发得周礼，以明因监’，而公孙禄数歆之罪，又曰‘颠倒五经’，‘使学士疑惑’，则此数事者，乃莽与歆所窜入决矣。”

又云：“媒氏：‘仲春之月，大会男女’，‘奔者不禁’。近或为之说曰：是乃圣人之所以止佚淫而消斗辩也。每见畎庶之家，嫠者改适，猜衅丛生，变诈百出，由是而成狱讼者十四三焉。岂若天子之吏，以时会之，而听其相从于有司之前，可以称年材，使各得其分愿哉？管子治齐，以掌媒合独，犹师其意，则斯乃民治之所宜也审矣。呜呼！管子生政散民流之后，而姑为一切之法，是不可知；若成周之世，安用此哉！自文王后妃之躬化，远蒸江汉；至周公作洛，道洽政行，民知秉礼而度义也久矣。又况《周官》之法，冠、昏之礼事，党正教之；比户之女功，酂长稽之。凡民之有衺恶者，虽未丽于法，而已坐诸嘉石，役诸司空，任诸州里，尚何怨旷阴私暴诈之敢作哉？管子合独之政，乃取鳏寡而官配之；若会焉而听其自奔，则乱国污吏，能布此为宪令乎？盖莽之法，私铸者伍坐，没入为官奴婢，传诣钟官者以十万数，至则易其夫妇，民人骇痛。故歆增窜‘媒氏’之文，以示《周官》之法，官会男女而听其相奔，则以罪没而易其夫妇，犹未为已甚也。莽之母死而不欲为之服，歆与博士献议：‘《周礼》：王为诸侯缌衰，弁而加环绖，同姓则麻，异姓则葛。’今《周礼·司服》无‘弁而加环绖’三语，则‘媒氏’之文为歆所增窜也决矣。”

文治按：先儒辨《周官》之伪者极多，惟望溪先生此二条最为精审，特著录之。

四、奇　字

《六经》用字亦间有奇古者，惟不若《周礼》所载之多。昔人以为此书出于刘歆，尝从扬子云学作奇字，故用以入经。近郎兆玉尝集《周礼》奇字，如“稍”为“削”、“裂”为“沕”、“释”为“泽”之类，然此要系假借之通例，未足当奇字也。其可以称奇字者，如《地官·草人》“蕡”字、(即“粪”字。)“檃”字、(言“坚”也。)“爂”字，(言“脆”也。)林衡“𥜿”字，(即“麓”字。)饎人“饎”字，(即“饎”字。)《春官·大宗伯》“飌”字、(即“风”字。)“疈”字，(即“副”字。《说文》云：“副，判也。”)[1] 大师“𨏊”字，(小鼓也。)典同“韽”字，(声小不成也。)大卜“𠧞”字、(同“兆”字。)“瞢”字，(同“梦”字。)司巫“匰”字。(器名。)诸如此类，不胜枚举。《考工记》内奇字尤夥，殆皆传自子云欤？

昔陆桴亭先生谓许叔重先生作《说文》，都九千数百字，原非限定此数，谓后人不能再行造字，惟须通人方可续造，不可无知妄作如武曌耳。窃意后来事业日繁，科学日新，有通儒出，正宜仿《考工记》之例，广造奇字，以

① 此注文，醒园本作：“疑作‘擘’字解。疈，牲胸也。”

供应用。《记》云："作者之谓圣，述者之谓明。"谁其能任此哉？

五、注释及文法

《周礼注疏》，訾议者颇多，然考核究为详备。《［钦定］周官义疏》，尤为精邃。近孙仲容《周官正义》网罗宏富，疏释故言，较胜旧疏。《通志堂经解》中有宋叶文康《礼经会元》、郑节卿《太平经国书》，融贯大义，可称通洽。近顾亭林、陈兰甫论《周官》，亦能见其大。江氏《周礼疑义举要》，庄氏《周官记》，友人陈石遗《周礼疑义辩证》①，亦足备参考。其余则等诸自桧〔郐〕以下矣。

至读《礼》者，贵得其大意，若求之于文法，抑末矣。虽然，读其文，始可晓其义；晓其义，始可会其微。明代郭正域《评点考工记》最为精审，近曾文正选《经史百家杂钞》，亦多采《周礼》。提纲挈领，是在通人。呜呼！宣圣有言："甚矣吾衰！久矣吾不复梦见周公！"先进不作，读此经者，能无慨焉！

① 醒园本无此句。

卷五 仪 礼

一、传 本[①]

《仪礼》出残阙之余，篇次各有不同，古文经久亡，今文十七篇，有戴德本，有戴圣本，有刘向《别录》本。郑君注、贾公彦疏用《别录》本，因《别录》本尊卑吉凶次第伦叙，二戴则尊卑吉凶杂乱，故郑不从之也。（戴德本：《冠礼》第一，《昏礼》第二，《相见》第三，《士丧》第四，《既夕》第五，《士虞》第六，《特牲》第七，《少牢》第八，《有司彻》第九，《乡饮酒》第十，《乡射》第十一，《燕礼》第十二，《大射》第十三，《聘礼》第十四，《公食》第十五，《觐礼》第十六，《丧服》第十七。戴圣本：《冠礼》第一，《昏礼》第二，《相见》第三，《乡饮》第四，《乡射》第五，《燕礼》第六，《大射》第七，《士虞》第八，《丧服》第九，《特牲》第十，《少牢》第十一，《有司彻》第十二，《士丧》第十三，《既夕》第十四，《聘礼》第十五，《公食》第十六，《觐礼》第十七。刘向《别录》本：《士冠》第一，《士昏》第二，《相见》第三，《乡饮酒》第四，《乡射》第五，《燕礼》第六，《大射》第七，《聘礼》第八，《公食》第九，《觐礼》第十，《丧服》第十一，《士丧》第十二，《既夕》第十三，《士虞》第十四，《特牲》第十五，《少牢》第十六，《有司彻》第十七。）

---

① 此卷小标题，亦为编者所拟。

其书自汉以后，传习者鲜，脱落谬误滋多，明代以来尤甚。顾亭林先生《日知录》斥万历北监本之谬，谓“不亡于秦火者，亡于监本”，其言极可痛。清初[①]张稷若先生据唐石经校正监本，成《仪礼郑注句读》一书，分节尤极精密，而礼学乃大[②]明矣。

二、精　义

礼者，天命秩序之原，民彝物则之要，人心世道，惟斯为大。《记》曰：“以旧坊为无所用而坏之者，必有水败；以旧礼为无所用而去之者，必有乱患。”凡坏国、丧家、亡人，必先去其礼。自老子以礼为“忠信之薄”，而战国启争杀之端；自晋人以“礼岂为我辈而设”，而六朝肇夷狄之祸。上下数千年历史，国之治乱，皆视乎礼之兴废。《诗》曰：“人而无礼，胡不遄死？”《左氏传》载辛有曰：“不及百年，此其戎乎！其礼先亡矣。”读之可为寒心者也。迄于近世，而讳言礼。呜呼，人无异于禽兽矣！

曾子曰：“慎终追远，民德归厚。”丧礼者，生民之大事，良心之本原也。《尸子》云：“曾子［每］读《丧礼》，泣下沾襟。”陈兰甫先生《东塾读书记》云：“《士丧礼》‘代哭’，郑注云：‘代，更也。孝子始有亲丧，悲哀憔悴，礼防其以死伤生，使之更哭不绝声而已。’《既夕礼》‘三

① “清初”，醒园本作“国初”。
② “大”，醒园本作“初”。

虞’注云：‘虞，安也。骨肉归于土，精气无所不之，孝子为其彷徨，三祭以安之。朝葬，日中而虞，不忍一日离。’如此之类，乃郑注发明《丧礼》之精意。而《礼记》注尤多，如《丧大记》‘主人二手承衾而哭’，注云：‘哀慕若欲攀援。’《杂记上》‘朝夕哭，不帷’，注云：‘缘孝子之心，欲见殡肂也。’读郑君之注，真欲泣下沾襟矣。”

文治案：《士丧礼》自亲始死以至祖奠，每节读之，无不当泣下者，而祖奠之礼尤为惨怛。《既夕》记属纩之后，“行祷于五祀”，“主人啼，兄弟哭”，其文真觉有锥刺于心之痛。启发良心，感动孝思，莫此为甚。又《丧服》一篇，周公作经，子夏作传，斟情酌理，极人伦之至，千古著作之精，无逾于此。（传文简质精当，一字不能增损，惟《穀梁传》或可比拟。至后世称情立文，更为周密。顾亭林先生谓“今人三年之丧，有过于古人者”，其说甚详，见《日知录》。）乃近时居父母之丧，竟有不持服者，甚至宴然欢乐，直可目为国家之妖孽。王仲淹曰：“丧礼废，天下遗其亲；祭礼废，天下忘其祖。”文治窃尝谓：讲经自学《礼》始，凡有人心风俗之责者，于《丧礼》尤宜兢兢也。

《仪礼》古专称《礼》，或称《士礼》，至汉时始称《仪礼》，实则“礼”与“仪”有别。《左传》：鲁昭公“如晋，自郊劳至于赠贿，无失礼”。女叔齐“［对］曰：‘是仪也，不可谓礼。礼，所以守其国，行其政令，无失其民者也。’”赵简子见子大叔，“问揖让周旋之礼焉”，子大叔曰：“是仪也，非礼也”，“夫礼，上下之纪，天地之经纬，民之所以生也”。此“礼”与“仪”之分也。然制度文为虽礼之末，而安上治民之意寓焉。盖礼有主于内心者，有饰于外貌者；仪者，饰于外者也。张稷若先生曰：“愚初读《仪礼》，遥望光气，以为非周孔莫能为已耳。及矻矻乎读之，读已，又默存而心历之，而后其俯仰揖逊之容如可覩也，忠厚蔼恻之情如将遇也。周文郁郁，其斯为郁郁矣；君子彬彬，其斯为彬彬矣！虽不可施之行事，时一神往焉，仿佛戴弁垂绅从事乎其间，忘其身之乔野鄙僿无所肖似也。然则因‘仪’以求‘礼’之意，非所谓本末一贯者乎？”

三、读 法

《仪礼》难读，韩文公已有此言。陈兰甫先生云：“昔人读《仪礼》，略有数端，一曰分节，二曰绘图，三曰释例。今人生古人后，得其法以读之，通此经不难矣。如《士冠礼》‘筮于庙门’，贾《疏》云：‘自此至宗人告事毕一节，论将行冠礼先筮取日之事。’贾《疏》全部皆如此。此读《仪礼》第一要法也。”文治案：贾疏分节，至为明晰，陈兰甫先生又补数条，益臻完密。至绘图之法，始于杨信斋，刊入《通志堂经解》中，陈兰甫先生盛称之。近张皋文所作《仪礼图》，精详尤至。郑《注》释《仪礼》例，凡数十条，熟读精思，余可推见。近凌次仲《礼经释例》，亦极贯串。得此三法，《仪礼》亦不难读矣。

韩文公《读仪礼》云：“古书之存者希矣。百氏杂家尚有可取，况圣人之制度耶？于是掇其大要，奇辞奥旨著于篇，学者可观焉。”方望溪先生《读仪礼》云：“《仪礼》志繁而辞简，义曲而体直，微周公手定，亦周人最初之文也。然其辞以类相从，其义以合而见，而韩子乃分剟而别著为篇，则非吾之所能知矣。”文治案：韩子所谓“掇其大要”，即所谓“纪事者必提其要”是也。其所谓“奇辞奥旨”，虽不可考，然即以《丧服经》论之，实为后世提纲之祖；以《丧服传》论之，实为后世传注之祖。“奇辞奥旨”，当不外是尔。

陈兰甫先生云：“韩昌黎《读仪礼》云：‘考于今，诚无所用。’此语过矣。《抱朴子》云：‘冠昏饮射，何烦碎之甚耶？好古官长，时或修之，至乃讲试累月，犹有过误；而欲以此为生民之常事，至难行也。’余以为可命精学洽闻之士，使删定《三礼》，割弃不要，次其源流，总合其事，类集以相从，务令约俭，无令小碎，条牒各别，令易案用。’此则至当之论也。朱子云：‘司马氏书，读者见其节文度数之详，往往未见习行，而已有望风退怯之意；又或见其堂室之广、给使之多、仪物之盛，而窃自病其力之不足，未有能举而行之者也。殊不知礼书之文虽多，而身亲试之，或不过于顷刻；其物虽博，而亦有所谓“不若礼不足而敬有余”者。今乃逆惮其难，以小不备之故而反就于大不备，岂不误哉！’读《仪礼》以为不可行，而藉口于文之多、物之博者，此说足以破之矣。”文治案：兰甫先生此论，信古之谊也。

方望溪先生云："《仪礼》之制，惟施于成周为宜。盖自二帝三王彰道教以明民，凡仁义忠敬之大，体虽甿隶，晓然于心，故层累而精其义、密其文，用以磨砻德性而起教于微眇，使之益深于人道焉耳。后世淳浇朴散，从性情而安恣睢，其于人道之大防且阴决显溃而不能自禁，乃使戋戋于登降进反之仪、服物采色之辨，而相较于微忽之间，不亦末乎？吾知周公而生秦汉以降，其用此必有变通矣。"文治案：望溪先生此论，从今之谊也。

以上信古、从今两端，其言虽殊，其理则一。文治请得而断之曰：周公思兼三王，以施四事，其有不合者，仰而思之，夜以继日，此何为者也？即作《周官》《士礼》之时也。夫以三王之事施于周初尚有不合，而况他人乎？周公距三王之时如此其近，已有不合，而况数千载之后乎？故读《礼》者，贵得《礼》之精意而用之，庶几穷理尽性，协诸义而协，而厘然有当于人人之心。

窃尝欲取冠、昏、丧、祭、乡、相见之礼，博采古今，参酌中西，去其悖于古者，益其宜于今者，约为一编，以昭来祼。顾念先圣有言"毋轻议《礼》"，且自揣学问谫陋，未敢从事。惟礼教为人心风俗之本原，沿习既久，岂能不变？后圣有作，其必亟亟于此哉！

四、注释及文法

《仪礼》自郑《注》、贾《疏》外，杜氏《通典》言礼最详。朱子《仪礼经传通解》以《礼》为经，以《记》为传，义例精详，灿然大备。《［钦定］仪礼义疏》采择宏富，折衷至当。此外如江氏《礼书纲目》、徐氏《读礼通考》、秦氏《五礼通考》，精深闳博，足资参考。而胡氏培翚竭四十余年之精力，撰《仪礼正义》一书。先生尝自述其例有四：曰补注，补郑君《注》所未备也；曰申注，申郑君《注》义也；曰附注，近儒所说，虽异郑恉，义可旁通，附而存之，广异闻、祛专己也；曰订注，郑君《注》义，偶有违失，详为辨正，别是非、明折衷也。是礼学家不可不读之书也。先师定海黄元同先生撰《礼书通故》，辨析制度名物，推及于天命伦彝，分目凡四十有九，洪纤毕举。德清俞曲园先生叙之，谓可配《三通》及《五礼通考》。盖《礼经》著述至此叹观止矣。

卷六　礼记　大学、中庸附

一、读《记》之要[①]

通经者，非徒通其句读也，当论世而知其通，得经之意焉耳。通《礼经》者，不徒通其制度也，当论世而知其通，得《礼经》之意焉耳。自殷、周迄今数千年，宫室不同，衣服异制，饮食起居异宜，如本经《曲礼》《少仪》《玉藻》诸篇，多有不能行于今者矣。因其不能行于今而诋訾之，概谓其不适于用，是诬己也，是诬民也。君子读《记》文，贵得其意焉。是故善读《礼记》者，当择其有益于风俗人心者，兢兢致意而时措之。若夫制度考据之细，抑末也。

朱子《讲礼记序说》云："学者博学乎先王六艺之文，诵焉以识其辞，讲焉以通其意，而无以约之，则非学也。故曰：'博学而详说之，将以反说约也。'何谓约？礼是已。礼者，履也，谓昔之诵而说者，至是可践而履也。故夫子曰：'君子博学于文，约之以礼。'颜子之称夫子，亦曰：'博我以文，约我以礼。'礼之为义，不其大哉！然古礼非

① 本卷《礼记》《大学》之小标题，亦为编者所拟。

必有经，盖先王之世，上自朝廷，下达闾巷，其仪品有章，动作有节，所谓‘礼之实’者，皆践而履之矣。故曰：‘礼仪三百，威仪三千，待其人而后行，则岂必简策而后传哉！’其后礼废，儒者惜之，乃始论著为书，以传于世。今《礼记》四十九篇，则其遗说已。学而求所以约之者，不可以莫之习也。《易》曰：‘知崇礼卑。’礼以极卑为事，故自饮食、居处、洒扫、欬唾之间，皆有仪节。闻之若可厌，行之若琐碎而不纲，然唯愈卑、故愈约，与所谓极崇之智，殆未可以差殊观也。夫如是，故成性存存，而道义出矣。此造约之极功也”云云。然则读《礼记》者，卑之在乎践履之实，尊之达乎德性之原，未有外身心而可以学礼者也。朱子之言，不啻耳提而面命矣。

二、辅经以行

陈兰甫先生引《文王世子》，云：“《记》曰：‘虞、夏、商、周有师保，有疑丞。’孔《疏》云：‘此作《记》之人更言‘《记》曰’，则是古有此《记》，作《记》者引之耳。’是凡《礼记》所言‘记曰’，皆是古有此《记》也。《记》之所从来远矣。”文治案：经之有记，犹经之有传也。传所以释经，记亦所以释经。《礼记》者，记《礼经》之大意，而制度亦详焉，故当辅经以行。

刘向《别录》：古经师无传者，独《礼记》孔《疏》每篇引郑《目录》云“此于《别录》属某某”，则子政《别录》犹有可考者也。陈兰甫先生欲依《别录》分类读之，善哉，得读经之法矣！

先儒胡氏谓“《礼记》出于孔子弟子”，“宜博集名儒，择冠、昏、丧、祭、燕、射、相见之礼典，以类相从，然后可为一书”。若《中庸》《大学》，“不可附之《礼》篇。至于《乐记》《表记》《学记》《坊记》《燕居》《缁衣》，格言甚多，当为《中庸》《大学》之次。《礼运》《礼器》《玉藻》《郊特牲》之类，又其次也”。朱子谓：“《仪礼》，礼之根本，而《礼记》乃其枝叶。《礼记》本秦汉上下诸儒解释《仪礼》之书，又有他书附益于其间。今欲定作一书，先以《仪礼》篇目置于前，而附《礼记》于其后。如《射礼》则附以《射义》，似此类已得二十余篇；若其余《曲礼》《少仪》，又自作一项，而以类相从。若《疏》中有说制度处，亦当采取以益之。”此皆读《礼记》分类之法也。知分类之法，而《礼记》之大纲得矣。

唐时《小戴记》列于学官，孔颖达作《五经正义》，独取《小戴记》而遗《大戴记》，未知其何居，莫有能详之者。或者谓：戴德删《礼》，定为八十五篇，戴圣又删大戴之书为四十九篇。是小戴所录为《礼记》之菁华，故独列于学官。是说也，文治以为不然。《大戴礼·曾子十篇》与《易本命》诸篇，均《礼经》大义所在，《孔子三朝记》传先圣之微言，岂得谓小戴所述独得其菁华乎？窃尝欲取《大戴礼记》，依郑《目录》例，分类编次，与《小戴记》分类合为一书，而统谓之“释义”。惜人事尠暇，精力亦未逮，待后学者成之耳。

三、精义一

《曲礼》首曰“毋不敬”，郑君注：“礼主于敬。”盖礼者，敬而已矣。此《孝经》说也。陈兰甫先生云：“‘毋不敬’四句，冠四十九篇之首，此微言大义，非但制度而已。‘敖不可长，欲不可从，志不可满，乐不可极’四句亦然。故郑注云：‘四者慢游之道，桀、纣所以自祸。’痛切言之，以警人也。‘行修言道，礼之质也’，然则讲礼学者，必慎言行；若行不修、言不道，则无质矣。‘道德仁义，非礼不成’，然则讲道学者，必讲礼学，不然则不成矣。此尤有关于千古学术也。”文治谓陈先生之言，洵足羽翼全经，有功世道。又案：《曲礼》中凡为人子之礼，“夫为人子者”数节，“从于先生”“侍坐于先生”“侍坐于君子”数节，规矩谨严，为子弟者守兹弗失，则于家庭、社会之间，自无嚣凌隳突之习，其有益于风俗人心岂浅鲜哉！

《檀弓》之文，后儒或推为极作，然专学之，恐落于小家数耳。其中如“秦穆公吊公子重耳”一段，辞意纯厚，法则简雅，洵有可贵。此外如“吴侵陈”“战于郎”“孔子过泰山侧”数段，实不过《公羊》《穀梁》之流裔，推为极作，恐非知言也。更有可疑者，若“曾子吊子夏”一段，语意不伦。曾子袭裘而吊，指子游而示人，众辱执友，实无此理；且语言俚俗，其为刘歆辈所羼入无疑。惟其言

《丧服》，深得《礼》之精义，“见孺子慕”节尤为悱恻。顾亭林先生谓读《檀弓》《曾子问》二篇，知古人于礼服讲之悉而辨之明。后学之士，当知所重者在此而不在彼也。

卢植云：“《王制》为汉文博士所录。”盖杂钞古书而成篇者。今撮其大纲，约分数事：曰预算，曰刑法，曰学校，曰丈量。预算之精理，如冢宰制国用，必于岁之杪“量入以为出”，“国无九年之蓄曰不足”，皆制国之常经，其周公之遗法乎？“爵人于朝，与士共之；刑人于市，与众弃之”，深得“大同”之意。“广谷大川异制，民生其间者异俗”，“修其教，不易其俗；齐其政，不易其宜”，政治之学，基于习惯法，圣人复作，不易斯言。“地邑民居，必参相得，无旷土，无游民，乐事劝功，尊君亲上，然后兴学”，美哉，太平之景象！其周公所朝夜以思而得之者乎？“析言破律，乱名改作，执左道以乱政，杀”，“行伪而坚，言伪而辩，学非而博，顺非而泽以疑众，杀”，法律森严，邪说者不得作，而治化日隆焉。岂难致哉？惟在上者有以主持之耳。

滕文公问为国，孟子首言“民事不可缓”。《月令》，重农之书也。孟春之月，“天子亲载耒耜，措之于参保介之御间，帅三公、九卿、诸侯、大夫，躬耕帝藉，天子三推，三公五推，卿诸侯九推”，其制古矣。中国以农立国，学者所最当注意也。“君子齐戒，处必掩身”，“薄滋味，节耆欲，定心气”，其卫生之法乎？而其言之尤要者，如“称兵必天殃，兵戎不起，不可从我始；毋变天之道，毋绝地之理，毋乱人之纪”。呜呼，何其仁也！此岂战国之士所能言者？盖不韦搜集古制而成此书，故不独文法简古，且多《周官》之精义。暴秦何时乃有此不刊之作？世之空言而不能行者，其皆不韦之类也夫？

方望溪先生考定《文王世子》后云：“余少读《世子记》，怪其语多复沓枝赘。既长，益辨周公践阼之诬、武王梦帝与九龄之妄，而未有以黜之。及观《前汉》王莽居摄，群臣献议，称《明堂位》，周公践阼以具其仪，然后知是篇诬妄语，亦当时所增窜也。是篇所记，教子之礼也，而称成王不能莅阼者再，周公践作者三。成王幼而孤，无由习世子之礼，非关不能践阼也。周公抗世子之法于伯禽，岂必践阼而后法可抗哉？其强而附之，增窜之迹，隐然可寻。莽将即真，称天公使者见梦于亭长，曰：‘摄皇帝当为真’，故伪附此记，以示年齿命于天，而梦中得以相与。昔周文、武实见此兆，则亭长之梦信乎其有征矣。”文治案：望溪先生所见精确，梦帝与龄一段，词气鄙俚，与记文绝不相类也。

友人陆君勤之云：“凡《内则》所载饭、膳、饮、酒、羞、食、八珍等，皆养亲之具，与夫养老之典，所谓‘瀡瀡以滑之，脂膏以膏之’是也。后人视同食谱，非特过侈，且失礼意矣。”文治案：此说极精确。《内则》篇首“后王命冢宰降德于众兆民”，“降德”者何？播孝德也。鸡鸣而起，昧爽而朝，凡世子以下士大夫之家皆当行之。故篇中旁及于养老之礼、生子之礼，皆伦常中之庸行。朱子节采之以入《小学》，所以存古礼也。近世故家遗俗，尚有能行斯仪式者，窃愿讲求家政之士维持于永久也。

四、精义二

《学记》一篇，乃古时学校教人之法，今世师范学校所当熟读精思、奉为圭臬者也。“禁于未发之谓豫”，是为管理之良法。发然后禁，则扞格而不胜，所以纷纭而多故乎？“燕朋逆其师，燕辟废其学”，群居终日而惟以逆师废学为务，尤可为学者痛心矣。“善歌者使人继其声，善教者使人继其志”，“继志”二字特精；至使师徒不通其志，貌合而神离，何以教为？善问之法，极为精详。“道而弗牵，强而弗抑，开而弗达”，可见古者教授法皆使其自化；若以生徒所不能通达之理强而语之，譬诸食物积滞而不化，为害甚矣。“三王祭川，先河后海”，“务本”之教，尤为千古不易之经。以此作结，何等正大切实。近世为学而忘本者，竟入于虚无缥渺之幻途，终身不能自拔，岂尽学者之过欤？抑教者与有罪焉！

亭林先生云：“三代之世，凡民之俊秀，皆入大学，而教之以治国平天下之事。孔子之于弟子也，四代之礼乐以告颜渊，‘五至’‘三无’以告子夏，而又曰‘雍也可使南面’。然则内而圣、外而王，无异道矣。其系《易》也，曰‘九二，见龙在田，利见大人’，何谓也？子曰：‘龙德而正中者也，庸言之信，庸行之谨，闲邪存其诚，善世而不伐，德博而化。’《易》曰‘见龙在田，利见大人。君德也。’‘君子学以聚之，问以辨之，宽以居之，仁以行之。’《易》曰：‘见龙在田，利见大人。君德也。’故曰：‘师也者，所以学为君也。’”

文治读《尚书》“夔曰戛击鸣球”一节，恍然如闻上古之遗音，盖夔为乐师，故读其文如聆雅乐也。《乐记》一篇，阐至德之光，发阴阳之和，所谓“壹倡三叹，有遗音者矣”。是为《礼记》中第一篇文字。昔先师赞述六艺，《乐经》早亡矣。吾人每日焚香读是篇一过，节奏铿锵，时露纸外，而光大、清明、和易之心油然自生，“圣人感人心而天下和平”，其在斯乎？其可宝贵何如乎？

“人生而静，天之性也”一节，开宋儒理学之先河，语语精到。《孟子》曰：“人之所以异于禽兽者几希。”又曰：“平旦之气，好恶与人相近也者几希。”“梏之反覆”，“则其违禽兽不远”。而《乐记》则曰：“好恶无节于内，则是人化物也。人化物也者，灭天理而穷人欲者也。”夫好恶无节，至于化物，然则生人之好恶，其可斯须不慎乎？此《大学》一书所以始终以慎好恶为先也。

《乐记》云：“教者民之寒暑也，教不时则伤世。”二语精绝，足括《学记》一篇之旨。先儒谓“教学者，如扶一边、倒一边，盖须因其时而扶之”。若教不得其时，宜柔也而教以刚，宜实也而教以虚，宜镇静也而教以浮动。呜呼！教育之旨偏，世伤而大乱矣！

文治幼时读“一献之礼，宾主百拜”二语，疑其礼太繁，决不能行。及后游日本，始悟古人席地而坐，故百拜礼行之尚易；如今日本行酒，俨然犹行百拜之礼。然后知考经者必论其世，不可泥也。昔孔子问官郯子，谓“学在四夷”，信然。（桌椅始于唐以后，详见黄遵宪《日本国志》。《礼经》中制度一类不宜于今者，盖夥矣。）

五、精义三

《祭义》一篇，多仁人孝子之言。“思其所乐，思其所嗜”，“色不忘乎目，声不绝乎耳”，“致爱则存，致殷则著”，孝之至矣。呜呼！色也，声也，所乐也，所嗜也，与其于不存不著之时而致爱以存之、致悫以著之，曷若于其亲存、著之时，而汲汲焉尽其孝乎？故曰：“祭而丰，不如养之薄也。”曾子曰：“慎终追远，民德归厚矣。”倘节录此篇以为本教，民德焉有不厚者乎？末载曾子言数则，为十篇外之粹语，为人子者，宜时三复也。

黄石斋先生云：“乱患之坊，莫大于《春秋》。圣人本春以立礼，本王以立刑，本天下以立命。‘命以坊欲’，‘刑以坊淫’，‘礼以坊德’，三坊立而乱患息，乱患息而后礼乐可举也。《坊记》因《春秋》之旨，以端源于礼制，障流于淫欲，先之以敬让，衷之以孝弟，终始于富而不骄、贵而不淫，以为君臣、父子、夫妇、昆弟、朋友所繇正。虽其所称引不过楚丧、晋乱、吴孟子三事，而于以定君臣、辨夷夏、正妃耦，《春秋》千七百馀事，其大指尽于此矣。宋淳化、至道间，尝以《坊》《表》二记颁赐廷臣。今礼学备在学官，而习者相沿为曲台遗言，无复知为《春秋》义例之所从者”云云。其说极精，学者必须参读先生《坊记集传》，玩其分章次第，自可悟其大义矣。

六、文法及读法

陈兰甫先生云：“《坊记》《表记》《缁衣》《礼运》《儒行》《哀公问》《仲尼燕居》《孔子闲居》八篇，《别录》皆属通论。澧案：此皆记孔子之言，而其体不同。古者记言之体有三：其一闻而记之，所记非一时之言，记之者非一人之笔，汇集成篇，非著书也，尤非作文也，《论语》是也；其一传闻而记之，所记非一时之言，记之者则一人之笔，伸说引证而成篇，此著书也，《坊记》《表记》《缁衣》是也；其一亦传闻而记之，记之者一人之笔，所记者一时之言，敷演润色，骈偶用韵而成篇，此作文者也，《礼运》《儒行》《哀公问》《仲尼燕居》《孔子闲居》是也。”此又于分类之中，别其文法，可称通博之论。

黄石斋先生云：“古者窥测天地日月，皆先立表以别阴阳。表正则景正，表邪则景邪，体存于表，而用在于制。子曰：‘仁者，天下之表也；义者，天下之制也；报者，天下之利也。’君子以仁立表，以义制之，度其长短大小，近取之一身，远取之百世，不责报于天下，而天下之子孙黎民阴受其利。《表记》四十三章，皆以仁立表，以义制之。其大指以天地日月辨君臣之位，式尊亲之序，持之以敬，量之以恕，使人迩不敢亵、远不敢怨，幽以告于鬼神，明以告于朋友、庶民、小子，而礼乐文质皆备于是矣。《坊记》主于礼让，归别于男女，以明忠孝之化始于闺门，犹《易》之有《下经》；《表记》主于仁义，归馀于卜筮，以明文质之原达于天德，犹《易》之有《上经》。凡圣门所记夫子之言论，自《齐书》二十篇外，未有明著于此者也。”

黄石斋先生云：“《缁衣》凡十五引《书》，二十三引《诗》；其称《易》者一而已，归于‘恒德’，言好贤恶恶之贵有恒德也。好贤不坚，恶恶不著，则为上难事，为下难知。上无定心，下无固志，而爵赏刑威，皆不可用矣。”文治案：此说确得此篇精义。“心以体全，亦以体伤；君以民存，亦以民亡”四语，养身者当猛省，治国者尤当猛省。

陈兰甫先生云：“曾子读《丧礼》，泣下沾襟。澧谓《问丧》云：‘入门而弗见也，上堂又弗见也，入室又弗见也。亡矣、丧矣！不可复见已矣！’《三年问》云：‘凡生天地之间者，有血气之属必有知，有知之属莫不知爱其类。今是大鸟兽则失丧其群匹，越月踰时焉则必反，巡过其故乡，翔回焉，鸣号焉，蹢躅焉，踟蹰焉，然后乃能去之。小者至于燕雀，犹有啁噍之顷焉，然后乃能去之。故有血气之属者，莫知于人；故人于其亲也，至死不穷。’读此二节，当无不泣下沾襟者；使墨者读之，亦当为之怃然也。近代士人囿于习气，不读《丧礼》，性情薄而风俗衰，未必不由于此矣。”

黄石斋先生云：“《儒行》以宏〔弘〕毅为本，以任重致远为务，与穷达不变、造次颠沛不离之意同旨。东汉诸儒，推准《儒行》，以为人极。其时武人稗子，皆能特立砥砺，不藉诵说以自见，使大枭钜雄如卓、操之徒，尚俯仰以畏名士”云云。此言于人心风俗，盖能探其本矣。

《冠义》《昏义》二篇多精语，足以箴砭风俗之浇薄。《冠义》中“凡人之所以为人者，礼义也。礼义之始，在于正容体、齐颜色、顺辞令”“可以为人，而后可以治人”数语，《昏义》中“妇顺备，而后内和理；内和理，而后家可长久”二语，旨哉言乎！士大夫家子子孙孙，宜勿替引之。

治《礼记》者，当以注疏为主。《［钦定］礼记义疏》，广大悉备，而每篇标题下撮举大义，使学者易得门径，尤可宝贵。此外先儒之说《礼记》者，如黄石斋先生之《集传》四种，顾抱桐先生之《内则章句》，均精当不磨，可作为单行本，以资讲贯。修身制行之要，不外是矣。[1]

附《礼记》选目

《檀弓》《月令》《礼运》《内则》《学记》《乐记》《祭义》《坊记》《表记》《缁衣》《三年问》《儒行》

[1] 醒园本此下另有一段：“《礼记》文法在经、子之间，兹定孙月峰先生评点者墨笔，姚姬传先生评点者为黄笔，文治用红笔，谢叠山先生评点者蓝笔。读者知所选择，略其冗芜不宜于今者，则能得其精华矣。至《大学》《中庸》二篇，余别编《大义》，故不复作论云。”

檀弓上①

公仪仲子之丧，檀弓免焉。仲子舍其孙而立其子，檀弓曰："何居？我未之前闻也。"趋而就子服伯子于门右，曰："仲子舍其孙而立其子，何也？"伯子曰："仲子亦犹行古之道也。昔者文王舍伯邑考而立武王，微子舍其孙腯而立衍也。夫仲子亦犹行古之道也。"子游问诸孔子，孔子曰："否！立孙。"

事亲有隐而无犯，左右就养无方，服勤至死，致丧三年。事君有犯而无隐，左右就养有方，服勤至死，方丧三年。事师无犯无隐，左右就养无方，服勤至死，心丧三年。

季武子成寝，杜氏之葬在西阶之下，请合葬焉，许之。入宫而不敢哭。武子曰："合葬非古也，自周公以来，未之有改也。吾许其大而不许其细，何居？"命之哭。

子上之母死而不丧。门人问诸子思曰："昔者子之先君子丧出母乎？"曰："然。""子之不使白也丧之，何也？"子思曰："昔者吾先君子无所失道。道隆则从而隆，道污则从而污，伋则安能？为伋也妻者，是为白也母；不为伋也妻者，是不为白也母。"故孔氏之不丧出母，自子思始也。

孔子曰："拜而后稽颡，颓乎其顺也；稽颡而后拜，颀乎其至也。三年之丧，吾从其至者。"

孔子既得合葬于防，曰："吾闻之，古也墓而不坟。今丘也，东西南北人也，不可以弗识也。"于是封之，崇四尺。孔子先反，门人后，雨甚，至，孔子问焉，曰："尔来何迟也？"

---

① 《檀弓》篇幅较长，通行本分上、下篇，今从之。

曰："防墓崩。"孔子不应。三，孔子泫然流涕曰："吾闻之，古不修墓。"

孔子哭子路于中庭。有人弔者，而夫子拜之。既哭，进使者而问故。使者曰："醢之矣。"遂命覆醢。

曾子曰："朋友之墓，有宿草，而不哭焉。"

子思曰："丧三日而殡，凡附于身者，必诚必信，勿之有悔焉耳矣。三月而葬，凡附于棺者，必诚必信，勿之有悔焉耳矣。丧三年以为极，亡则弗之忘矣。故君子有终身之忧，而无一朝之患。故忌日不乐。"

孔子少孤，不知其墓，殡于五父之衢。人之见之者，皆以为葬也。其慎也，盖殡也。问于郰曼父之母，然后得合葬于防。邻有丧，舂不相；里有殡，不巷歌。丧冠不緌。

有虞氏瓦棺，夏后氏塈周，殷人棺椁，周人墙置翣。周人以殷人之棺椁葬长殇，以夏后氏之塈周葬中殇、下殇，以有虞氏之瓦棺葬无服之殇。

夏后氏尚黑，大事敛用昏，戎事乘骊，牲用玄。殷人尚白，大事敛用日中，戎事乘翰，牲用白。周人尚赤，大事敛用日出，戎事乘騵，牲用骍。

穆公之母卒，使人问于曾子曰："如之何？"对曰："申也闻诸申之父曰：哭泣之哀，齐斩之情，饘粥之食，自天子达。布幕，卫也，縿幕，鲁也。"

晋献公将杀其世子申生，公子重耳谓之曰："子盖言子之志于公乎？"世子曰："不可，君安骊姬，是我伤公之心也。"曰："然则盖行乎？"世子曰："不可，君谓我欲弑君也，天下岂有无父之国哉！吾何行如之？"使人辞于狐突曰："申生有罪，不念伯氏之言也，以至于死，申生不敢爱其死。虽然，吾君老矣，子少，国家多难，伯氏不出而图吾君，伯氏苟出而图吾君，申生受赐而死。”再拜稽首，乃卒。是以为“恭世子”也。

鲁人有朝祥而莫歌者，子路笑之。夫子曰：“由，尔责于人，终无已夫，三年之丧，亦已久矣夫。”子路出，夫子曰：“又多乎哉，逾月则其善也。”

鲁庄公及宋人战于乘丘，县贲父御，卜国为右。马惊，败绩，公队，佐车授绥。公曰：“末之卜也。”县贲父曰：“他日不败绩，而今败绩，是无勇也。”遂死之。圉人浴马，有流矢在白肉。公曰：“非其罪也。”遂诔之。士之有诔，自此始也。

曾子寝疾，病。乐正子春坐于床下，曾元、曾申坐于足，童子隅坐而执烛。童子曰：“华而睆，大夫之箦与？”子春曰：“止！”曾子闻之，瞿然曰：“呼！”曰：“华而睆，大夫之箦与？”曾子曰：“然。斯季孙之赐也，我未之能易也，元，起易箦。”曾元曰：“夫子之病革矣，不可以变，幸而至于旦，请敬易之。”曾子曰：“尔之爱我也不如彼。君子之爱人也以德，细人之爱人也以姑息。吾何求哉？吾得正而毙焉，斯已矣。”举扶而易之。反席未安而没。

始死，充充如有穷；既殡，瞿瞿如有求而弗得；既葬，皇皇如有望而弗至。练而慨然，祥而廓然。

邾娄复之以矢，盖自战于升陉始也。鲁妇人之髽而吊也，自败于台鲐始也。

南宫縚之妻之姑之丧，夫子诲之髽曰：“尔毋从从尔，尔毋扈扈尔，盖榛以为笄，长尺，而总八寸。”

孟献子禫，县而不乐，比御而不入。夫子曰：“献子加于人一等矣！”

孔子既祥，五日弹琴而不成声，十日而成笙歌。

有子盖既祥而丝屦、组缨。

死而不吊者三：畏、厌、溺。

子路有姊之丧，可以除之矣，而弗除也，孔子曰：“何弗除也？”子路曰：“吾寡兄弟而弗忍也。”孔子曰：“先王制礼，行道之人皆弗忍也。”子路闻之，遂除之。

大公封于营丘，比及五世，皆反葬于周。君子曰：“乐，乐其所自生，礼不忘其本。古之人有言曰：‘狐死正丘首。’仁也。”

伯鱼之母死，期而犹哭。夫子闻之，曰：“谁与哭者？”门人曰：“鲤也。”夫子曰：“嘻！其甚也。”伯鱼闻之，遂除之。

舜葬于苍梧之野，盖三妃未之从也。季武子曰：“周公盖祔。”

曾子之丧，浴于爨室。

大功废业。或曰：“大功，诵可也。”

子张病，召申祥而语之曰：“君子曰终，小人曰死；吾今日其庶几乎？”

曾子曰：“始死之奠，其馀阁也与？”

曾子曰：“小功不为位也者，是委巷之礼也。子思之哭嫂也为位，妇人倡踊。申祥之哭言思也亦然。”

古者冠缩缝，今也衡缝。故丧冠之反吉，非古也。

曾子谓子思曰：“伋！吾执亲之丧也，水浆不入于口者七日。”子思曰：“先王之制礼也，过之者，俯而就之；不至焉者，跂而及之。故君子之执亲之丧也，水浆不入于口者三日，杖而后能起。”

曾子曰：“小功不税，则是远兄弟，终无服也，而可乎？”

伯高之丧，孔氏之使者未至，冉子摄束帛乘马而将之。孔子曰：“异哉，徒使我不诚于伯高。”

伯高死于卫，赴于孔子。孔子曰：“吾恶乎哭诸？兄弟，吾哭诸庙；父之友，吾哭诸庙门之外；师，吾哭诸寝；朋友，吾哭诸寝门之外；所知，吾哭诸野。于野，则已疏；于寝，则已重。夫由赐也见我，吾哭诸赐氏。”遂命子贡为之主，曰：“为尔哭也来者，拜之；知伯高而来者，勿拜也。”

曾子曰：“丧有疾，食肉饮酒，必有草木之滋焉。以为姜桂之谓也。”

子夏丧其子而丧其明。曾子吊之曰：“吾闻之也，朋友丧明则哭之。”曾子哭，子夏亦哭，曰：“天乎！予之无罪也。”曾子怒曰：“商，女何无罪也？吾与女事夫子于洙泗之间，退而老于西河之上，使西河之民，疑女于夫子，尔罪一也；丧尔亲，使民未有闻焉，尔罪二也；丧尔子，丧尔明，尔罪三也。而曰女何无罪与！”子夏投其杖而拜曰：“吾过矣！吾过矣！吾离群而索居，亦已久矣。”

夫昼居于内，问其疾可也；夜居于外，吊之可也。是故君子非有大故，不宿于外；非致齐也，非疾也，不昼夜居于内。

高子皋执亲之丧也，泣血三年，未尝见齿，君子以为难。

衰，与其不当物也，宁无衰，齐衰不以边坐，大功不以服勤。

孔子之卫，遇旧馆人之丧，入而哭之哀。出，使子贡说骖而赙之。子贡曰：“于门人之丧，未有所说骖，说骖于旧馆，无乃已重乎？”夫子曰：“予乡者入而哭之，遇于一哀而出涕。予恶夫涕之无从也，小子行之。”

孔子在卫，有送葬者，而夫子观之，曰：“善哉为丧乎！足以为法矣，小子识之。”

子贡曰：“夫子何善尔也？”曰：“其往也如慕，其反也如疑。”子贡曰：“岂若速反而虞乎？”子曰：“小子识之，我未之能行也。”

颜渊之丧，馈祥肉，孔子出受之，入，弹琴而后食之。

孔子与门人立，拱而尚右，二三子亦皆尚右。孔子曰：“二三子之嗜学也，我则有姊之丧故也。”二三子皆尚左。

孔子蚤作，负手曳杖，消摇于门，歌曰：“泰山其颓乎！梁木其坏乎！哲人其萎乎！”既歌而入，当户而坐。子贡闻之，曰：“泰山其颓，则吾将安仰？梁木其坏，哲人其萎，则吾将安放？夫子殆将病也。”遂趋而入。夫子曰：“赐！尔来何迟也？夏后氏殡于东阶之上，则犹在阼也；殷人殡于两楹之间，则与宾主夹之也；周人殡于西阶之上，则犹宾之也。而丘也殷人也。予畴昔之夜，梦坐奠于两楹之间。夫明王不兴，而天下其孰能宗予？予殆将死也。”盖寝疾七日而没。

孔子之丧，门人疑所服。子贡曰：“昔者夫子之丧颜渊，若丧子而无服；丧子路亦然。请丧夫子，若丧父而无服。”

孔子之丧，公西赤为志焉：饰棺墙、置翣、设披，周也；设崇，殷也；绸练、设旐，夏也。

子张之丧，公明仪为志焉：褚幕丹质，蚁结于四隅，殷士也。

子夏问于孔子曰：“居父母之仇如之何？”夫子曰：“寝苫

枕干，不仕，弗与共天下也；遇诸市朝，不反兵而斗。”曰：“请问居昆弟之仇如之何？”曰：“仕弗与共国；衔君命而使，虽遇之不斗。”曰：“请问居从父昆弟之仇如之何？”曰：“不为魁，主人能，则执兵而陪其后。”

孔子之丧，二三子皆绖而出。群居则绖，出则否。

易墓，非古也。

子路曰：“吾闻诸夫子：丧礼，与其哀不足而礼有馀也，不若礼不足而哀有馀也。祭礼，与其敬不足而礼有馀也，不若礼不足而敬有馀也。”

曾子吊于负夏，主人既祖，填池，推柩而反之，降妇人而后行礼。从者曰：“礼与？”曾子曰：“夫‘祖’者‘且’也，且胡为其不可以反宿也。”从者又问诸子游曰：“礼与？”子游曰：“饭于牖下，小敛于户内，大敛于阼，殡于客位，祖于庭，葬于墓，所以即远也。故丧事有进而无退。”曾子闻曰：“多矣乎，予出祖者。”

曾子袭裘而吊，子游裼裘而吊。曾子指子游而示人曰：“夫夫也，为习于礼者，如之何其裼裘而吊也？”主人既小敛，袒、括发，子游趋而出，袭裘带绖而入。曾子曰：“我过矣，我过矣，夫夫是也。”

子夏既除丧而见，予之琴，和之而不和，弹之而不成声。作而曰：“哀未忘也，先王制礼而弗敢过也。”子张既除丧而见，予之琴，和之而和，弹之而成声。作而曰：“先王制礼，不敢不至焉。”

司寇惠子之丧，子游为之麻衰，牡麻绖，文子辞曰：“子辱与弥牟之弟游，又辱为之服，敢辞。”子游曰：“礼也。”文子退反哭。子游趋而就诸臣之位，文子又辞曰："子辱与弥牟之弟游，又辱为之服，又辱临其丧，敢辞。"子游曰："固以请。"文子退，扶适子南面而立曰："子辱与弥牟之弟游，又辱为之服，又辱临其丧，虎也敢不复位。"子游趋而就客位。

将军文子之丧，既除丧而后越人来吊，主人深衣练冠，待于庙，垂涕洟。子游观之曰："将军文氏之子其庶几乎！亡于礼者之礼也，其动也中。"

幼名，冠字，五十以伯仲，死谥，周道也。绖也者，实也。掘中霤而浴，毁灶以缀足，及葬，毁宗躐行，出于大门，殷道也。学者行之。

子柳之母死，子硕请具。子柳曰："何以哉?"子硕曰："请粥庶弟之母。"子柳曰："如之何其粥人之母以葬其母也?不可。"既葬，子硕欲以赙布之馀具祭器。子柳曰："不可，吾闻之也，君子不家于丧，请班诸兄弟之贫者。"

君子曰："谋人之军师，败则死之；谋人之邦邑，危则亡之。"

公叔文子升于瑕丘，蘧伯玉从。文子曰："乐哉斯丘也，死则我欲葬焉。"蘧伯玉曰："吾子乐之，则瑗请前。"

弁人有其母死而孺子泣者。孔子曰："哀则哀矣，而难为继也。夫礼，为可传也，为可继也，故哭踊有节。"

叔孙武叔之母死，既小敛，举者出户，出户袒，且投其冠，括髮发。子游曰："知礼。"

扶君，卜人师扶右，射人师扶左，君薨以是举。

从母之夫，舅之妻，二夫人相为服，君子未之言也。或曰同爨缌。

丧事，欲其纵纵尔；吉事，欲其折折尔。故丧事虽遽不陵节，吉事虽止不怠。故骚骚尔则野，鼎鼎尔则小人，君子盖犹犹尔。

丧具，君子耻具，一日二日而可为也者，君子弗为也。

丧服，兄弟之子犹子也，盖引而进之也；嫂叔之无服也，盖推而远之也；姑姊妹之薄也，盖有受我而厚之者也。

食于有丧者之侧，未尝饱也。

曾子与客立于门侧，其徒趋而出。曾子曰："尔将何之？"曰："吾父死，将出哭于巷。"曰："反，哭于尔次。"曾子北面而吊焉。

孔子曰："之死而致死之，不仁而不可为也；之死而致生之，不知而不可为也。是故竹不成用，瓦不成味，木不成斫，琴瑟张而不平，竽笙备而不和，有钟磬而无簨虡，其曰明器，神明之也。"

有子问于曾子曰："问丧于夫子乎？"曰："闻之矣，丧欲速贫，死欲速朽。"有子曰："是非君子之言也。"曾子曰："参也闻诸夫子也。"有子又曰："是非君子之言也。"曾子曰："参也与子游闻之。"有子曰："然。然则夫子有为言之也。"曾子以斯言告于子游。子游曰："甚哉！有子之言似夫子也。昔者夫子居于宋，见桓司马自为石椁，三年而不成。夫子曰：'若是其靡也，死不如速朽之愈也。'死之欲速朽，为桓司马言之也。南宫敬叔反，必载宝而朝。夫子曰：'若是其货也，丧不如速贫之愈也。'丧之欲速贫，为敬叔言之也。"曾子以子游之言告于有子，有子曰："然。吾固曰非夫子之言也。"曾子曰："子何以知之？"有子曰："夫子制于中都，四寸之棺，五寸椁，以斯知不欲速朽也。昔者夫子失鲁司寇，将之荆，盖先之以子夏，又申之以冉有，以斯知不欲速贫也。”

陈庄子死，赴于鲁，鲁人欲勿哭，缪公召县子而问焉。县子曰：“古之大夫，束脩之问不出竟，虽欲哭之，安得而哭之？今之大夫，交政于中国，虽欲勿哭，焉得而弗哭？且臣闻之，哭有二道：有爱而哭之，有畏而哭之。”公曰：“然。然则如之何而可？”县子曰：“请哭诸异姓之庙。”于是与哭诸县氏。

仲宪言于曾子曰：“夏后氏用明器，示民无知也；殷人用祭器，示民有知也；周人兼用之，示民疑也。”曾子曰：“其不然乎！其不然乎！夫明器，鬼器也；祭器，人器也。夫古之人，胡为而死其亲乎？”

公叔木有同母异父之昆弟死，问于子游。子游曰：“其大功乎？”狄仪有同母异父之昆弟死，问于子夏，子夏曰：“我未之前闻也。鲁人则为之齐衰。”狄仪行齐衰。今之齐衰，狄仪之问也。

子思之母死于卫，柳若谓子思曰：“子，圣人之后也。四方于子乎观礼，子盖慎诸。”子思曰：“吾何慎哉？吾闻之：有其礼，无其财，君子弗行也；有其礼，有其财，无其时，君子弗行也。吾何慎哉！”

县子琐曰：“吾闻之：古者不降，上下各以其亲。滕伯文为孟虎齐衰，其叔父也；为孟皮齐衰，其叔父也。”

后木曰：“丧，吾闻诸县子曰：‘夫丧，不可不深长思也，买棺外内易。’我死则亦然。”

曾子曰：“尸未设饰，故帷堂，小敛而彻帷。”仲梁子曰：“夫妇方乱，故帷堂，小敛而彻帷。”

小敛之奠，子游曰：“于东方。”曾子曰：“于西方，敛斯席矣。”小敛之奠在西方，鲁礼之末失也。

县子曰：“绤衰繐裳，非古也。”

子蒲卒，哭者呼灭。子皋曰：“若是野哉！”哭者改之。

杜桥之母之丧，宫中无相，以为沾也。

夫子曰：“始死，羔裘玄冠者，易之而已。”羔裘玄冠，夫子不以弔。

子游问丧具，夫子曰：“称家之有亡。”子游曰：“有无恶乎齐？”夫子曰：“有，毋过礼。苟亡矣，敛首足形，还葬，县棺而封，人岂有非之者哉？”

司士贲告于子游曰：“请袭于床。”子游曰：“诺。”县子闻之曰：“汰哉叔氏！专以礼许人。”

宋襄公葬其夫人，醯醢百瓮。曾子曰：“既曰明器矣，而又实之。”

孟献子之丧，司徒旅归四布。夫子曰：“可也。”

读赗，曾子曰：“非古也，是再告也。”

成子高寝疾，庆遗人，请曰：“子之病革矣，如至乎大病，则如之何？”子高曰：“吾闻之也：生有益于人，死不害于人。吾纵生无益于人，吾可以死害于人乎哉？我死，则择不食之地而葬我焉。”

子夏问诸夫子曰：“居君之母与妻之丧。”“居处、言语、饮食衎尔。”

宾客至，无所馆。夫子曰：“生于我乎馆，死于我乎殡。”

国子高曰：“葬也者，藏也。藏也者，欲人之弗得见也。是故衣足以饰身，棺周于衣，椁周于棺，土周于椁；反壤树之哉？”

孔子之丧，有自燕来观者，舍于子夏氏。子夏曰：“圣人之葬人与？人之葬圣人也。子何观焉？昔者夫子言之曰：‘吾见封之若堂者矣，见若坊者矣，见若覆夏屋者矣，见若斧者矣。’从若斧者焉，马鬣封之谓也。今一日而三斩板，而已封，尚行夫子之志乎哉！”

妇人不葛带。

有荐新，如朔奠。

既葬，各以其服除。

池视重霤。

君即位而为椑，岁壹漆之，藏焉。

复、楔齿、缀足、饭、设饰、帷堂并作。父兄命赴者。

君复，于小寝、大寝、小祖、大祖、库门、四郊。

丧不剥，奠也与？祭肉也与？

既殡，旬而布材与明器。

朝奠日出，夕奠逮日。

父母之丧，哭无时，使必知其反也。

练，练衣黄里，縓缘，葛要绖，绳屦无絇，角瑱，鹿裘，衡长祛，祛裼之可也。

有殡，闻远兄弟之丧，虽缌必往；非兄弟，虽邻不往。所识，其兄弟不同居者皆吊。

天子之棺四重，水兕革棺被之，其厚三寸，杝棺一，梓棺二，四者皆周。棺束，缩二，衡三，衽，每束一。柏椁以端长六尺。

天子之哭诸侯也，爵弁绖紂衣。或曰：使有司哭之，为之不以乐食。

天子之殡也，菆涂龙輴以椁，加斧于椁上，毕涂屋，天子之礼也。

唯天子之丧，有别姓而哭。

鲁哀公诔孔丘曰："天不遗耆老，莫相予位焉。呜呼哀哉，尼父！"

国亡大县邑，公、卿、大夫、士皆厌冠，哭于大庙，三日，君不举。或曰：君举而哭于后土。

孔子恶野哭者。

未仕者，不敢税人；如税人，则以父兄之命。

士备入而后朝夕踊。

祥而缟，是月禫，徙月乐。

君于士有赐帟。

檀弓下

君之适长殇，车三乘；公之庶长殇，车一乘；大夫之适长殇，车一乘。

公之丧，诸达官之长，杖。

君于大夫，将葬，弔于宫；及出，命引之，三步则止。如是者三，君退。朝亦如之，哀次亦如之。

五十无车者，不越疆而弔人。

季武子寝疾，蟜固不说齐衰而入见，曰："斯道也，将亡矣；士唯公门说齐衰。"武子曰："不亦善乎，君子表微。"及其丧也，曾点倚其门而歌。

大夫弔，当事而至，则辞焉。弔于人，是日不乐。妇人不越疆而弔人。行弔之日不饮酒食肉焉。弔于葬者必执引，若从柩及圹，皆执绋。丧，公弔之，必有拜者，虽朋友州里舍人可也。弔曰："寡君承事。"主人曰："临。"君遇柩于路，必使人弔之。大夫之丧，庶子不受弔。

妻之昆弟为父后者死，哭之适室，子为主，袒免哭踊，夫入门右，使人立于门外告来者，狎则入哭。父在，哭于妻之室；非为父后者，哭诸异室。有殡，闻远兄弟之丧，哭于侧室；无侧室，哭于门内之右。同国，则往哭之。

子张死，曾子有母之丧，齐衰而往哭之。或曰："齐衰不以弔。"曾子曰："我弔也与哉？"

有若之丧，悼公弔焉，子游摈，由左。

齐穀王姬之丧，鲁庄公为之大功。或曰："由鲁嫁，故为之服姊妹之服。"或曰："外祖母也，故为之服。"

晋献公之丧，秦穆公使人弔公子重耳，且曰："寡人闻之：亡国恒于斯，得国恒于斯。虽吾子俨然在忧服之中，丧亦不可久也，时亦不可失也。孺子其图之。"以告舅犯，舅犯曰："孺子其辞焉。丧人无宝，仁亲以为宝。父死之谓何？又因以为利，而天下其孰能说之？孺子其辞焉！"公子重耳对客曰："君惠弔亡臣重耳，身丧父死，不得与于哭泣之哀，以为君忧。父死之谓何？或敢有他志，以辱君义。"

稽颡而不拜，哭而起，起而不私。子显以致命于穆公。穆公曰："仁夫公子重耳！夫稽颡而不拜，则未为后也，故不成拜。哭而起，则爱父也；起而不私，则远利也。"

帷殡，非古也，自敬姜之哭穆伯始也。

丧礼，哀戚之至也。节哀，顺变也。君子念始之者也。

复，尽爱之道也，有祷祠之心焉。望反诸幽，求诸鬼神之道也；北面，求诸幽之义也。

拜稽颡，哀戚之至隐也；稽颡，隐之甚也。

饭用米贝，弗忍虚也；不以食道，用美焉尔。

铭，明旌也，以死者为不可别已，故以其旗识之。爱之，斯录之矣；敬之，斯尽其道焉耳。重，主道也，殷主缀重焉，周主重彻焉。

奠以素器，以生者有哀素之心也。唯祭祀之礼，主人自尽焉尔，岂知神之所飨，亦以主人有齐敬之心也。

辟踊，哀之至也；有筭，为之节文也。袒、括发，变也；愠，哀之变也。去饰，去美也；袒、括发，去饰之甚也。有所袒，有所袭，哀之节也。

弁绖葛而葬，与神交之道也，有敬心焉。周人弁而葬，殷人冔而葬。

歠主人、主妇室老，为其病也，君命食之也。

反哭升堂，反诸其所作也；主妇入于室，反诸其所养也。

反哭之吊也，哀之至也。反而亡焉，失之矣，于是为甚。殷既封而吊，周反哭而吊。孔子曰："殷已悫，吾从周。"

葬于北方北首，三代之达礼也，之幽之故也。

既封，主人赠，而祝宿虞尸。

既反哭，主人与有司视虞牲，有司以几筵舍奠于墓左，反，日中而虞。

葬日虞，弗忍一日离也。是月也，以虞易奠。卒哭曰"成事"，是日也，以吉祭易丧祭；明日，祔于祖父。其变而之吉祭也，比至于祔。必于是日也接，不忍一日末有所归也。

殷练而祔，周卒哭而祔。孔子善殷。

君临臣丧，以巫祝桃茢执戈，恶之也，所以异于生也。

丧有死之道焉，先王之所难言也。

丧之朝也，顺死者之孝心也，其哀离其室也，故至于祖考之庙而后行。殷朝而殡于祖，周朝而遂葬。

孔子谓："为明器者，知丧道矣，备物而不可用也。"哀哉！死者而用生者之器也，不殆于用殉乎哉？"其曰明器，神明之也。"涂车、刍灵，自古有之，明器之道也。孔子谓"为刍灵者善"，谓"为俑者不仁"，殆于用人乎哉？

穆公问于子思曰："为旧君反服，古与？"子思曰："古之君子，进人以礼，退人以礼，故有旧君反服之礼也。今之君子，进人若将加诸膝，退人若将队诸渊，毋为戎首，不亦善乎？又何反服之礼之有！"

悼公之丧，季昭子问于孟敬子曰："为君何食？"敬子曰："食粥，天下之达礼也。吾三臣者之不能居公室也，四方莫不闻矣，勉而为瘠则吾能，毋乃使人疑夫不以情居瘠者乎哉？我则食食。"

卫司徒敬子死，子夏吊焉，主人未小敛，绖而往。子游吊焉，主人既小敛，子游出绖反哭，子夏曰："闻之也与？"曰："闻诸夫子，主人未改服则不绖。"

曾子曰："晏子可谓知礼也已，恭敬之有焉。"有若曰："晏子一狐裘三十年，遣车一乘，及墓而反；国君七个，遣车七乘；大夫五个，遣车五乘，晏子焉知礼？"曾子曰："国无道，君子耻盈礼焉。国奢，则示之以俭；国俭，则示之以礼。"

国昭子之母死，问于子张曰："葬及墓，男子、妇人安位？"子张曰："司徒敬子之丧，夫子相，男子西乡，妇人东乡。”曰：“噫！毋。”曰：“我丧也斯沾。尔专之，宾为宾焉，主为主焉，妇人从男子皆西乡。”

穆伯之丧，敬姜昼哭；文伯之丧，昼夜哭。孔子曰：“知礼矣。”文伯之丧，敬姜据其床而不哭，曰：“昔者吾有斯子也，吾以将为贤人也，吾未尝以就公室。今及其死也，朋友诸臣未有出涕者，而内人皆行哭失声。斯子也，必多旷于礼矣夫。”

季康子之母死，陈亵衣。敬姜曰：“妇人不饰，不敢见舅姑。将有四方之宾来，亵衣何为陈于斯？”命彻之。

有子与子游立，见孺子慕者。有子谓子游曰：“予壹不知夫丧之踊也，予欲去之久矣。情在于斯，其是也夫？”子游曰：“礼有微情者，有以故兴物者。有直情而径行者，戎狄之道也。礼道则不然，人喜则斯陶，陶斯咏，咏斯犹，犹斯舞，舞斯愠，愠斯戚，戚斯叹，叹斯辟，辟斯踊矣。品节斯，斯之谓礼。人死，斯恶之矣，无能也，斯倍之矣。是故制绞衾、设蒌翣，为使人勿恶也。始死，脯醢之奠；将行，遣而行之；既葬而食之，未有见其飨之者也。自上世以来，未之有舍也，为使人勿倍也。故子之所刺于礼者，亦非礼之訾也。”

吴侵陈，斩祀杀厉，师还出竟，陈太宰嚭使于师。夫差谓行人仪曰：“是夫也多言，盍尝问焉；师必有名，人之称斯师也者，则谓之何？”大宰嚭曰：“古之侵伐者，不斩祀，不杀厉，不获二毛。今斯师也，杀厉与？其不谓之杀厉之师与？”曰：“反尔地，归尔子，则谓之何？”曰：“君王讨敝邑之罪，又矜而赦之，师与，有无名乎？”

颜丁善居丧：始死，皇皇焉如有求而弗得；及殡，望望焉如有从而弗及；既葬，慨焉如不及其反而息。

子张问曰："《书》云：'高宗三年不言，言乃欢。'有诸？"仲尼曰："胡为其不然也？古者天子崩，王世子听于冢宰三年。"

知悼子卒，未葬，平公饮酒，师旷、李调侍，鼓钟。杜蒉自外来，闻钟声曰："安在？"曰："在寝。"杜蒉入寝，历阶而升，酌，曰："旷饮斯。"又酌，曰："调饮斯。"又酌，堂上北面坐饮之。降，趋而出。平公呼而进之，曰："蒉，曩者尔心或开予，是以不与尔言。尔饮旷何也？"曰："子卯不乐。知悼子在堂，斯其为子卯也大矣。旷也大师也，不以诏，是以饮之也。""尔饮调何也？"曰："调也君之亵臣也，为一饮一食，忘君之疾，是以饮之也。""尔饮何也？"曰："蒉也宰夫也，非刀匕是共，又敢与知防，是以饮之也。"平公曰："寡人亦有过焉，酌而饮寡人。"杜蒉洗而扬觯。公谓侍者曰："如我死，则必毋废斯爵也。"至于今，既毕献，斯扬觯，谓之"杜举"。

公叔文子卒，其子戍请谥于君曰："日月有时，将葬矣。请所以易其名者。"君曰："昔者卫国凶饥，夫子为粥与国之饿者，是不亦惠乎？昔者卫国有难，夫子以其死卫寡人，不亦贞乎？夫子听卫国之政，修其班制，以与四邻交，卫国之社稷不辱，不亦文乎？故谓夫子'贞惠文子'。"

石骀仲卒，无适子，有庶子六人，卜所以为后者。曰："沐浴、佩玉则兆。"五人者皆沐浴、佩玉。石祁子曰："孰有执亲之丧，而沐浴、佩玉者乎？"不沐浴、佩玉。石祁子兆，卫人以龟为有知也。

陈子车死于卫，其妻与其家大夫谋以殉葬，定而后陈子亢至，以告曰："夫子疾，莫养于下，请以殉葬。"子亢曰："以殉葬，非礼也。虽然，则彼疾当养者，孰若妻与宰？得已，则吾欲已；不得已，则吾欲以二子者之为之也。”于是弗果用。

子路曰：“伤哉贫也！生无以为养，死无以为礼也。”孔子曰：“啜菽饮水尽其欢，斯之谓孝。敛手足形，还葬而无椁，称其财，斯之谓礼。”

卫献公出奔，反于卫，及郊，将班邑于从者而后入。柳庄曰：“如皆守社稷，则孰执羁靮而从；如皆从，则孰守社稷？君反其国而有私也，毋乃不可乎？”弗果班。

卫有大史曰柳庄，寝疾。公曰：“若疾革，虽当祭必告。”公再拜稽首，请于尸曰：“有臣柳庄也者，非寡人之臣，社稷之臣也，闻之死，请往。”不释服而往，遂以襚之。与之邑裘氏与县潘氏，书而纳诸棺，曰：“世世万子孙，无变也。”

陈乾昔寝疾，属其兄弟，而命其子尊己曰：“如我死，则必大为我棺，使吾二婢子夹我。”陈乾昔死，其子曰：“以殉葬，非礼也，况又同棺乎？”弗果杀。

仲遂卒于垂；壬午犹绎，万入去籥。仲尼曰：“非礼也，卿卒不绎。”

季康子之母死，公输若方小。敛，般请以机封，将从之。公肩假曰：“不可！夫鲁有初，公室视丰碑，三家视桓楹。般，尔以人之母尝巧，则岂不得以？其毋以尝巧者乎？则病者乎？噫！”弗果从。

战于郎，公叔禺人遇负杖入保者息，曰：“使之虽病也，任之虽重也，君子不能为谋也，士弗能死也，不可！我则既言矣。”与其邻童汪踦往，皆死焉。鲁人欲勿殇童汪踦，问于仲尼。仲尼曰：“能执干戈以卫社稷，虽欲勿殇也，不亦可乎！”

子路去鲁，谓颜渊曰："何以赠我？"曰："吾闻之也：去国则哭于墓而后行；反其国，不哭，展墓而入。"谓子路曰："何以处我？"子路曰："吾闻之也：过墓则式，过祀则下。"

工尹商阳与陈弃疾追吴师，及之。陈弃疾谓工尹商阳曰："王事也，子手弓而可。"手弓。"子射诸。"射之，毙一人，韔弓。又及，谓之，又毙二人。每毙一人，掩其目。止其御曰："朝不坐，燕不与，杀三人，亦足以反命矣。"孔子曰："杀人之中，又有礼焉。"

诸侯伐秦，曹桓公卒于会。诸侯请含，使之袭。

襄公朝于荆，康王卒。荆人曰："必请袭。"鲁人曰："非礼也。"荆人强之，巫先拂柩，荆人悔之。

滕成公之丧，使子叔敬叔吊，进书，子服惠伯为介。及郊，为懿伯之忌，不入。惠伯曰："政也，不可以叔父之私，不将公事。"遂入。

哀公使人吊蒉尚，遇诸道。辟于路，画宫而受吊焉。曾子曰："蒉尚不如杞梁之妻之知礼也。齐庄公袭莒于夺，杞梁死焉。其妻迎其柩于路而哭之哀。庄公使人吊之，对曰：'君之臣不免于罪，则将肆诸市朝，而妻妾执；君之臣免于罪，则有先人之敝庐在。君无所辱命。'"

孺子䵣之丧，哀公欲设拨，问于有若。有若曰："其可也，君之三臣犹设之。"颜柳曰："天子龙輴而椁帱，诸侯輴而设帱，为榆沈故设拨。三臣者废輴而设拨，窃礼之不中者也，而君何学焉！"

悼公之母死，哀公为之齐衰。有若曰："为妾齐衰，礼与？"公曰："吾得已乎哉？鲁人以妻我。"

季子皋葬其妻，犯人之禾，申祥以告曰："请庚之。"子皋曰："孟氏不以是罪予，朋友不以是弃予，以吾为邑长于斯也。买道而葬，后难继也。"

仕而未有禄者：君有馈焉曰献，使焉曰寡君；违而君薨，弗为服也。

虞而立尸，有几筵。卒哭而讳，生事毕而鬼事始已。既卒哭，宰夫执木铎以命于宫曰："舍故而讳新。"自寝门至于库门。

二名不偏讳，夫子之母名征在，言"在"不称"征"，言"征"不称"在"。

军有忧，则素服哭于库门之外，赴车不载櫜韔。

有焚其先人之室，则三日哭。故曰："新宫火，亦三日哭。"

孔子过泰山侧，有妇人哭于墓者而哀，夫子式而听之。使子路问之曰："子之哭也，壹似重有忧者。"而曰："然。昔者吾舅死于虎，吾夫又死焉，今吾子又死焉。"夫子曰："何为不去也？"曰："无苛政。"夫子曰："小子识之，苛政猛于虎也。"

鲁人有周丰也者，哀公执挚请见之，而曰"不可"。公曰："我其已夫！"使人问焉。曰："有虞氏未施信于民而民信之，夏后氏未施敬于民而民敬之，何施而得斯于民也？"对曰："墟墓之间，未施哀于民而民哀；社稷宗庙之中，未施敬于民而民敬。殷人作誓而民始畔，周人作会而民始疑。苟无礼义忠信诚悫之心以莅之，虽固结之，民其不解乎？"

丧不虑居，毁不危身。丧不虑居，为无庙也；毁不危身，为无后也。

延陵季子适齐，于其反也，其长子死，葬于嬴、博之间。孔子曰："延陵季子，吴之习于礼者也。"往而观其葬焉。其坎深不至于泉，其敛以时服。既葬而封，广轮掩坎，其高可隐也。既封，左袒，右还其封，且号者三，曰："骨肉归复于土，命也。若魂则无不之也，无不之也。"而遂行。孔子曰："延陵季子之于礼也，其合矣乎！"

邾娄考公之丧，徐君使容居来吊含，曰："寡君使容居坐含进侯玉，其使容居以含。"有司曰："诸侯之来辱敝邑者，易则易，于则于；易于杂者，未之有也。"容居对曰："容居闻之：事君不敢忘其君，亦不敢遗其祖。昔我先君驹王，西讨济于河，无所不用斯言也。容居，鲁人也，不敢忘其祖。"

子思之母死于卫，赴于子思，子思哭于庙。门人至曰："庶氏之母死，何为哭于孔氏之庙乎？"子思曰："吾过矣，吾过矣。"遂哭于他室。

天子崩，三日祝先服，五日官长服，七日国中男女服，三月天下服。虞人致百祀之木，可以为棺椁者斩之；不至者，废其祀，刎其人。

齐大饥，黔敖为食于路，以待饿者食之。有饿者蒙袂辑屦，贸贸然来。黔敖左奉食，右执饮，曰："嗟！来食。"扬其目而视之，曰："予唯不食嗟来之食，以至于斯也。"从而谢焉，终不食而死。曾子闻之曰："微与？其嗟也可去，其谢也可食。"

邾娄定公之时，有弑其父者。有司以告。公瞿然失席曰："是寡人之罪也。"曰："寡人尝学断斯狱矣：臣弑君，凡在官者杀无赦；子弑父，凡在宫者杀无赦。杀其人，坏其室，洿其宫而猪焉。盖君逾月而后举爵。”

晋献文子成室。晋大夫发焉。张老曰：“美哉轮焉！美哉奂焉！歌于斯，哭于斯，聚国族于斯。”文子曰：“武也得歌于斯，哭于斯，聚国族于斯，是全要领以从先大夫于九京也。”北面再拜稽首。君子谓之善颂善祷。

仲尼之畜狗死，使子贡埋之，曰：“吾闻之也：敝帷不弃，为埋马也；敝盖不弃，为埋狗也。丘也贫，无盖；于其封也，亦予之席，毋使其首陷焉。”路马死，埋之以帷。

季孙之母死，哀公吊焉。曾子与子贡吊焉，阍人为君在，弗内也。曾子与子贡入于其厩而修容焉。子贡先入，阍人曰：“乡者已告矣。”曾子后入，阍人辟之。涉内溜，卿大夫皆辟位，公降一等而揖之。君子言之曰：“尽饰之道，斯其行者远矣。”

阳门之介夫死，司城子罕入而哭之哀。晋人之觇宋者，反报于晋侯曰：“阳门之介夫死，而子罕哭之哀，而民说，殆不可伐也。”孔子闻之曰：“善哉觇国乎！《诗》云：‘凡民有丧，扶服救之。’虽微晋而已，天下其孰能当之。”

鲁庄公之丧，既葬，而绖不入库门。士大夫既卒哭，麻不入。

孔之之故人原壤，其母死，夫子助之沐椁。原壤登木曰：“久矣予之不托于音也。”歌曰：“貍首之班然，执女手之卷然。”夫子为弗闻也者而过之，从者曰：“子未可以已乎？”夫子曰：“丘闻之：亲者毋失其为亲也，故者毋失其为故也。”

赵文子与叔誉观乎九原。文子曰：“死者如可作也，吾谁与归？”叔誉曰：“其阳处父乎？”文子曰：“行并植于晋国，不没其身，其不足称也。”“其舅犯乎？”文子曰：“见利不顾其君，其仁不足称也。我则随武子乎，利其君不忘其身，谋其身不遗其友。”晋人谓文子知人。文子其中退然如不胜衣，其言呐呐然如不出诸其口。所举于晋国管库之士七十有馀家，生不交利，死不属其子焉。

叔仲皮学子柳。叔仲皮死，其妻鲁人也，衣衰而缪绖。叔仲衍以告，请繐衰而环绖。曰：“昔者吾丧姑姊妹亦如斯，末吾禁也。”退，使其妻繐衰而环绖。

成人有其兄死而不为衰者，闻子皋将为成宰，遂为衰。成人曰：“蚕则绩而蟹有匡，范则冠而蝉有緌，兄则死而子皋为之衰。”

乐正子春之母死，五日而不食。曰：“吾悔之，自母而不得吾情，吾恶乎用吾情！”

岁旱，穆公召县子而问然，曰：“天久不雨，吾欲暴尫而奚若？”曰：“天久不雨，而暴人之疾子，虐，毋乃不可与？”“然则吾欲暴巫而奚若？”曰：“天则不雨，而望之愚妇人，于以求之，毋乃已疏乎？”“徙市则奚若？”曰：“天子崩，巷市七日；诸侯薨，巷市三日。为之徙市，不亦可乎！”

孔子曰：“卫人之祔也，离之；鲁人之祔也，合之，善夫！”

月　令

孟春之月，日在营室，昏参中，旦尾中。其日甲乙。其帝大皞，其神句芒。其虫鳞。其音角，律中大簇。其数八。其味酸，其臭膻，其祀户，祭先脾。东风解冻，蛰虫始振，鱼上冰，獭祭鱼，鸿雁来。天子居青阳左个。乘鸾路，驾苍龙，载青旂，衣青衣，服仓玉；食麦与羊，其器疏以达。

是月也，以立春。先立春三日，大史谒之天子曰："某日立春，盛德在木。"天子乃齐。立春之日，天子亲帅三公九卿诸侯大夫以迎春于东郊。还反，赏公卿大夫于朝。命相布德和令，行庆施惠，下及兆民。庆赐遂行，毋有不当。乃命大史守典奉法，司天日月星辰之行，宿离不贷，毋失经纪，以初为常。

是月也，天子乃以元日祈谷于上帝。乃择元辰，天子亲载耒耜，措之于参保介之御间，帅三公九卿诸侯大夫，躬耕帝藉。天子三推，三公五推，卿诸侯九推。反，执爵于大寝，三公九卿诸侯大夫皆御，命曰劳酒。

是月也，天气下降，地气上腾，天地和同，草木萌动。王命布农事，命田舍东郊，皆修封疆，审端经术。善相丘陵阪险原隰土地所宜，五谷所殖，以教道民，必躬亲之。田事既饬，先定准直，农乃不惑。

是月也，命乐正入学习舞。乃修祭典。命祀山林川泽牺牲毋用牝。禁止伐木。毋覆巢，毋杀孩虫、胎、夭、飞鸟、毋麛、毋卵。毋聚大众，毋置城郭。掩骼埋胔。

是月也，不可以称兵，称兵必天殃。兵戎不起，不可从我始。毋变天之道，毋绝地之理，毋乱人之纪。

孟春行夏令，则雨水不时，草木蚤落，国时有恐；行秋令，则民其大疫，猋风暴雨总至，藜莠蓬蒿并兴；行冬令，则水潦为败，雪霜大挚，首种不入。

仲春之月，日在奎，昏弧中，旦建星中。其日甲乙，其帝大皞，其神句芒，其虫鳞。其音角，律中夹钟。其数八。其味酸，其臭膻。其祀户，祭先脾。始雨水，桃始华，仓庚鸣，鹰化为鸠。天子居青阳大庙，乘鸾路，驾仓龙，载青旂，衣青衣，服仓玉，食麦与羊。其器疏以达。

是月也，安萌芽，养幼少，存诸孤。择元日，命民社。命有司省囹圄，去桎梏，毋肆掠，止狱讼。

是月也，玄鸟至。至之日，以大牢祠于高禖。天子亲往，后妃帅九嫔御。乃礼天子所御，带以弓韣，授以弓矢，于高禖之前。

是月也，日夜分。雷乃发声，始电，蛰虫咸动，启户始出。先雷三日，奋木铎以令兆民曰："雷将发声，有不戒其容止者，生子不备，必有凶灾！"日夜分，则同度量，钧衡石，角斗甬，正权概。

是月也，耕者少舍。乃修阖扇，寝庙毕备。毋作大事，以妨农之事。

是月也，毋竭川泽，毋漉陂池，毋焚山林。天子乃鲜羔开冰，先荐寝庙。上丁，命乐正习舞，释菜。天子乃帅三公九卿诸侯大夫亲往视之。仲丁，又命乐正入学习舞。

是月也，祀不用牺牲，用圭璧，更皮币。

仲春行秋令，则其国大水，寒气总至，寇戎来征；行冬令，则阳气不胜，麦乃不熟，民多相掠；行夏令，则国乃大旱，暖气早来，虫螟为害。

季春之月，日在胃，昏七星中，旦牵牛中。其日甲乙。其帝大皞，其神句芒。其虫鳞。其音角，律中姑洗。其数八。其味酸，其臭膻。其祀户，祭先脾。桐始华，田鼠化为鴽，虹始见，萍始生。天子居青阳右个，乘鸾路，驾仓龙，载青旂，衣青衣，服仓玉。食麦与羊。其器疏以达。

是月也，天子乃荐鞠衣于先帝。命舟牧覆舟，五覆五反。乃告舟备具于天子焉，天子始乘舟。荐鲔于寝庙，乃为麦祈实。

是月也，生气方盛，阳气发泄，句者毕出，萌者尽达。不可以内。天子布德行惠，命有司，发仓廪，赐贫穷，振乏绝，开府库，出币帛，周天下。勉诸侯，聘名士，礼贤者。

是月也，命司空曰："时雨将降，下水上腾，循行国邑，周视原野，修利堤防，道达沟渎，开通道路，毋有障塞。田猎罝罘、罗网、毕翳、餧兽之药，毋出九门。"

是月也，命野虞毋伐桑柘。鸣鸠拂其羽，戴胜降于桑。具曲植籧筐。后妃齐戒，亲东向躬桑。禁妇女毋观，省妇使以劝蚕事。蚕事既登，分茧称丝效功，以共郊庙之服，毋有敢惰。

是月也，命工师，令百工，审五库之量，金铁、皮革、筋、角、齿、羽、箭、干、脂、胶、丹、漆，毋或不良。百工咸理，监工日号，毋悖于时，毋或作为淫巧以荡上心。

是月之末，择吉日，大合乐，天子乃率三公九卿、诸侯大夫亲往视之。是月也，乃合累牛腾马，游牝于牧。牺牲驹犊，举书其数。命国难，九门磔攘，以毕春气。

季春行冬令，则寒气时发，草木皆肃，国有大恐；行夏令，则民多疾疫，时雨不降，山林不收；行秋令，则天多沉阴，淫雨蚤降，兵革并起。

孟夏之月，日在毕，昏翼中，旦婺女中。其日丙丁。其帝炎帝，其神祝融。其虫羽。其音徵，律中中吕。其数七。其味苦，其臭焦。其祀灶，祭先肺。蝼蝈鸣，蚯蚓出，王瓜生，苦菜秀。天子居明堂左个，乘朱路，驾赤骝，载赤旂，衣朱衣，服赤玉，食菽与鸡。其器高以粗。

是月也，以立夏。先立夏三日，大史谒之天子曰：“某日立夏，盛德在火。”天子乃齐。立夏之日，天子亲帅三公九卿大夫以迎夏于南郊。还反，行赏，封诸侯，庆赐遂行，无不欣说。乃命乐师，习合礼乐。命太尉，赞桀俊，遂贤良，举长大，行爵出禄，必当其位。

是月也，继长增高，毋有坏堕，毋起土功，毋发大众，毋伐大树。是月也，天子始絺。命野虞出行田原，为天子劳农劝民，毋或失时。命司徒巡行县鄙，命农勉作，毋休于都。

是月也，驱兽毋害五谷，毋大田猎。农乃登麦，天子乃以彘尝麦，先荐寝庙。是月也，聚畜百药。靡草死，麦秋至。断薄刑，决小罪，出轻系。蚕事毕，后妃献茧。乃收茧税，以桑为均，贵贱长幼如一，以给郊庙之服。是月也，天子饮酎，用礼乐。

孟夏行秋令，则苦雨数来，五谷不滋，四鄙入保；行冬令，则草木蚤枯，后乃大水，败其城郭；行春令，则蝗虫为灾，暴风来格，秀草不实。

仲夏之月，日在东井，昏亢中，旦危中。其日丙丁。其帝炎帝，其神祝融。其虫羽。其音徵，律中蕤宾。其数七。其味苦，其臭焦。其祀灶，祭先肺。小暑至，螳螂生，鵙始鸣，反舌无声。天子居明堂太庙，乘朱路，驾赤骝，载赤旂，衣朱衣，服赤玉，食菽与鸡。其器高以粗。养壮佼。

是月也，命乐师修鞀鞞鼓，均琴瑟管箫，执干戚戈羽，调竽笙篪簧，饬钟磬柷敔。命有司为民祈祀山川百源，大雩帝，用盛乐。乃命百县，雩祀百辟卿士有益于民者，以祈谷实。农乃登黍。

是月也，天子乃雏尝黍，羞以含桃，先荐寝庙。令民毋艾蓝以染，毋烧灰，毋暴布，门闾毋闭，关市毋索。挺重囚，益其食。游牝别群，则絷腾驹，班马政。

是月也，日长至，阴阳争，死生分。君子齐戒，处必掩身，毋躁，止声色，毋或进，薄滋味，毋致和，节嗜欲，定心气。百官静，事毋刑，以定晏阴之所成。鹿角解，蝉始鸣。半夏生，木堇荣。

是月也，毋用火南方；可以居高明，可以远眺望，可以升山陵，可以处台榭。

仲夏行冬令，则雹冻伤谷，道路不通，暴兵来至；行春令，则五谷晚熟，百螣时起，其国乃饥；行秋令，则草木零落，果实早成，民殃于疫。

季夏之月，日在柳。昏火中，旦奎中。其日丙丁。其帝炎帝，其神祝融。其虫羽。其音徵，律中林钟。其数七。其味苦，其臭焦。其祀灶，祭先肺。温风始至，蟋蟀居壁，鹰乃学习，腐草为萤。天子居明堂右个，乘朱路，驾赤骝，载赤旂，衣朱衣，服赤玉。食菽与鸡，其器高以粗。命渔师伐蛟取鼍，登龟取鼋。命泽人纳材苇。

是月也，命四监大合百县之秩刍，以养牺牲。令民无不咸出其力，以共皇天上帝、名山大川四方之神，以祠宗庙社稷之灵，以为民祈福。

是月也，命妇官染采，黼黻文章，必以法故，无或差贷。黑黄仓赤，莫不质良，无敢诈伪，以给郊庙祭祀之服，以为旗章，以别贵贱等给之度。

是月也，树木方盛，乃命虞人入山行木，毋有斩伐。不可以兴土功，不可以合诸侯，不可以起兵动众，毋举大事，以摇养气，毋发令而待，以妨神农之事也。水潦盛昌，神农将持功，举大事则有天殃。

是月也，土润溽暑，大雨时行，烧薙行水，利以杀草，如以热汤。可以粪田畴，可以美土疆。

季夏行春令，则谷实鲜落，国多风欬，民乃迁徙；行秋令，则丘隰水潦，禾稼不熟，乃多女灾；行冬令，则风寒不时，鹰隼蚤鸷，四鄙入保。

中央土，其日戊己。其帝黄帝，其神后土。其虫倮。其音宫，律中黄钟之宫。其数五。其味甘，其臭香。其祀中霤，祭先心。天子居大庙大室；乘大路，驾黄駵，载黄旂，衣黄衣，服黄玉。食稷与牛，其器圜以闳。

孟秋之月，日在翼，昏建星中，旦毕中。其日庚辛。其帝少皞，其神蓐收。其虫毛。其音商，律中夷则。其数九。其味辛，其臭腥。其祀门，祭先肝。凉风至，白露降，寒蝉鸣，鹰乃祭鸟，用始行戮。天子居总章左个，乘戎路，驾白骆，载白旂，衣白衣，服白玉。食麻与犬，其器廉以深。

是月也，以立秋。先立秋三日，大史谒之天子曰："某日立秋，盛德在金。"天子乃齐。立秋之日，天子亲帅三公九卿、诸侯大夫，以迎秋于西郊。还反，赏军帅武人于朝。天子乃命将帅，选士厉兵，简练桀俊，专任有功，以征不义，诘诛暴慢，以明好恶，顺彼远方。

是月也，命有司修法制，缮囹圄，具桎梏，禁止奸，慎罪邪，务搏执。命理瞻伤，察创，视折，审断。决狱讼，必端平。戮有罪，严断刑。天地始肃，不可以赢。

是月也，农乃登谷。天子尝新，先荐寝庙。命百官，始收敛。完堤防，谨壅塞，以备水潦。修宫室，坏墙垣，补城郭。

是月也，毋以封诸侯，立大官；毋以割地，行大使，出大币。

孟秋行冬令，则阴气大胜，介虫败谷，戎兵乃来；行春令，则其国乃旱，阳气复还，五谷无实；行夏令，则国多火灾，寒热不节，民多虐疾。

仲秋之月，日在角，昏牵牛中，旦觜觿中。其日庚辛。其帝少皞，其神蓐收。其虫毛。其音商，律中南吕。其数九。其味辛，其臭腥。其祀门，祭先肝。盲风至，鸿雁来，玄鸟归，群鸟养羞。天子居总章大庙，乘戎路，驾白骆，载白旂，衣白衣，服白玉。食麻与犬，其器廉以深。

是月也，养衰老，授几杖，行糜粥饮食。乃命司服，具饬衣裳，文绣有恒，制有小大，度有长短。衣服有量，必循其故，冠带有常。乃命有司，申严百刑，斩杀必当，毋或枉桡；枉桡不当，反受其殃。

是月也，乃命宰祝，循行牺牲，视全具，案刍豢，瞻肥瘠，察物色。必比类，量小大，视长短，皆中度。五者备当，上帝其飨。天子乃难，以达秋气。以犬尝麻，先荐寝庙。

是月也，可以筑城郭，建都邑，穿窦窖，修囷仓。乃命有司，趣民收敛，务畜菜，多积聚。乃劝种麦，毋或失时；其有失时，行罪无疑。

是月也，日夜分，雷始收声。蛰虫坏户。杀气浸盛，阳气日衰，水始涸。日夜分，则同度量，平权衡，正钧石，角斗甬。

是月也，易关市，来商旅，纳货贿，以便民事。四方来集，远乡皆至，则财不匮，上无乏用，百事乃遂。凡举大事，毋逆大数，必顺其时，慎因其类。

仲秋行春令，则秋雨不降，草木生荣，国乃有恐；行夏令，则其国乃旱，蛰虫不藏，五谷复生；行冬令，则风灾数起，收雷先行，草木蚤死。

季秋之月，日在房，昏虚中，旦柳中。其日庚辛。其帝少皞，其神蓐收。其虫毛。其音商，律中无射。其数九。其味辛。其臭腥。其祀门，祭先肝。鸿雁来宾，爵入大水为蛤，鞠有黄华，豺乃祭兽戮禽。天子居总章左个，乘戎路，驾白骆，载白旂，衣白衣，服白玉。食麻与犬，其器廉以深。

是月也，申严号令，命百官贵贱无不务内，以会天地之藏，无有宣出。乃命冢宰，农事备收。举五谷之要，藏帝藉之收于神仓，祇敬必饬。

是月也，霜始降，则百工休。乃命有司曰："寒气总至，民力不堪，其皆入室。"上丁，命乐正入学习吹。

是月也，大飨帝，尝，牺牲告备于天子。合诸侯，制百县，为来岁受朔日，与诸侯所税于民轻重之法。贡职之数，以远近土地所宜为度，以给郊庙之事，无有所私。

是月也，天子乃教于田猎，以习五戎，班马政。命仆及七驺咸驾，载旌旐、授车以级，整设于屏外。司徒搢扑，北面誓之。天子乃厉饰，执弓挟矢以猎，命主祠祭禽于四方。

是月也，草木黄落，乃伐薪为炭。蛰虫咸俯在内，皆墐其户。乃趣狱刑，毋留有罪。收禄秩之不当，供养之不宜者。

是月也，天子乃以犬尝稻，先荐寝庙。

季秋行夏令，则其国大水，冬藏殃败，民多鼽嚏；行冬令，则国多盗贼，边境不宁，土地分裂；行春令，则暖风来至，民气解惰，师兴不居。

孟冬之月，日在尾，昏危中，旦七星中。其日壬癸。其帝颛顼，其神玄冥。其虫介。其音羽，律中应钟。其数六。其味咸，其臭朽。其祀行，祭先肾。水始冰，地始冻，雉入大水为蜃，虹藏不见。天子居玄堂左个，乘玄路，驾铁骊，载玄旂，衣黑衣，服玄玉。食黍与彘，其器闳以奄。

是月也，以立冬。先立冬三日，大史谒之天子曰："某日立冬，盛德在水"。天子乃齐。立冬之日，天子亲帅三公九卿大夫以迎冬于北郊。还反，赏死事，恤孤寡。

是月也，命大史衅龟筴，占兆审卦吉凶，是察阿党，判罪无有掩蔽。

是月也，天子始裘。命有司曰："天气上腾，地气下降，天地不通，闭塞而成冬。"命百官谨盖藏。命司徒循行积聚，无有不敛。坏城郭，戒门闾，修键闭，慎管籥，固封疆，备边竟，完要塞，谨关梁，塞徯径。饬丧纪，辨衣裳，审棺椁之厚薄，茔丘垄之大小高卑厚薄之度，贵贱之等级。

是月也，命工师效功，陈祭器，按度程。毋或作为淫巧以荡上心，必功致为上。物勒工名，以考其诚；功有不当，必行其罪，以穷其情。

是月也，大饮烝。天子乃祈来年于天宗，大割祠于公社及门闾，腊先祖五祀，劳农以休息之。天子乃命将帅讲武，习射御角力。

是月也，乃命水虞渔师，收水泉池泽之赋。毋或敢侵削众庶兆民，以为天子取怨于下，其有若此者，行罪无赦。

孟冬行春令，则冻闭不密，地气上泄，民多流亡；行夏令，则国多暴风，方冬不寒，蛰虫复出；行秋令，则雪霜不时，小兵时起，土地侵削。

仲冬之月，日在斗，昏东壁中，旦轸中。其日壬癸。其帝颛顼，其神玄冥。其虫介。其音羽，律中黄钟。其数六。其味咸，其臭朽。其祀行，祭先肾。冰益壮，地始坼，鹖旦不鸣，虎始交。天子居玄堂大庙，乘玄路，驾铁骊，载玄旂，衣黑衣，服玄玉。食黍与彘，其器闳以奄。

饬死事。命有司曰："土事毋作，慎毋发盖，毋发室屋，及起大众，以固而闭。地气沮泄，是谓发天地之房，诸蛰则死，民必疾疫，又随以丧，命之曰畅月。"

是月也，命奄尹，申宫令，审门闾，谨房室，必重闭。省妇事，毋得淫，虽有贵戚近习，毋有不禁。乃命大酋，秫稻必齐，麹蘖必时，湛炽必絜，水泉必香，陶器必良，火齐必得。兼用六物，大酋监之，毋有差贷。天子命有司祈四海、大川、名源、渊泽、井泉。

是月也，农有不收藏积聚者，马牛畜兽有放佚者，取之不诘。山林薮泽，有能取蔬食、田猎禽兽者，野虞教道之。其有相侵夺者，罪之不赦。

是月也，日短至。阴阳争，诸生荡。君子齐戒，居必掩身。身欲宁，去声色，禁耆欲。安形性，事欲静，以待阴阳之所定。芸始生，荔挺出，蚯蚓结，麋角解，水泉动。日短至，则伐木，取竹箭。

是月也，可以罢官之无事，去器之无用者，涂阙廷门闾，筑图圄，此以助天地之闭藏也。

仲冬行夏令，则其国乃旱，氛雾冥冥，雷乃发声；行秋令，则天时雨汁，瓜瓠不成，国有大兵；行春令，则蝗虫为败，水泉咸竭，民多疥疠。

季冬之月，日在婺女，昏娄中，旦氐中。其日壬癸。其帝颛顼，其神玄冥。其虫介。其音羽，律中大吕。其数六。其味咸，其臭朽。其祀行，祭先肾。雁北乡，鹊始巢，雉雊，鸡乳。天子居玄堂右个，乘玄路，驾铁骊，载玄旂，衣黑衣，服玄玉。食黍与彘，其器闳以奄。

命有司大难，旁磔，出土牛，以送寒气。征鸟厉疾。乃毕山川之祀，及帝之大臣，天之神祇。

是月也，命渔师始渔。天子亲往，乃尝鱼，先荐寝庙。冰方盛，水泽腹坚。命取冰，冰以入。令告民出五种。命农计耦耕事，修耒耜，具田器。命乐师大合吹而罢。乃命四监收秩薪柴，以共郊庙及百祀之薪燎。

是月也，日穷于次，月穷于纪，星回于天。数将几终，岁且更始。专而农民，毋有所使。天子乃与公卿大夫，共饬国典，论时令，以待来岁之宜。乃命大史，诸侯之列，赋之牺牲，以共皇天上帝社稷之飨。乃命同姓之邦，共寝庙之刍豢。命宰历卿大夫至于庶民土田之数，而赋牺牲，以共山林名川之祀。凡在天下九州之民者，无不咸献其力，以共皇天上帝、社稷寝庙、山林名川之祀。

季冬行秋令，则白露早降，介虫为妖，四鄙入保；行春令，则胎夭多伤，国多固疾，命之曰逆；行夏令，则水潦败国，时雪不降，冰冻消释。

礼　运

昔者仲尼与于蜡宾，事毕，出游于观之上，喟然而叹。仲尼之叹，盖叹鲁也。言偃在侧曰："君子何叹？"孔子曰："大道之行也，与三代之英，丘未之逮也，而有志焉。大道之行也，天下为公。选贤与能，讲信修睦，故人不独亲其亲，不独子其子，使老有所终，壮有所用，幼有所长，矜寡孤独废疾者，皆有所养。男有分，女有归。货恶其弃于地也，不必藏于己；力恶其不出于身也，不必为己。是故谋闭而不兴，盗窃乱贼而不作，故外户而不闭。是谓大同。今大道既隐，天下为家，各亲其亲，各子其子，货力为己，大人世及以为礼，城郭沟池以为固，礼义以为纪；以正君臣，以笃父子，以睦兄弟，以和夫妇，以设制度，以立田里，以贤勇知，以功为己。故谋用是作，而兵由此起。禹、汤、文、武、成王、周公，由此其选也。此六君子者，未有不谨于礼者也。以著其义，以考其信，著有过，刑仁讲让，示民有常。如有不由此者，在埶者去，众以为殃。是谓小康。"

言偃复问曰："如此乎礼之急也。"孔子曰："夫礼，先王以承天之道，以治人之情。故失之者死，得之者生。《诗》曰：'相鼠有体，人而无礼。人而无礼，胡不遄死？'是故夫礼，必本于天，殽于地，列于鬼神，达于丧祭、射御、冠昏、朝聘。故圣人以礼示之，故天下国家可得而正也。"

言偃复问曰："夫子之极言礼也，可得而闻与？"孔子曰："我欲观夏道，是故之杞，而不足征也，吾得《夏时》焉。我欲观殷道，是故之宋，而不足征也，吾得《坤乾》焉。《坤乾》

之义，《夏时》之等，吾以是观之。

“夫礼之初，始诸饮食，其燔黍捭豚，污尊而抔饮，蒉桴而土鼓，犹若可以致其敬于鬼神。及其死也，升屋而号，告曰：‘皋！某复。’然后饭腥而苴孰。故天望而地藏也，体魄则降，知气在上，故死者北首，生者南乡，皆从其初。

“昔者先王未有宫室，冬则居营窟，夏则居橧巢。未有火化，食草木之实，鸟兽之肉，饮其血，茹其毛。未有麻丝，衣其羽皮。后圣有作，然后修火之利，范金合土，以为台榭宫室牖户，以炮以燔，以亨以炙，以为醴酪，治其麻丝，以为布帛，以养生送死，以事鬼神上帝，皆从其朔。故玄酒在室，醴盏在户，粢醍在堂，澄酒在下。陈其牺牲，备其鼎俎，列其琴瑟管磬钟鼓，修其祝嘏，以降上神与其先祖，以正君臣，以笃父子，以睦兄弟，以齐上下，夫妇有所。是谓承天之祜。作其祝号，玄酒以祭，荐其血毛，腥其俎，孰其殽，与其越席，疏布以幂，衣其浣帛，醴盏以献，荐其燔炙，君与夫人交献，以嘉魂魄，是谓合莫。然后退而合亨，体其犬豕牛羊，实其簠簋笾豆铏羹。祝以孝告，嘏以慈告，是谓大祥，此礼之大成也。”

孔子曰：“於呼哀哉！我观周道，幽厉伤之，吾舍鲁何适矣！鲁之郊禘，非礼也，周公其衰矣！杞之郊也禹也，宋之郊也契也，是天子之事守也。故天子祭天地，诸侯祭社稷。祝嘏莫敢易其常古，是谓大假，祝嘏辞说，藏于宗祝巫史，非礼也，是谓幽国。盏斝及尸君，非礼也，是谓僭君。冕弁兵革藏于私家，非礼也，是谓胁君。大夫具官，祭器不假，声乐皆具，非礼也，是谓乱国。

“故仕于公曰臣，仕于家曰仆。三年之丧，与新有昏者，期不使。以衰裳入朝，与家仆杂居齐齿，非礼也，是谓君与臣同国。故天子有田以处其子孙，诸侯有国以处其子孙，大夫有采以处其子孙，是谓制度。故天子适诸侯，必舍其祖庙，而不以礼籍入，是谓天子坏法乱纪。诸侯非问疾弔丧而入诸臣之家，是谓君臣为谑。

“是故礼者，君之大柄也，所以别嫌明微，傧鬼神，考制度，别仁义，所以治政安君也。故政不正，则君位危；君位危，则大臣倍，小臣窃。刑肃而俗敝，则法无常；法无常，而礼无列；礼无列，则士不事也。刑肃而俗敝，则民弗归也。是谓疵国。

“故政者，君之所以藏身也。是故夫政必本于天，殽以降命。命降于社之谓殽地，降于祖庙之谓仁义，降于山川之谓兴作，降于五祀之谓制度。此圣人所以藏身之固也。故圣人参于天地，并于鬼神，以治政也。处其所存，礼之序也；玩其所乐，民之治也。故天生时而地生财，人其父生而师教之。四者，君以正用之，故君者立于无过之地也。

“故君者所明也，非明人者也；君者所养也，非养人者也；君者所事也，非事人者也。故君明人则有过，养人则不足，事人则失位。故百姓则君以自治也，养君以自安也，事君以自显也。故礼达而分定，故人皆爱其死而患其生。故用人之知去其诈，用人之勇去其怒，用人之仁去其贪。故国有患，君死社稷谓之义，大夫死宗庙谓之变。故圣人耐以天下为一家，以中国为一人者，非意之也，必知其情，辟于其义，明于其利，达于其患，然后能为之。

“何谓人情？喜、怒、哀、惧、爱、恶、欲，七者，弗学而能。何谓人义？父慈、子孝，兄良、弟弟，夫义、妇听，长惠、幼顺，君仁、臣忠，十者，谓之人义。讲信修睦，谓之人利；争夺相杀，谓之人患。故圣人所以治人七情，修十义，讲信修睦，尚辞让，去争夺，舍礼何以治之？饮食男女，人之大欲存焉；死亡贫苦，人之大恶存焉。故欲、恶者，心之大端也。人藏其心，不可测度也，美恶皆在其心，不见其色也，欲一以穷之，舍礼何以哉？

“故人者，其天地之德，阴阳之交，鬼神之会，五行之秀气也。故天秉阳，垂日星；地秉阴，窍于山川。播五行于四时，和而后月生也。是以三五而盈，三五而阙。五行之动，迭相竭也。五行、四时、十二月，还相为本也。五声、六律、十二管，还相为宫也。五味、六和、十二食，还相为质也。五色、六章、十二衣，还相为质也。故人者，天地之心也，五行之端也，食味、别声、被色而生者也。

“故圣人作则，必以天地为本，以阴阳为端，以四时为柄，以日星为纪，月以为量，鬼神以为徒，五行以为质，礼义以为器，人情以为田，四灵以为畜。以天地为本，故物可举也。以阴阳为端，故情可睹也。以四时为柄，故事可劝也。以日星为纪，故事可列也。月以为量，故功有艺也。鬼神以为徒，故事有守也。五行以为质，故事可复也。礼义以为器，故事行有考也。人情以为田，故人以为奥也。四灵以为畜，故饮食有由也。

“何谓四灵？麟、凤、龟、龙，谓之四灵。故龙以为畜，故鱼鲔不淰。凤以为畜，故鸟不獝。麟以为畜，故兽不狘。龟以为畜，故人情不失。故先王秉蓍龟，列祭祀，瘗缯，宣祝嘏辞说，设制度，故国有礼，官有御，事有职，礼有序。

“故先王患礼之不达于下也，故祭帝于郊，所以定天位也；祀社于国，所以列地利也。祖庙，所以本仁也；山川，所以傧鬼神也；五祀，所以本事也。故宗祝在庙，三公在朝，三老在学。王前巫而后史，卜筮瞽侑皆在左右，王中，心无为也，以守至正。故礼行于郊，而百神受职焉；礼行于社，而百货可极焉；礼行于祖庙，而孝慈服焉；礼行于五祀，而正法则焉。故自郊社、祖庙、山川、五祀，义之修而礼之藏也。

“是故夫礼，必本于大一，分而为天地，转而为阴阳，变而为四时，列而为鬼神。其降曰命，其官于天也。夫礼必本于天，动而之地，列而之事，变而从时，协于分艺。其居人也曰养，其行之以货力、辞让、饮食、冠昏、丧祭、射御、朝聘。

“故礼义也者，人之大端也，所以讲信修睦而固人之肌肤之会、筋骸之束也，所以养生送死事鬼神之大端也，所以达天道、顺人情之大窦也。故唯圣人为知礼之不可以已也，故坏国、丧家、亡人，必先去其礼。故礼之于人也，犹酒之有糵也，君子以厚，小人以薄。故圣王修义之柄、礼之序，以治人情。故人情者，圣王之田也。修礼以耕之，陈义以种之，讲学以耨之，本仁以聚之，播乐以安之。

“故礼也者，义之实也。协诸义而协，则礼虽先王未之有，可以义起也。义者，艺之分，仁之节也。协于艺，讲于仁，得之者强。仁者，义之本也，顺之体也，得之者尊。故治国不以礼，犹无耜而耕也；为礼不本于义，犹耕而弗种也；为义而不讲之以学，犹种而弗耨也；讲之于学而不合之以仁，犹耨而弗获也；合之以仁而不安之以乐，犹获而弗食也；安之以乐而不达于顺，犹食而弗肥也。

“四体既正，肤革充盈，人之肥也。父子笃，兄弟睦，夫妇和，家之肥也。大臣法，小臣廉，官职相序，君臣相正，国之肥也。天子以德为车、以乐为御，诸侯以礼相与，大夫以法相序，士以信相考，百姓以睦相守，天下之肥也。是谓大顺。大顺者，所以养生送死事鬼神之常也，故事大积焉而不苑，并行而不缪，细行而不失，深而通、茂而有间，连而不相及也，动而不相害也，此顺之至也。故明于顺，然后能守危也。

“故礼之不同也，不丰也，不杀也，所以持情而合危也。故圣王所以顺，山者不使居川，不使渚者居中原，而弗敝也。用水、火、金、木，饮食必时，合男女、颁爵位必当年德，用民必顺。故无水旱昆虫之灾，民无凶饥妖孽之疾。故天不爱其道，地不爱其宝，人不爱其情。故天降膏露，地出醴泉，山出器车，河出马图，凤凰麒麟皆在郊棷，龟龙在宫沼，其馀鸟兽之卵胎，皆可俯而窥也。则是无故，先王能修礼以达义，体信以达顺，故此顺之实也。”

内　则

后王命冢宰，降德于众兆民。

子事父母，鸡初鸣，咸盥漱，栉縰笄总，拂髦冠緌缨，端韠绅，搢笏。左右佩用，左佩纷帨、刀、砺、小觿、金燧，右佩玦、捍、管、遰、大觿、木燧，逼屦著綦。

妇事舅姑，如事父母。鸡初鸣，咸盥漱，栉縰，笄总，衣绅。左佩纷帨、刀、砺、小觿、金燧，右佩箴、管、线、纩，施縏袠，大觿、木燧、衿缨，綦屦。

以适父母舅姑之所，及所，下气怡声，问衣燠寒，疾痛苛痒，而敬抑搔之。出入，则或先或后，而敬扶持之。进盥，少者奉槃，长者奉水，请沃盥，盥卒授巾。问所欲而敬进之，柔色以温之，饘酏、酒醴、芼羹、菽麦、蕡稻、黍粱、秫唯所欲，枣、栗、饴、蜜以甘之，堇、荁、枌榆免薨滫瀡以滑之，脂膏以膏之，父母舅姑必尝之而后退。

男女未冠笄者，鸡初鸣，咸盥漱，栉縰，拂髦总角，衿缨，皆佩容臭，昧爽而朝，问何食饮矣。若已食则退；若未食，则佐长者视具。

凡内外，鸡初鸣，咸盥漱，衣服，敛枕簟，洒扫室堂及庭，布席，各从其事。孺子蚤寝晏起，唯所欲，食无时。

由命士以上，父子皆异宫。昧爽而朝，慈以旨甘，日出而退，各从其事；日入而夕，慈以旨甘。

父母舅姑将坐，奉席请何乡；将衽，长者奉席请何趾。少者执床与坐，御者举几，敛席与簟，县衾箧枕，敛簟而襡之。

父母舅姑之衣衾、簟席、枕、几不传，杖屦祗敬之，勿敢近。敦、牟、卮、匜，非馂，莫敢用；与恒食饮，非馂，莫之敢饮食。

父母在，朝夕恒食，子妇佐馂，既食恒馂。父没母存，冢子御食，群子妇佐馂如初。旨甘柔滑，孺子馂。

在父母舅姑之所，有命之，应唯敬对。进退周旋慎齐，升降、出入、揖游，不敢哕噫、嚏咳、欠伸、跛倚、睇视，不敢唾洟。寒不敢袭，痒不敢搔。不有敬事，不敢袒裼，不涉不撅，亵衣衾不见里。父母唾洟见，冠带垢，和灰请漱；衣裳垢，和灰请浣；衣裳绽裂，纫箴请补缀。五日，则燂汤请浴，三日具沐。其间面垢，燂潘请靧；足垢，燂汤请洗。少事长，贱事贵，共帅时。

男不言内，女不言外。非祭非丧，不相授器。其相授，则女受以篚；其无篚，则皆坐奠之而后取之。外内不共井，不共湢浴，不通寝席，不通乞假。男女不通衣裳，内言不出，外言不入。男子入内，不啸不指，夜行以烛，无烛则止。女子出门，必拥蔽其面，夜行以烛，无烛则止。道路，男子由右，女子由左。

子妇孝者敬者，父母舅姑之命，勿逆勿怠。若饮食之，虽不耆，必尝而待；加之衣服，虽不欲，必服而待；加之事，人代之，己虽弗欲，姑与之，而姑使之，而后复之。子妇有勤劳之事，虽甚爱之，姑纵之，而宁数休之。子妇未孝未敬，勿庸疾怨，姑教之；若不可教，而后怒之；不可怒，子放妇出，而不表礼焉。

父母有过，下气怡色，柔声以谏。谏若不入，起敬起孝，说则复谏；不说，与其得罪于乡党州闾，宁孰谏。父母怒不说，而挞之流血，不敢疾怨，起敬起孝。

父母有婢子若庶子、庶孙，甚爱之，虽父母没，没身敬之不衰。子有二妾，父母爱一人焉，子爱一人焉，由衣服饮食，由执事，毋敢视父母所爱，虽父母没不衰。子甚宜其妻，父母不说，出。子不宜其妻，父母曰："是善事我。"子行夫妇之礼焉，没身不衰。

父母虽没，将为善，思贻父母令名，必果；将为不善，思贻父母羞辱，必不果。

舅没则姑老，冢妇所祭祀、宾客，每事必请于姑，介妇请于冢妇。舅姑使冢妇，毋怠，不友无礼于介妇。舅姑若使介妇，毋敢敌耦于冢妇，不敢并行，不敢并命，不敢并坐。凡妇，不命适私室，不敢退。妇将有事，大小必请于舅姑。子妇无私货，无私畜，无私器，不敢私假，不敢私与。妇或赐之饮食、衣服、布帛、佩帨、茝兰，则受而献诸舅姑，舅姑受之则喜，如新受赐；若反赐之则辞，不得命，如更受赐，藏以待乏。妇若有私亲兄弟将与之，则必复请其故，赐而后与之。

适子、庶子祗事宗子、宗妇，虽贵富，不敢以贵富入宗子之家，虽众车徒舍于外，以寡约入。子弟犹归器、衣服、裘衾、车马，则必献其上，而后敢服用其次也。若非所献，则不敢以入于宗子之门，不敢以贵富加于父兄宗族。若富，则具二牲，献其贤者于宗子，夫妇皆齐而宗敬焉，终事而后敢私祭。

饭：黍，稷，稻，粱，白黍，黄粱，稰，穛。膳：膷，臐，膮，醢，牛炙。醢，牛胾；醢，牛脍。羊炙，羊胾；醢，豕炙。醢，豕胾，芥酱，鱼脍。雉，兔，鹑，鷃。饮：重醴，稻醴清糟，黍醴清糟，粱醴清糟，或以酏为醴，黍酏，浆，水，醷，滥。酒：清、白。羞：糗，饵，粉，酏。食：蜗醢而苽食，雉羹；麦食，脯羹，鸡羹；析稌，犬羹，兔羹。和糁不蓼。濡豚，包苦实蓼；濡鸡，醢酱实蓼；濡鱼，卵酱实蓼；濡鳖，醢酱实蓼。腶修，蚳醢，脯羹，兔醢，麋肤，鱼醢，鱼脍，芥酱，麋腥，醢，酱，桃诸，梅诸，卵盐。

凡食齐视春时，羹齐视夏时，酱齐视秋时，饮齐视冬时。凡和，春多酸，夏多苦，秋多辛，冬多咸，调以滑甘。牛宜稌，羊宜黍，豕宜稷，犬宜粱，雁宜麦，鱼宜苽。春宜羔、豚，膳膏芗；夏宜腒、鱐，膳膏臊；秋宜犊、麛，膳膏腥；冬宜鲜、羽膳，膏膻。牛修、鹿脯、田豕脯、麇脯、麇脯，麋、鹿、田豕、麇皆有轩，雉、兔皆有芼。爵、鷃、蜩、范、芝栭、蔆、椇、枣、栗、榛、柿、瓜、桃、李、梅、杏、楂、梨、姜、桂。

大夫燕食，有脍无脯，有脯无脍。士不贰羹胾，庶人耆老不徒食。

脍，春用葱，秋用芥。豚，春用韭，秋用蓼。脂用葱，膏用薤，三牲用藙，和用醯，兽用梅。鹑羹、鸡羹、鴽，酿之蓼。鲂、鱮烝，雏烧，雉芗，无蓼。不食雏鳖，狼去肠，狗去肾，狸去正脊，兔去尻，狐去首，豚去脑，鱼去乙，鳖去丑。肉曰脱之，鱼曰作之，枣曰新之，栗曰撰之，桃曰胆之，柤、梨曰攒之。牛夜鸣则庮，羊泠毛而毳、膻，狗赤股而躁、臊，鸟皫色而沙鸣、郁，豕望视而交睫、腥，马黑脊而般臂、漏，雏尾不盈握，弗食，舒雁翠，鹄鸮胖，舒凫翠，鸡肝，雁肾，鸨奥，鹿胃。肉腥，细者为脍，大者为轩，或曰：麋、鹿、鱼为菹，麇为辟鸡，野豕为轩，兔为宛脾，切葱若薤，实诸醯以柔之。羹食，自诸侯以下至于庶人无等。

大夫无秩膳，大夫七十而有阁，天子之阁，左达五，右达五，公侯伯于房中五，大夫于阁三，士于坫一。

凡养老，有虞氏以燕礼，夏后氏以飨礼，殷人以食礼，周人修而兼用之。凡五十养于乡，六十养于国，七十养于学，达于诸侯。八十，拜君命，一坐再至，瞽亦如之，九十者使人受。五十异粻，六十宿肉，七十贰膳，八十常珍，九十饮食不违寝，膳饮从于游可也。六十岁制，七十时制，八十月制，九十日修，唯绞紟衾冒，死而后制。五十始衰，六十非肉不饱，七十非帛不暖，八十非人不暖，九十虽得人不暖矣。五十杖于家，六十杖于乡，七十杖于国，八十杖于朝，九十者，天子欲有问焉，则就其室以珍从。七十不俟朝，八十月告存，九十日有秩。五十不从力政，六十不与服戎，七十不与宾客之事，八十齐丧之弗及也。五十而爵，六十不亲学，七十致政。凡自七十以上，唯衰麻为丧。凡三王养老皆引年，八十者，一子不从政，九十者，其家不从政，瞽亦如之。凡父母在，子虽老不坐，有虞氏养国老于上庠，养庶老于下庠；夏后氏养国老于东序，养庶老于西序；殷人养国老于右学，养庶老于左学；周人养国老于东胶，养庶老于虞庠，虞庠在国之西郊，有虞氏皇而祭，深衣而养老；夏后氏收而祭，燕衣而养老；殷人冔而祭，缟衣而养老；周人冕而祭，玄衣而养老。

曾子曰："孝子之养老也，乐其心不违其志，乐其耳目，安其寝处，以其饮食忠养之，孝子之身终，终身也者，非终父母之身，终其身也。是故父母之所爱亦爱之，父母之所敬亦敬之，至于犬马尽然，而况于人乎！"

凡养老，五帝宪，三王有乞言。五帝宪，养气体而不乞言，有善则记之危惇史。三王亦宪，既养老而后乞言，亦微其礼，皆有惇史。

淳熬，煎醢加于陆稻上，沃之以膏，曰淳熬。淳毋，煎醢，加于黍食上，沃之以膏曰淳毋。

炮：取豚若将，刲之刳之，实枣于其腹中，编萑以苴之，涂之以谨涂。炮之，涂皆乾，擘之，濯手以摩之，去其皽，为稻粉糔溲之以为酏，以付豚煎诸膏，膏必灭之，钜镬汤以小鼎芗脯于其中，使其汤毋灭鼎，三日三夜毋绝火，而后调以醯醢。

捣珍：取牛羊麋鹿麕之肉必脄，每物与牛若一捶，反侧之，去其饵，孰出之，去其皾，柔其肉。渍：取牛肉必新杀者，薄切之，必绝其理，湛诸美酒，期朝，而食之以醢若醯醷。

为熬：捶之，去其皾，编萑布牛肉焉，屑桂与姜，以洒诸上而盐之，干而食之。施羊亦如之，施麋、施鹿、施麇，皆如牛羊。欲濡肉，则释而煎之以醢，欲干肉，则捶而食之。

糁：取牛羊豕之肉，三如一，小切之，与稻米，稻米二，肉一，合以为饵煎之。肝膋：取狗肝一，幪之，以其膋濡炙之，举燋，其膋不蓼。取稻米举糔溲之，小切狼臅膏，以与稻米为酏。

礼，始于谨夫妇，为宫室，辩内外。男子居外，女子居内，深宫固门，阍寺守之，男不入，女不出。男女不同椸枷，不敢悬于夫之楎椸，不敢藏于夫之箧笥，不敢共湢浴。夫不在，敛枕箧簟席襡器而藏之。少事长，贱事贵，咸如之。

夫妇之礼，唯及七十，同藏无间。故妾虽老，年未满五十，必与五日之御。将御者，齐，漱浣，慎衣服，栉縰笄，总角，拂髦，衿缨綦屦。虽婢妾，衣服饮食，必后长者。妻不在，妾御莫敢当夕。

妻将生子，及月辰，居侧室，夫使人日再问之。作而自问之，妻不敢见，使姆衣服而对，至于子生，夫复使人日再问之。夫齐，则不入侧室之门。子生，男子设弧于门左，女子设帨于门右。三日，始负子，男射女否。

国君世子生，告于君，接以大牢，宰掌具。三日，卜士负之，吉者宿齐，朝服寝门外，诗负之，射人以桑弧蓬矢六，射天地四方，保受乃负之，宰醴负子，赐之束帛，卜士之妻，大夫之妾，使食子。

凡接子，择日，冢子则大牢。庶人特豚，士特豕，大夫少牢，国君世子大牢，其非冢子，则皆降一等。

异为孺子室于宫中，择于诸母与可者，必求其宽裕慈惠，温良恭敬，慎而寡言者，使为子师，其次为慈母，其次为保母，皆居子室，他人无事不往。

三月之末，择日剪发为鬌，男角女羁，否则男左女右。是日也，妻以子见于父，贵人则为衣服，自命士以下，皆漱浣，男女夙兴，沐浴衣服，具视朔食，夫入门，升自阼阶，立于阼西乡，妻抱子出自房，当楣立东面。

姆先，相曰："母某敢用时日，只见孺子。"夫对曰："钦有帅。"父执子之右手，咳而名之。妻对曰："记有成。"遂左还授师。子师辩告诸妇诸母名，妻遂适寝。夫告宰名，宰辩告诸男名，书曰某年某月某日生而藏之，宰告闾史，闾史书为二，其一藏诸闾府，其一献诸州史，州史献诸州伯，州伯命藏诸州府。夫入食如养礼。

世子生，则君沐浴朝服，夫人亦如之，皆立于阼阶，西乡，世妇抱子升自西阶，君名之，乃降。

适子庶子见于外寝，抚其首，咳而名之，礼帅初，无辞。

凡名子，不以日月，不以国，不以隐疾，大夫士之子，不敢与世子同名。

妾将生子，及月辰，夫使人日一问之。子生三月之末，漱浣夙齐，见于内寝，礼之如始入室，君已食，彻焉，使之特馂，遂入御。

公庶子生，就侧室。三月之末，其母沐浴朝服见于君，摈者以其子见，君所有赐，君名之。众子，则使有司名之。

庶人无侧室者，及月辰，夫出居群室，其问之也，与子见父之礼，无以异也。

凡父在，孙见于祖，祖亦名之，礼如子见父，无辞。

食子者，三年而出，见于公宫则劬。大夫之子有食母，士之妻自养其子。

由命士以上及大夫之子，旬而见，冢子未食而见，必执其右手，适子、庶子已食而见，必循其首。

子能食食，教以右手。能言，男唯女俞。男鞶革，女鞶丝。

六年，教之数与方名。七年，男女不同席，不共食。八年，出入门户及即席饮食，必后长者，始教之让。九年，教之数日。十年，出就外傅，居宿于外，学书计，衣不帛襦裤，礼帅初，朝夕学幼仪，请肄简谅。十有三年，学乐，诵《诗》，舞《勺》。成童，舞《象》，学射御。二十而冠，始学礼，可以衣裘帛，舞《大夏》，惇行孝弟，博学不教，内而不出。三十而有室，始理男事，博学无方，孙友视志。四十始仕，方物出谋发虑，道合则服从，不可则去。五十命为大夫，服官政。七十致事。凡男拜，尚左手。

女子十年不出，姆教婉娩听从，执麻枲，治丝茧，织纴组紃，学女事以共衣服。观于祭祀，纳酒浆、笾豆、菹醢，礼相助奠。十有五年而笄。二十而嫁，有故，二十三年而嫁。聘则为妻，奔则为妾。凡女拜，尚右手。

学　记

发虑宪，求善良，足以謏闻，不足以动众。就贤体远，足以动众，未足以化民。君子如欲化民成俗，其必由学乎！

玉不琢，不成器；人不学，不知道。是故古之王者建国君民，教学为先。《兑命》曰："念终始典于学。"其此之谓乎？

虽有嘉肴，弗食，不知其旨也；虽有至道，弗学，不知其善也。是故学然后知不足，教然后知困。知不足，然后能自反也；知困，然后能自强也。故曰"教学相长"也。《兑命》曰："教学半。"其此之谓乎？

古之教者，家有塾，党有庠，术有序，国有学。比年入学，中年考校。一年视离经辨志。三年视敬业乐群，五年视博习亲师，七年视论学取友，谓之小成；九年知类通达，强立而不反，谓之大成。夫然后足以化民易俗，近者说服，而远者怀之，此大学之道也。《记》曰："蛾子时术之。"其此之谓乎？

大学始教，皮弁祭菜，示敬道也。《宵雅》肄三，官其始也。入学鼓箧，孙其业也。夏、楚二物，收其威也。未卜禘不视学，游其志也。时观而弗语，存其心也。幼者听而弗问，学不躐等也。此七者，教之大伦也。《记》曰："凡学，官先事，士先志。"其此之谓乎？

大学之教也，时教必有正业，退息必有居学。不学操缦，不能安弦；不学博依，不能安诗；不学杂服，不能安礼；不兴其艺，不能乐学。故君子之于学也，藏焉修焉，息焉游焉。夫然，故安其学而亲其师，乐其友而信其道。是以虽离师辅而不反。《兑命》曰："敬孙务时敏，厥修乃来。"其此之谓乎？

今之教者，呻其占毕，多其讯言，及于数，进而不顾其安，使人不由其诚，教人不尽其材。其施之也悖，其求之也佛。夫然，故隐其学而疾其师，苦其难而不知其益也。虽终其业，其去之必速，教之不刑，其此之由乎？

大学之法，禁于未发之谓豫，当其可之谓时，不陵节而施之谓孙，相观而善之谓摩。此四者，教之所由兴也。

发然后禁，则扞格而不胜；时过然后学，则勤苦而难成；杂施而不孙，则坏乱而不修；独学而无友，则孤陋而寡闻；燕朋逆其师；燕辟废其学。此六者，教之所由废也。

君子既知教之所由兴，又知教之所由废，然后可以为人师也。故君子之教喻也，道而弗牵，强而弗抑，开而弗达。道而弗牵则和，强而弗抑则易，开而弗达则思。和易以思，可谓善喻矣。

学者有四失，教者必知之。人之学也，或失则多，或失则寡，或失则易，或失则止。此四者，心之莫同也。知其心，然后能救其失也。教也者，长善而救其失者也。

善歌者，使人继其声；善教者，使人继其志。其言也约而达，微而臧，罕譬而喻，可谓继志矣。

君子知至学之难易，而知其美恶，然后能博喻，能博喻然后能为师，能为师然后能为长，能为长然后能为君。故师也者，所以学为君也。是故择师不可不慎也。《记》曰："三王四代唯其师。"此之谓乎？

凡学之道，严师为难。师严然后道尊，道尊然后民知敬学。是故君之所不臣于其臣者二：当其为尸，则弗臣也；当其为师，则弗臣也。大学之礼，虽诏于天子，无北面，所以尊师也。

善学者，师逸而功倍，又从而庸之。不善学者，师勤而功半，又从而怨之。善问者，如攻坚木，先其易者，后其节目，及其久也，相说以解；不善问者反此。善待问者，如撞钟，叩之以小者则小鸣，叩之以大者则大鸣，待其从容，然后尽其声；不善答问者反此。此皆进学之道也。

记问之学，不足以为人师。必也其听语乎？力不能问，然后语之；语之而不知，虽舍之可也。

良冶之子，必学为裘；良弓之子，必学为箕；始驾马者反之，车在马前。君子察于此三者，可以有志于学矣。

古之学者，比物丑类。鼓无当于五声，五声弗得不和；水无当于五色，五色弗得不章；学无当于五官，五官弗得不治；师无当于五服，五服弗得不亲。

君子曰：大德不官，大道不器，大信不约，大时不齐。察此四者，可以有志于学矣。三王之祭川也，皆先河而后海，或源也，或委也。此之谓务本。

乐　记

凡音之起，由人心生也。人心之动，物使之然也。感于物而动，故形于声。声相应，故生变；变成方，谓之音。比音而乐之，及干戚羽旄，谓之乐。

乐者，音之所由生也，其本在人心之感于物也。是故其哀心感者，其声噍以杀；其乐心感者，其声啴以缓；其喜心感者，其声发以散；其怒心感者，其声粗以厉；其敬心感者，其声直以廉；其爱心感者，其声和以柔。六者，非性也，感于物而后动。是故先王慎所以感之者。故礼以道其志，乐以和其声，政以一其行，刑以防其奸。礼乐刑政，其极一也，所以同民心而出治道也。

凡音者，生人心者也。情动于中，故形于声。声成文，谓之音。是故治世之音安以乐，其政和；乱世之音怨以怒，其政乖；亡国之音哀以思，其民困。声音之道，与政通矣。宫为君，商为臣，角为民，徵为事，羽为物，五者不乱，则无怗懘之音矣。宫乱则荒，其君骄；商乱则陂，其官坏；角乱则忧，其民怨；徵乱则哀，其事勤；羽乱则危，其财匮。五者皆乱，迭相陵，谓之慢。如此则国之灭亡无日矣。郑卫之音，乱世之音也，比于慢矣。桑间濮上之音，亡国之音也，其政散，其民流，诬上行私而不可止也。

凡音者，生于人心者也；乐者，通伦理者也。是故知声而不知音者，禽兽是也；知音而不知乐者，众庶是也。唯君子为能知乐。是故审声以知音，审音以知乐，审乐以知政，而治道备矣。是故不知声者，不可与言音；不知音者，不可与言乐。知乐，则几于礼矣。礼乐皆得，谓之有德。德者，得也。

是故乐之隆，非极音也；食飨之礼，非致味也。清庙之瑟，朱弦而疏越，一倡而三叹，有遗音者矣。大飨之礼，尚玄酒而俎腥鱼，大羹不和，有遗味者矣。是故先王之制礼乐也，非以极口腹耳目之欲也，将以教民平好恶而反人道之正也。

人生而静，天之性也；感于物而动，性之欲也。物至知知，然后好恶形焉。好恶无节于内，知诱于外，不能反躬，天理灭矣。夫物之感人无穷，而人之好恶无节，则是物至而人化物也。人化物也者，灭天理而穷人欲者也。于是有悖逆诈伪之心，有淫泆作乱之事。是故强者胁弱，众者暴寡，知者诈愚，勇者苦怯，疾病不养，老幼孤独不得其所，此大乱之道也。

是故先王之制礼乐，人为之节。衰麻哭泣，所以节丧纪也；钟鼓干戚，所以和安乐也；昏姻冠笄，所以别男女也；射乡食飨，所以正交接也。礼节民心，乐和民声，政以行之，刑以防之。礼乐刑政，四达而不悖，则王道备矣。

乐者为同，礼者为异。同则相亲，异则相敬。乐胜则流，礼胜则离。合情饰貌者，礼乐之事也。礼义立，则贵贱等矣；乐文同，则上下和矣；好恶著，则贤不肖别矣；刑禁暴，爵举贤，则政均矣。仁以爱之，义以正之，如此则民治行矣。

乐由中出，礼自外作。乐由中出，故静；礼自外作，故文。大乐必易，大礼必简。乐至则无怨，礼至则不争。揖让而治天下者，礼乐之谓也。暴民不作，诸侯宾服，兵革不试，五刑不用，百姓无患，天子不怒，如此则乐达矣。合父子之亲，明长幼之序，以敬四海之内，天子如此，则礼行矣。

大乐与天地同和，大礼与天地同节。和，故百物不失；节，故祀天祭地。明则有礼乐，幽则有鬼神。如此则四海之内，合敬同爱矣。礼者殊事，合敬者也；乐者异文，合爱者也。礼乐之情同，故明王以相沿也。故事与时并，名与功偕。

故钟鼓管磬，羽籥干戚，乐之器也；屈伸俯仰，缀兆舒疾，乐之文也。簠簋俎豆，制度文章，礼之器也；升降上下，周还裼袭，礼之文也。故知礼乐之情者能作，识礼乐之文者能述。作者之谓圣，述者之谓明。明圣者，述作之谓也。

乐者，天地之和也；礼者，天地之序也。和，故百物皆化；序，故群物皆别。乐由天作，礼以地制。过制则乱，过作则暴。明于天地，然后能兴礼乐也。

论伦无患，乐之情也；欣喜欢爱，乐之官也。中正无邪，礼之质也；庄敬恭顺，礼之制也。若夫礼乐之施于金石，越于声音，用于宗庙社稷，事乎山川鬼神，则此所与民同也。

王者功成作乐，治定制礼。其功大者，其乐备；其治辩者，其礼具。干戚之舞，非备乐也；孰亨而祀，非达礼也。五帝殊时，不相沿乐；三王异世，不相袭礼。乐极则忧，礼粗则偏矣。及夫敦乐而无忧、礼备而不偏者，其唯大圣乎？

天高地下，万物散殊，而礼制行矣。流而不息，合同而化，而乐兴焉。春作夏长，仁也；秋敛冬藏，义也。仁近于乐，义近于礼。乐者敦和，率神而从天；礼者别宜，居鬼而从地。故圣人作乐以应天，制礼以配地。礼乐明备，天地官矣。

天尊地卑，君臣定矣。卑高已陈，贵贱位矣。动静有常，小大殊矣。方以类聚，物以群分，则性命不同矣。在天成象，在地成形。如此，则礼者天地之别也。地气上齐，天气下降，阴阳相摩，天地相荡，鼓之以雷霆，奋之以风雨，动之以四时，暖之以日月，而百化兴焉。如此，则乐者天地之和也。

化不时则不生，男女无辨则乱升，天地之情也。及夫礼乐之极乎天而蟠乎地，行乎阴阳而通乎鬼神，穷高极远而测深厚。乐著大始，而礼居成物。著不息者天也，著不动者地也。一动一静者，天地之间也。故圣人曰“礼乐”云。

昔者，舜作五弦之琴以歌南风，夔始制乐以赏诸侯。故天子之为乐也，以赏诸侯之有德者也。德盛而教尊，五谷时孰，然后赏之以乐。故其治民劳者，其舞行缀远；其治民逸者，其舞行缀短。故观其舞，知其德；闻其谥，知其行也。《大章》，章之也；《咸池》，备矣；《韶》，继也；《夏》，大也。殷周之乐，尽矣。

天地之道，寒暑不时则疾，风雨不节则饥。教者，民之寒暑也，教不时则伤世。事者，民之风雨也，事不节则无功。然则先王之为乐也，以法治也，善则行象德矣。

夫豢豕为酒，非以为祸也，而狱讼益繁，则酒之流生祸也。是故先王因为酒礼，壹献之礼，宾主百拜，终日饮酒而不得醉焉，此先王所以备酒祸也。故酒食者，所以合欢也；乐者，所以象德也；礼者，所以缀淫也。是故先王有大事，必有礼以哀之；有大福，必有礼以乐之。哀乐之分，皆以礼终。乐也者，圣人之所乐也，而可以善民心。其感人深，其移风易俗，故先王著其教焉。

夫民有血气心知之性，而无哀乐喜怒之常，应感起物而动，然后心术形焉。是故志微噍杀之音作，而民思忧；啴谐慢易、繁文简节之音作，而民康乐；粗厉猛起、奋末广贲之音作，而民刚毅；廉直、劲正、庄诚之音作，而民肃敬；宽裕肉好、顺成和动之音作，而民慈爱；流辟邪散、狄成涤滥之音作，而民淫乱。

是故先王本之情性，稽之度数，制之礼义。合生气之和，道五常之行，使之阳而不散，阴而不密，刚气不怒，柔气不慑，四畅交于中而发作于外，皆安其位而不相夺也。然后立之学等，广其节奏，省其文采，以绳德厚；律小大之称，比终始之序，以象事行。使亲疏、贵贱、长幼、男女之理，皆形见于乐，故曰："乐观其深矣。"

土敝则草木不长，水烦则鱼鳖不大，气衰则生物不遂，世乱则礼慝而乐淫。是故其声哀而不庄，乐而不安，慢易以犯节，流湎以忘本。广则容奸，狭则思欲。感条畅之气而灭平和之德。是以君子贱之也。

凡奸声感人，而逆气应之；逆气成象，而淫乐兴焉。正声感人，而顺气应之；顺气成象，而和乐兴焉。倡和有应，回邪曲直，各归其分，而万物之理各以类相动也。是故君子反情以和其志，比类以成其行。奸声乱色，不留聪明；淫乐慝礼，不接心术；惰慢邪辟之气，不设于身体。使耳目、鼻口、心知、百体，皆由顺正，以行其义。

然后发以声音，而文以琴瑟，动以干戚，饰以羽旄，从以箫管。奋至德之光，动四气之和，以著万物之理。是故清明象天，广大象地，终始象四时，周还象风雨。五色成文而不乱，八风从律而不奸，百度得数而有常。小大相成，终始相生；倡和清浊，迭相为经。故乐行而伦清，耳目聪明，血气和平，移风易俗，天下皆宁。

故曰：乐者，乐也。君子乐得其道，小人乐得其欲。以道制欲，则乐而不乱；以欲忘道，则惑而不乐。是故君子反情以和其志，广乐以成其教。乐行，而民乡方，可以观德矣。德者，性之端也；乐者，德之华也；金石丝竹，乐之器也。诗，言其志也；歌，咏其声也；舞，动其容也。三者本于心，然后乐气从之。是故情深而文明，气盛而化神，和顺积中而英华发外，唯乐不可以为伪。

乐者，心之动也；声者，乐之象也；文采节奏，声之饰也。君子动其本，乐其象，然后治其饰。是故先鼓以警戒，三步以见方，再始以著往，复乱以饬归。奋疾而不拔，极幽而不隐。独乐其志，不厌其道；备举其道，不私其欲。是故情见而义立，乐终而德尊。君子以好恶，小人以听过。故曰："生民之道，乐为大焉。"

乐也者，施也；礼也者，报也。乐，乐其所自生；而礼反其所自始。乐章德，礼报情，反始也。

所谓大辂者，天子之车也。龙旂九旒，天子之旌也。青黑缘者，天子之宝龟也。从之以牛羊之群，则所以赠诸侯也。

乐也者，情之不可变者也；礼也者，理之不可易者也。乐统同，礼辨异。礼乐之说，管乎人情矣。

穷本知变，乐之情也；著诚去伪，礼之经也。礼乐偩天地之情，达神明之德，降兴上下之神，而凝是精粗之体，领父子君臣之节。是故大人举礼乐，则天地将为昭焉。天地訢合，阴阳相得，煦妪覆育万物，然后草木茂，区萌达，羽翼奋，角觡生，蛰虫昭苏，羽者妪伏，毛者孕鬻，胎生者不殰，而卵生者不殈，则乐之道归焉耳。

乐者，非谓黄钟大吕、弦歌干扬也，乐之末节也，故童者舞之。铺筵席，陈尊俎，列笾豆，以升降为礼者，礼之末节也，故有司掌之。乐师辨乎声诗，故北面而弦；宗祝辨乎宗庙之礼，故后尸；商祝辨乎丧礼，故后主人。是故德成而上，艺成而下；行成而先，事成而后。是故先王有上有下，有先有后，然后可以制于天下也。

魏文侯问于子夏曰："吾端冕而听古乐，则唯恐卧；听郑卫之音，则不知倦。敢问古乐之如彼，何也？新乐之如此，何也？"子夏对曰："今夫古乐，进旅退旅，和正以广，弦匏笙簧，会守拊鼓，始奏以文，复乱以武，治乱以相，讯疾以雅。君子于是语，于是道古，修身及家，平均天下。此古乐之发也。今夫新乐，进俯退俯，奸声以滥，溺而不止，及优侏儒，獶杂子女，不知父子。乐终不可以语，不以道古。此新乐之发也。今君之所问者，乐也；所好者，音也。夫乐者，与音相近而不同。"

文侯曰："敢问何如？"子夏对曰："夫古者，天地顺而四时当，民有德而五谷昌，疾疢不作而无妖祥，此之谓大当。然后圣人作为父子君臣，以为纪纲。纪纲既正，天下大定。天下大定，然后正六律，和五声，弦歌诗颂，此之谓德音。德音之谓乐。《诗》云：'莫其德音，其德克明。克明克类，克长克君，王此大邦。克顺克俾，俾于文王，其德靡悔。既受帝祉，施于孙子。'此之谓也。今君之所好者，其溺音乎？"

文侯曰："敢问溺音何从出也？"子夏对曰："郑音好滥淫志，宋音燕女溺志，卫音趋数烦志，齐音敖辟乔志。此四者，皆淫于色而害于德，是以祭祀弗用也。《诗》云：'肃雍和鸣，先祖是听。'夫肃肃，敬也；雍雍，和也。夫敬以和，何事不行？为人君者，谨其所好恶而已矣。君好之，则臣为之；上行之，则民从之。《诗》云：'诱民孔易。'此之谓也。然后圣人作为鞉、鼓、椌、楬、埙、篪，此六者，德音之音也。然后钟磬竽瑟以和之，干戚旄狄以舞之。此所以祭先王之庙也，所以献酬酳酢也，所以官序贵贱各得其宜也，所以示后世有尊卑长幼之序也。

"钟声铿，铿以立号，号以立横，横以立武；君子听钟声，则思武臣。石声磬，磬以立辨，辨以致死；君子听磬声，则思死封疆之臣。丝声哀，哀以立廉，廉以立志；君子听琴瑟之声，则思志义之臣。竹声滥，滥以立会，会以聚众；君子听竽笙箫管之声，则思畜聚之臣。鼓鼙之声欢，欢以立动，动以进众；君子听鼓鼙之声，则思将帅之臣。君子之听音，非听其铿锵而已也，彼亦有所合之也。"

宾牟贾侍坐于孔子，孔子与之言及乐，曰："夫《武》之备戒之已久，何也?”对曰：“病不得其众也。”“咏叹之，淫液之，何也?”对曰：“恐不逮事也。”“发扬蹈厉之已蚤，何也?”对曰：“及时事也。”“《武》坐致右宪左，何也?”对曰：“非《武》坐也。”“声淫及商，何也?”对曰：“非《武》音也。”子曰：“若非《武》音，则何音也?”对曰：“有司失其传也。若非有司失其传，则武王之志荒矣。”子曰：“唯。丘之闻诸苌弘，亦若吾子之言是也。”

宾牟贾起，免席而请曰：“夫《武》之备戒之已久，则既闻命矣，敢问迟之迟而又久，何也?”子曰：“居，吾语女。夫乐者，象成者也。总干而山立，武王之事也；发扬蹈厉，大公之志也。《武》乱皆坐，周、召之治也。且夫《武》，始而北出，再成而灭商，三成而南，四成而南国是疆；五成而分，周公左，召公右；六成复缀，以崇天子。夹振之而驷伐，盛威于中国也。分夹而进，事蚤济也。久立于缀，以待诸侯之至也。

“且女独未闻牧野之语乎?武王克殷反商，未及下车而封黄帝之后于蓟，封帝尧之后于祝，封帝舜之后于陈。下车而封夏后氏之后于杞，投殷之后于宋。封王子比干之墓，释箕子之囚，使之行商容而复其位。庶民弛政，庶士倍禄。济河而西，马散之华山之阳而弗复乘，牛散之桃林之野而弗复服，车甲衅而藏之府库而弗复用。倒载干戈，包之以虎皮。将帅之士，使为诸侯，名之曰‘建櫜’。然后天下知武王之不复用兵也。

“散军而郊射，左射《貍首》，右射《驺虞》，而贯革之射息也；裨冕搢笏，而虎贲之士说剑也；祀乎明堂，而民知孝；朝觐，然后诸侯知所以臣；耕藉，然后诸侯知所以敬。五者，天下之大教也。食三老五更于大学，天子袒而割牲，执酱而馈，执爵而酳，冕而总干，所以教诸侯之弟也。若此，则周道四达，礼乐交通，则夫《武》之迟久，不亦宜乎？”

君子曰：“礼乐不可斯须去身。”致乐以治心，则易直子谅之心油然生矣。易直子谅之心生则乐，乐则安，安则久，久则天，天则神。天则不言而信，神则不怒而威，致乐以治心者也。致礼以治躬则庄敬，庄敬则严威。心中斯须不和不乐，而鄙诈之心入之矣；外貌斯须不庄不敬，而易慢之心入之矣。

故乐也者，动于内者也；礼也者，动于外者也。乐极和，礼极顺。内和而外顺，则民瞻其颜色而弗与争也，望其容貌而民不生易慢焉。故德辉动于内，而民莫不承听；理发诸外，而民莫不承顺。故曰：致礼乐之道，举而错之，天下无难矣。

乐也者，动于内者也；礼也者，动于外者也。故礼主其减，乐主其盈。礼减而进，以进为文；乐盈而反，以反为文。礼减而不进则销，乐盈而不反则放。故礼有报而乐有反。礼得其报则乐，乐得其反则安。礼之报，乐之反，其义一也。

夫乐者，乐也，人情之所不能免也。乐必发于声音，形于动静，人之道也。声音动静，性术之变，尽于此矣。故人不耐无乐，乐不耐无形，形而不为道，不耐无乱。先王耻其乱，故制雅颂之声以道之，使其声足乐而不流，使其文足论而不息，使其曲直、繁瘠、廉肉、节奏足以感动人之善心而已矣。不使放心邪气得接焉，是先王立乐之方也。

是故乐在宗庙之中，君臣上下同听之，则莫不和敬；在族长乡里之中，长幼同听之，则莫不和顺；在闺门之内，父子兄弟同听之，则莫不和亲。故乐者，审一以定和，比物以饰节，节奏合以成文。所以合和父子君臣、附亲万民也，是先王立乐之方也。

故听其雅颂之声，志意得广焉；执其干戚，习其俯仰诎伸，容貌得庄焉；行其缀兆，要其节奏，行列得正焉，进退得齐焉。故乐者，天地之命，中和之纪，人情之所不能免也。

夫乐者，先王之所以饰喜也；军旅鈇钺者，先王所以饰怒也。故先王之喜怒，皆得其侪焉。喜则天下和之，怒则暴乱者畏之。先王之道，礼乐可谓盛矣。

子赣见师乙而问焉，曰："赐闻声歌各有宜也，如赐者，宜何歌也？"师乙曰："乙贱工也，何足以问所宜？请诵其所闻，而吾子自执焉：宽而静、柔而正者，宜歌《颂》；广大而静、疏达而信者，宜歌《大雅》；恭俭而好礼者，宜歌《小雅》；正直而静、廉而谦者，宜歌《风》。肆直而慈爱者，宜歌《商》；温良而能断者，宜歌《齐》。夫歌者，直己而陈德也。动己而天地应焉，四时和焉，星辰理焉，万物育焉。故《商》者，五帝之遗声也，商人识之，故谓之《商》；《齐》者，三代之遗声也，齐人识之，故谓之《齐》。明乎《商》之音者，临事而屡断；明乎《齐》之音者，见利而让。临事而屡断，勇也；见利而让，义也。有勇有义，非歌孰能保此？故歌者，上如抗，下如队，曲如折，止如槁木，倨中矩，句中钩，累累乎端如贯珠。故歌之为言也，长言之也。说之，故言之；言之不足，故长言之；长言之不足，故嗟叹之；嗟叹之不足，故不知手之舞之、足之蹈之也。"子贡问乐。

祭　义

祭不欲数，数则烦，烦则不敬。祭不欲疏，疏则怠，怠则忘。是故君子合诸天道，春禘秋尝。霜露既降，君子履之，必有凄怆之心，非其寒之谓也。春，雨露既濡，君子履之，必有怵惕之心，如将见之。乐以迎来，哀以送往，故禘有乐而尝无乐。

致齐于内，散齐于外。齐之日，思其居处，思其笑语，思其志意，思其所乐，思其所嗜。齐三日，乃见其所为齐者。

祭之日，入室，僾然必有见乎其位；周还出户，肃然必有闻其容声；出户而听，忾然必有闻其叹息之声。是故先王之孝也，色不忘乎目，声不绝乎耳，心志耆欲不忘乎心。致爱则存，致悫则著。著存不忘乎心，夫安得不敬乎？

君子生则敬养，死则敬享，思终身弗辱也。君子有终身之丧，忌日之谓也。忌日不用，非不祥也。言夫日，志有所至，而不敢尽其私也。

唯圣人为能飨帝，孝子为能飨亲。飨者，乡也。乡之，然后能飨焉。是故孝子临尸而不怍。君牵牲，夫人奠盎；君献尸，夫人荐豆。卿大夫相君，命妇相夫人。齐齐乎其敬也，愉愉乎其忠也，勿勿诸其欲其飨之也。

文王之祭也，事死者如事生，思死者如不欲生。忌日必哀，称讳如见亲，祀之忠也。如见亲之所爱，如欲色然，其文王与？《诗》云："明发不寐，有怀二人。"文王之诗也。祭之明日，明发不寐，飨而致之，又从而思之。祭之日，乐与哀半，飨之必乐，已至必哀。

仲尼尝，奉荐而进，其亲也悫，其行也趋趋以数。已祭，子赣问曰："子之言祭，济济漆漆然；今子之祭，无济济漆漆，何也？"子曰："济济者，容也远也；漆漆者，容也自反也。容以远，若容以自反也，夫何神明之及交，夫何济济漆漆之有乎？反馈，乐成，荐其荐俎，序其礼乐，备其百官。君子致其济济漆漆，夫何慌惚之有乎？夫言，岂一端而已，夫各有所当也。”

孝子将祭，虑事不可以不豫，比时具物，不可以不备，虚中以治之。宫室既修，墙屋既设，百官既备，夫妇齐戒沐浴，盛服奉承而进之，洞洞乎，属属乎，如弗胜，如将失之，其孝敬之心至也与！荐其荐俎，序其礼乐，备其百官。奉承而进之，于是谕其志意，以其恍惚以与神明交，庶或飨之。庶或飨之，孝子之志也。

孝子之祭也，尽其悫而悫焉，尽其信而信焉，尽其敬而敬焉，尽其礼而不过失焉。进退必敬，如亲听命，则或使之也。孝子之祭，可知也，其立之也，敬以诎；其进之也，敬以愉；其荐之也，敬以欲；退而立，如将受命；已彻而退，敬齐之色不绝于面。孝子之祭也，立而不诎，固也；进而不愉，疏也；荐而不欲，不爱也；退立而不如受命，敖也；已彻而退，无敬齐之色而忘本也。如是而祭，失之矣。

孝子之有深爱者，必有和气；有和气者，必有愉色；有愉色者，必有婉容。孝子如执玉、如奉盈，洞洞属属然，如弗胜，如将失之。严威俨恪，非所以事亲也，成人之道也。

先王之所以治天下者五：贵有德，贵贵，贵老，敬长，慈幼。此五者，先王之所以定天下也。贵有德，何为也？为其近于道也。贵贵，为其近于君也。贵老，为其近于亲也。敬长，为其近于兄也。慈幼，为其近于子也。是故至孝近乎王，至弟近乎霸。至孝近乎王，虽天子，必有父；至弟近乎霸，虽诸侯，必有兄。先王之教，因而弗改，所以领天下国家也。

子曰："立爱自亲始，教民睦也。立教自长始，教民顺也。教以慈睦，而民贵有亲；教以敬长，而民贵用命。孝以事亲，顺以听命，错诸天下，无所不行。"

郊之祭也，丧者不敢哭，凶服者不敢入国门，敬之至也。祭之日，君牵牲，穆答君，卿大夫序从。既入庙门，丽于碑，卿大夫袒，而毛牛尚耳，鸾刀以刲，取膟膋，乃退。爓祭，祭腥而退，敬之至也。

郊之祭，大报天而主日，配以月，夏后氏祭其暗，殷人祭其阳，周人祭日，以朝及暗。祭日于坛，祭月于坎，以别幽明，以制上下。祭日于东，祭月于西，以别外内，以端其位。日出于东，月生于西。阴阳长短，终始相巡，以致天下之和。

天下之礼，致反始也，致鬼神也，致和用也，致义也，致让也。致反始以厚其本也，致鬼神以尊上也，致物用以立民纪也，致义则上下不悖逆矣，致让以去争也。合此五者，以治天下之礼也，虽有奇邪，而不治者则微矣。

宰我曰："吾闻鬼神之名，不知其所谓。"子曰："气也者，神之盛也；魄也者，鬼之盛也；合鬼与神，教之至也。众生必死，死必归土，此之谓鬼。骨肉毙于下，阴为野土。其气发扬于上，为昭明，焄蒿，凄怆，此百物之精也，神之著也。因物之精，制为之极，明命鬼神，以为黔首，则百众以畏，万民以服。圣人以是为未足也，筑为宫室，设为宗祧，以别亲疏远迩，教民反古复始，不忘其所由生也。众之服自此，故听且速也。二端既立，报以二礼。建设朝事，燔燎膻芗，见以萧光，以报气也。此教众反始也。荐黍稷，羞肝肺首心，见间以侠甒，加以郁鬯，以报魄也。教民相爱，上下用情，礼之至也。"

“君子反古复始，不忘其所由生也，是以致其敬，发其情，竭力从事，以报其亲，不敢弗尽也。是故昔者，天子为藉千亩，冕而朱纮，躬秉耒；诸侯为藉百亩，冕而青纮，躬秉耒。以事天地山川、社稷先古，以为醴酪齐盛，于是乎取之，敬之至也。

“古者天子、诸侯必有养兽之官，及岁时，齐戒沐浴而躬朝之。牺牷祭牲，必于是取之，敬之至也。君召牛，纳而视之，择其毛而卜之，吉，然后养之。君皮弁素积，朔月，月半，君巡牲，所以致力，孝之至也。

“古者天子、诸侯必有公桑蚕室，近川而为之，筑宫仞有三尺，棘墙而外闭之。及大昕之朝，君皮弁素积，卜三宫之夫人、世妇之吉者，使入蚕于蚕室，奉种浴于川，桑于公桑，风戾以食之。岁既殚矣，世妇卒蚕，奉茧以示于君，遂献茧于夫人。夫人曰：‘此所以为君服与？’遂副袆而受之，因少牢以礼之。古之献茧者，其率用此与？及良日，夫人缫，三盆手，遂布于三宫夫人、世妇之吉者，使缫。遂朱绿之，玄黄之，以为黼黻文章。服既成，君服以祀先王先公，敬之至也。”

君子曰：“礼乐不可斯须去身。致乐以治心，则易直子谅之心油然生矣。易直子谅之心生则乐，乐则安，安则久，久则天，天则神。天则不言而信，神则不怒而威。致乐以治心者也。致礼以治躬则庄敬，庄敬则严威。心中斯须不和不乐，而鄙诈之心入之矣。外貌斯须不庄不敬，而慢易之心入之矣。故乐也者，动于内者也；礼也者，动于外者也。乐极和，礼极顺。内和而外顺，则民瞻其颜色而不与争也；望其容貌，而众不生慢易焉。故德辉动乎内，而民莫不承听；理发乎外，而众莫不承顺。故曰：‘致礼乐之道，而天下塞焉，举而错之无难矣。’乐也者，动于内者也；礼也者，动于外者也。故礼主其减，乐主其盈。礼减而进，以进为文；乐盈而反，以反为文。礼减而不进则销，乐盈而不反则放。故礼有报而乐有反。礼得其报则乐，乐得其反则安。礼之报，乐之反，其义一也。”

曾子曰：“孝有三：大孝尊亲，其次弗辱，其下能养。”公明仪问于曾子：“夫子可以为孝乎？”曾子曰：“是何言与！是何言与！君子之所为孝者，先意承志，谕父母于道。参，直养者也，安能为孝乎？”

曾子曰：“身也者，父母之遗体也。行父母之遗体，敢不敬乎？居处不庄，非孝也；事君不忠，非孝也；莅官不敬，非孝也；朋友不信，非孝也；战阵无勇，非孝也。五者不遂，烖及于亲，敢不敬乎？亨孰膻芗，尝而荐之，非孝也，养也。君子之所谓孝也者，国人称愿然曰：‘幸哉有子！’如此，所谓孝也已。众之本教曰孝，其行曰养。养，可能也，敬为难；敬，可能也，安为难；安，可能也，卒为难。父母既没，慎行其身，不遗父母恶名，可谓能终矣。仁者，仁此者也；礼者，履此者也；义者，宜此者也；信者，信此者也；强者，强此者也。乐自顺此生，刑自反此作。”

曾子曰：“夫孝，置之而塞乎天地，溥之而横乎四海，施诸后世而无朝夕，推而放诸东海而准，推而放诸西海而准，推而放诸南海而准，推而放诸北海而准。《诗》云：‘自西自东，自南自北，无思不服。’此之谓也。”

曾子曰：“树木以时伐焉，禽兽以时杀焉。夫子曰：‘断一树，杀一兽，不以其时，非孝也。’孝有三：小孝用力，中孝用劳，大孝不匮。思慈爱忘劳，可谓用力矣；尊仁安义，可谓用劳矣；博施备物，可谓不匮矣。父母爱之，嘉而弗忘；父母恶之，惧而无怨。父母有过，谏而不逆；父母既没，必求仁者之粟以祀之。此之谓礼终。”

乐正子春下堂而伤其足，数月不出，犹有忧色。门弟子曰：“夫子之足瘳矣，数月不出，犹有忧色，何也?”乐正子春曰：“善如尔之问也！善如尔之问也！吾闻诸曾子，曾子闻诸夫子曰：‘天之所生，地之所养，无人为大。父母全而生之，子全而归之，可谓孝矣。不亏其体，不辱其身，可谓全矣。故君子顷步而弗敢忘孝也。’今予忘孝之道，是以有忧色也。一举足而不敢忘父母，一出言而不敢忘父母。一举足而不敢忘父母，是故道而不径，舟而不游，不敢以先父母之遗体行殆。一出言而不敢忘父母，是故恶言不出于口，忿言不反于身。不辱其身，不羞其亲，可谓孝矣。”

昔者，有虞氏贵德而尚齿，夏后氏贵爵而尚齿，殷人贵富而尚齿，周人贵亲而尚齿。虞夏殷周，天下之盛王也，未有遗年者。年之贵乎天下久矣，次乎事亲也。是故朝廷同爵则尚齿，七十杖于朝，君问则席；八十不俟朝，君问则就之，而弟达乎朝廷矣。行，肩而不并，不错则随。见老者则车徒辟，斑白者不以其任行乎道路，而弟达乎道路矣。居乡以齿，而老穷不遗，强不犯弱，众不暴寡，而弟达乎州巷矣。

古之道，五十不为甸徒，颁禽隆诸长者，而弟达乎狸狩矣。军旅什伍，同爵则尚齿，而弟达乎军旅矣，孝弟发诸朝廷，行乎道路，至乎州巷，放乎狸狩，修乎军旅，众以义死之，而弗敢犯也。

祀乎明堂，所以教诸侯之孝也；食三老五更于大学，所以教诸侯之弟也；祀先贤于西学，所以教诸侯之德也；耕藉，所以教诸侯之养也；朝覲，所以教诸侯之臣也。五者，天下之大教也。

食三老五更于大学，天子袒而割牲，执酱而馈，执爵而酳，冕而总干，所以教诸侯之弟也。是故乡里有齿，而老穷不遗，强不犯弱，众不暴寡，此由大学来者也。天子设四学，当入学，而大子齿。

天子巡守，诸侯待于竟。天子先见百年者。八十、九十者东行，西行者弗敢过；西行，东行者弗敢过。欲言政者，君就之可也。

一命齿于乡里，再命齿于族，三命不齿；族有七十者，弗敢先。七十者，不有大故不入朝；若有大故而入，君必与之揖让，而后及爵者。

天子有善，让德于天；诸侯有善，归诸天子；卿大夫有善，荐于诸侯；士庶人有善，本诸父母，存诸长老；禄爵庆赏，成诸宗庙，所以示顺也。

昔者圣人建阴阳天地之情，立以为《易》。易抱龟南面，天子卷冕北面，虽有明知之心，必进断其志焉。示不敢专，以尊天也。善则称人，过则称己。教不伐以尊贤也。

孝子将祭祀，必有齐庄之心以虑事，以具服物，以修宫室，以治百事。及祭之日，颜色必温，行必恐，如惧不及爱然。其奠之也，容貌必温，身必诎，如语焉而未之然。宿者皆出，其立卑静以正，如将弗见然。及祭之后，陶陶遂遂，如将复入然。是故悫善不违身，耳目不违心，思虑不违亲。结诸心，形诸色，而术省之，孝子之志也。

建国之神位：右社稷而左宗庙。

坊　记

子言之："君子之道，辟则坊与，坊民之所不足者也。"大为之坊，民犹逾之。故君子礼以坊德，刑以坊淫，命以坊欲。

子云："小人贫斯约，富斯骄；约斯盗，骄斯乱。"礼者，因人之情而为之节文，以为民坊者也。故圣人之制富贵也，使民富不足以骄，贫不至于约，贵不慊于上，故乱益亡。

子云："贫而好乐，富而好礼，众而以宁者，天下其几矣。"《诗》云："民之贪乱，宁为荼毒。"故制国不过千乘，都城不过百雉，家富不过百乘。以此坊民。诸侯犹有畔者。

子云："夫礼者，所以章疑别微，以为民坊者也。"故贵贱有等，衣服有别，朝廷有位，则民有所让。

子云："天无二日，土无二王，家无二主，尊无二上，示民有君臣之别也。"《春秋》不称楚、越之王丧，礼君不称天，大夫不称君，恐民之惑也。《诗》云："相彼盍旦，尚犹患之。"子云："君不与同姓同车，与异姓同车不同服，示民不嫌也。"以此坊民，民犹得同姓以弑其君。

子云："君子辞贵不辞贱，辞富不辞贫，则乱益亡。"故君子与其使食浮于人也，宁使人浮于食。

子云："觞酒豆肉让而受恶，民犹犯齿；衽席之上让而坐下，民犹犯贵；朝廷之位让而就贱，民犹犯君。"《诗》云："民之无良，相怨一方；受爵不让，至于己斯亡。"

子云："君子贵人而贱己，先人而后己，则民作让。"故称人之君曰“君”，自称其君曰“寡君”。

子云：“利禄，先死者而后生者，则民不偝；先亡者而后存者，则民可以托。”《诗》云：“先君之思，以畜寡人。”以此坊民，民犹偝死而号无告。

子云：“有国家者，贵人而贱禄，则民兴让；尚技而贱车，则民兴艺。”故君子约言，小人先言。

子云：“上酌民言，则下天上施；上不酌民言，则犯也；下不天上施，则乱也。”故君子信让以莅百姓，则民之报礼重。《诗》云：“先民有言，询于刍荛。”

子云：“善则称人，过则称己，则民不争；善则称人，过则称己，则怨益亡。”《诗》云：“尔卜尔筮，履无咎言。”

子云：“善则称人，过则称己，则民让善。”《诗》云：“考卜惟王，度是镐京；惟龟正之，武王成之。”

子云：“善则称君，过则称己，则民作忠。”《君陈》曰：“尔有嘉谋嘉猷，入告尔君于内，女乃顺之于外，曰：此谋此猷，惟我君之德。於乎！是惟良显哉！”

子云：“善则称亲，过则称己，则民作孝。”《大誓》曰：“予克纣，非予武，惟朕文考无罪；纣克予，非朕文考有罪，惟予小子无良。”

子云：“君子弛其亲之过，而敬其美。”《论语》曰：“三年无改于父之道，可谓孝矣。”高宗云：“三年其惟不言，言乃欢。”

子云：“从命不忿，微谏不倦，劳而不怨，可谓孝矣。”《诗》云：“孝子不匮。”

子云：“睦于父母之党，可谓孝矣。故君子因睦以合族。”

《诗》云："此令兄弟，绰绰有裕；不令兄弟，交相为瘉。"

子云："于父之执，可以乘其车，不可以衣其衣。君子广孝也。"子云："小人皆能养其亲；君子不敬，何以辨?"子云："父子不同位，以厚敬也。"《书》云："厥辟不辟，忝厥祖。"子云："父母在，不称老，言孝不言慈；闺门之内，戏而不叹。"君子以此坊民，民犹薄于孝而厚于慈。

子云："长民者，朝廷敬老，则民作孝。"子云："祭祀之有尸也，宗庙之有主也，示民有事也。修宗庙，敬祀事，教民追孝也。"以此坊民，民犹忘其亲。

子云："敬则用祭器。故君子不以菲废礼，不以美没礼。"故食礼：主人亲馈，则客祭；主人不亲馈，则客不祭。故君子苟无礼，虽美不食焉。《易》曰："东邻杀牛，不如西邻之禴祭，实受其福。"《诗》云："既醉以酒，既饱以德。"以此示民，民犹争利而忘义。

子云："七日戒，三日齐，承一人焉以为尸，过之者趋走，以教敬也。"醴酒在室，醍酒在堂，澄酒在下，示民不淫也。尸饮三，众宾饮一，示民有上下也。因其酒肉，聚其宗族，以教民睦也。故堂上观乎室，堂下观乎上。《诗》云："礼仪卒度，笑语卒获。"

子云："宾礼每进以让，丧礼每加以远。"浴于中霤，饭于牖下，小敛于户内，大敛于阼，殡于客位，祖于庭，葬于墓，所以示远也。殷人弔于圹，周人弔于家，示民不偝也。子云："死，民之卒事也，吾从周。"以此坊民，诸侯犹有薨而不葬者。

子云："升自客阶，受弔于宾位，教民追孝也。"未没丧不称君，示民不争也。故《鲁春秋》记晋丧曰："杀其君之子奚齐及其君卓。”以此坊民，子犹有弑其父者。

子云“孝以事君，弟以事长”，示民不贰也。故君子有君不谋仕，唯卜之日称二君。丧父三年，丧君三年，示民不疑也。父母在，不敢有其身，不敢私其财，示民有上下也。故天子四海之内无客礼，莫敢为主焉。故君适其臣，升自阼阶，即位于堂，示民不敢有其室也。父母在，馈献不及车马，示民不敢专也。以此坊民，民犹忘其亲而贰其君。

子云：“礼之先币帛也，欲民之先事而后禄也。”先财而后礼，则民利；无辞而行情，则民争。故君子于有馈者，弗能见则不视其馈。《易》曰：“不耕获，不菑畬，凶。”以此坊民，民犹贵禄而贱行。

子云：“君子不尽利以遗民。”《诗》云：“彼有遗秉，此有不敛穧，伊寡妇之利。”故君子仕则不稼，田则不渔，食时不力珍。大夫不坐羊，士不坐犬。《诗》云：“采葑采菲，无以下体，德音莫违，及尔同死。”以此坊民，民犹忘义而争利，以亡其身。

子云：“夫礼，坊民所淫，章民之别，使民无嫌，以为民纪者也。”故男女无媒不交，无币不相见，恐男女之无别也。以此坊民，民犹有自献其身。《诗》云：“伐柯如之何？匪斧不克；取妻如之何？匪媒不得；蓺麻如之何？横从其亩；取妻如之何？必告父母。”

子云：“取妻不取同姓，以厚别也。”故买妾不知其姓，则卜之。以此坊民，《鲁春秋》犹去夫人之姓曰“吴”，其死曰“孟子卒”。

子云：“礼，非祭，男女不交爵。”以此坊民，阳侯犹杀缪侯，而窃其夫人。故大飨废夫人之礼。

子云："寡妇之子，不有见焉，则弗友也，君子以辟远也。"故朋友之交，主人不在，不有大故，则不入其门。以此坊民，民犹以色厚于德。子云："好德如好色。"诸侯不下渔色。故君子远色以为民纪。男女授受不亲。御妇人则进左手。姑姊妹女子子已嫁而反，男子不与同席而坐。寡妇不夜哭。妇人疾，问之，不问其疾。以此坊民，民犹淫泆而乱于族。

子云："昏礼，婿亲迎，见于舅姑，舅姑承子以授婿，恐事之违也。"以此坊民，妇犹有不至者。"

表　记

子言之："归乎！君子隐而显，不矜而庄，不厉而威，不言而信。"

子曰："君子不失足于人，不失色于人，不失口于人。是故君子貌足畏也，色足惮也，言足信也。《甫刑》曰：'敬忌，而罔有择言在躬。'"

子曰："裼袭之不相因也，欲民之毋相渎也。"

子曰："祭极敬，不继之以乐；朝极辨，不继之以倦。"

子曰："君子慎以辟祸，笃以不掩，恭以远耻。"

子曰："君子庄敬日强，安肆日偷。君子不以一日使其躬儳焉，如不终日。"

子曰："齐戒以事鬼神，择日月以见君，恐民之不敬也。"

子曰："狎侮，死焉而不畏也。"

子曰："无辞不相接也，无礼不相见也，欲民之毋相亵也。《易》曰：'初筮告，再三渎，渎则不告。'"

子言之："仁者，天下之表也；义者，天下之制也；报者，天下之利也。"

子曰："以德报德，则民有所劝；以怨报怨，则民有所惩。《诗》曰：'无言不仇，无德不报。'《大甲》曰：'民非后，无能胥以宁；后非民，无以辟四方。'"

子曰："以德报怨，则宽身之仁也；以怨报德，则刑戮之民也。"

子曰："无欲而好仁者，无畏而恶不仁者，天下一人而矣。是故君子议道自己，而置法以民。"

子曰："仁有三，与仁同功而异情。与仁同功，其仁未可知也；与仁同过，然后其仁可知也。仁者安仁，知者利仁，畏罪者强仁。仁者右也，道者左也。仁者人也，道者义也。厚于仁者薄于义，亲而不尊；厚于义者薄于仁，尊而不亲。道有至，义有考。至道以王，义道以霸，考道以为无失。"

子言之："仁有数，义有长短小大。中心憯怛，爱人之仁也；率法而强之，资仁者也。《诗》云：'丰水有芑，武王岂不仕。诒厥孙谋，以燕翼子。武王烝哉。'数世之仁也。《国风》曰：'我今不阅，皇恤我后。'终身之仁也。"

子曰："仁之为器重，其为道远，举者莫能胜也，行者莫能致也，取数多者，仁也。夫勉于仁者，不亦难乎？是故君子以义度人，则难为人；以人望人，则贤者可知已矣。"

子曰："中心安仁者，天下一人而已矣。《大雅》曰：'德輶如毛，民鲜克举之。我仪图之，惟仲山甫举之，爱莫助之。'《小雅》曰：'高山仰止，景行行止。'"

子曰："诗之好仁如此，乡道而行，中道而废，忘身之老也，不知年数之不足。俛焉日有孳孳，毙而后已。”

子曰：“仁之难成久矣！人人失其所好，故仁者之过易辞也。”

子曰：“恭近礼，俭近仁，信近情。敬让以行，此虽有过，其不甚矣。夫恭寡过，情可信，俭易容也，以此失之者，不亦鲜乎？《诗》曰：‘温温恭人，惟德之基。’”

子曰：“仁之难成久矣，惟君子能之。是故君子不以其所能者病人，不以人之所不能者愧人。是故圣人之制行也，不制以己，使民有所劝勉愧耻，以行其言。礼以节之，信以结之，容貌以文之，衣服以移之，朋友以极之，欲民之有壹也。《小雅》曰：‘不愧于人，不畏于天。’是故君子服其服，则文以君子之容；有其容，则文以君子之辞；遂其辞，则实以君子之德。是故君子耻服其服而无其容，耻有其容而无其辞，耻有其辞而无其德，耻有其德而无其行。是故君子衰绖则有哀色，端冕则有敬色，甲胄则有不可辱之色。《诗》云：‘惟鹈在梁，不濡其翼；彼记之子，不称其服。’”

子言之：“君子之所谓义者，贵贱皆有事于天下。天子亲耕，粢盛秬鬯，以事上帝，故诸侯勤以辅事于天子。”

子曰：“下之事上也，虽有庇民之大德，不敢有君民之心，仁之厚也。是故君子恭俭以求役仁，信让以求役礼。不自尚其事，不自尊其身，俭于位而寡于欲，让于贤，卑己而尊人，小心而畏义。求以事君，得之自是；不得自是，以听天命。《诗》云：‘莫莫葛藟，施于条枚；凯弟君子，求福不回。’其舜、禹、文王、周公之谓与？有君民之大德，有事君之小心。《诗》云：‘惟此文王，小心翼翼，昭事上帝，聿怀多福。厥德不回，以受方国。'"

子曰："先王谥以尊名，节以壹惠，耻名之浮于行也。是故君子不自大其事，不自尚其功，以求处情；过行弗率，以求处厚；彰人之善而美人之功，以求下贤。是故君子虽自卑，而民敬尊之。"

子曰："后稷，天下之为烈也，岂一手一足哉！唯欲行之浮于名也，故自谓便人。"

子言之："君子之所谓仁者，其难乎？《诗》云：'凯弟君子，民之父母。凯以强教之，弟以说安之。'乐而毋荒，有礼而亲，威庄而安，孝慈而敬。使民有父之尊，有母之亲。如此而后可以为民父母矣。非至德，其孰能如此乎？今父之亲子也，亲贤而下无能；母之亲子也，贤则亲之，无能则怜之。母，亲而不尊；父，尊而不亲。水之于民也，亲而不尊；火，尊而不亲。土之于民也，亲而不尊；天，尊而不亲。命之于民也，亲而不尊；鬼，尊而不亲。"

子曰："夏道尊命，事鬼敬神而远之，近人而忠焉，先禄而后威，先赏而后罚，亲而不尊；其民之敝，惷而愚，乔而野，朴而不文。殷人尊神，率民以事神，先鬼而后礼，先罚而后赏，尊而不亲；其民之敝，荡而不静，胜而无耻。周人尊礼尚施，事鬼敬神而远之，近人而忠焉，其赏罚用爵列，亲而不尊；其民之敝，利而巧，文而不惭，贼而蔽。"

子曰："夏道未渎辞，不求备，不大望于民，民未厌其亲。殷人未渎礼，而求备于民。周人强民，未渎神，而赏爵刑罚穷矣。"

子曰："虞夏之道，寡怨于民；殷周之道，不胜其敝。"

子曰："虞夏之质，殷周之文，至矣。虞夏之文不胜其质；殷周之质不胜其文。"

子言之曰："后世虽有作者，虞帝弗可及也已矣。君天下，生无私，死不厚其子；子民如父母，有憯怛之爱，有忠利之教；亲而尊，安而敬，威而爱，富而有礼，惠而能散；其君子尊仁畏义，耻费轻实，忠而不犯，义而顺，文而静，宽而有辨。《甫刑》曰：'德威惟威，德明惟明。'非虞帝，其孰能为此乎？"

子言之："事君先资其言，拜自献其身，以成其信。是故君有责于其臣，臣有死于其言。故受禄不诬，其受罪益寡。"

子曰："事君大言入则望大利，小言入则望小利。故君子不以小言受大禄，不以大言受小禄。《易》曰：'不家食，吉。'"

子曰："事君不下达，不尚辞，非其人弗自。《小雅》曰：'靖共尔位，正直是与。神之听之，式谷以女。'"

子曰："事君远而谏，则讇也；近而不谏，则尸利也。"

子曰："迩臣守和，宰正百官，大臣虑四方。"

子曰："事君欲谏不欲陈。《诗》云：'心乎爱矣，瑕不谓矣；中心藏之，何日忘之。'"

子曰："事君难进而易退，则位有序；易进而难退，则乱也。故君子三揖而进，一辞而退，以远乱也。"

子曰："事君三违而不出竟，则利禄也。人虽曰不要，吾弗信也。"

子曰："事君慎始而敬终。"

子曰："事君可贵可贱，可富可贫，可生可杀，而不可使为乱。”

子曰：“事君，军旅不辟难，朝廷不辞贱。处其位而不履其事，则乱也。故君使其臣得志，则慎虑而从之；否，则孰虑而从之，终事而退，臣之厚也。《易》曰：‘不事王侯，高尚其事。’”

子曰：“唯天子受命于天，士受命于君。故君命顺则臣有顺命，君命逆则臣有逆命。诗曰：‘鹊之姜姜，鹑之贲贲；人之无良，我以为君。’”

子曰：“君子不以辞尽人。故天下有道，则行有枝叶；天下无道，则辞有枝叶。是故君子于有丧者之侧，不能赙焉，则不问其所费；于有病者之侧，不能馈焉，则不问其所欲；有客，不能馆，则不问其所舍。故君子之接如水，小人之接如醴。君子淡以成，小人甘以坏。《小雅》曰：‘盗言孔甘，乱是用餤。’”

子曰：“君子不以口誉人，则民作忠。故君子问人之寒，则衣之；问人之饥，则食之；称人之美，则爵之。《国风》曰：‘心之忧矣，于我归说。’”

子曰：“口惠而实不至，怨菑及其身。是故君子与其有诺责也，宁有已怨。《国风》曰：‘言笑晏晏，信誓旦旦。不思其反，反是不思，亦已焉哉！’”

子曰：“君子不以色亲人。情疏而貌亲，在小人则穿窬之盗也与？”

子曰：“情欲信，辞欲巧。”

子言之：“昔三代明王，皆事天地之神明，无非卜筮之用，不敢以其私，亵事上帝。是故不犯日月，不违卜筮。卜筮不相袭也。大事有时日；小事无时日，有筮。外事用刚日，内事用柔日。不违龟筮。”

子曰：“牲牷礼乐齐盛，是以无害乎鬼神，无怨乎百姓。”

子曰：“后稷之祀易富也。其辞恭，其欲俭，其禄及子孙。诗曰：‘后稷兆祀，庶无罪悔，以迄于今。’”

子曰：“大人之器威敬。天子无筮，诸侯有守筮。天子道以筮，诸侯非其国不以筮。卜宅寝室，天子不卜处大庙。”

子曰：“君子敬则用祭器。是以不废日月，不违龟筮，以敬事其君长。是以上不渎于民，下不亵于上。”

缁　衣

子言之曰：“为上易事也，为下易知也，则刑不烦矣。”

子曰：“好贤如《缁衣》，恶恶如《巷伯》，则爵不渎而民作愿，刑不试而民咸服。《大雅》曰：‘仪刑文王，万国作孚。’”

子曰：“夫民，教之以德，齐之以礼，则民有格心；教之以政，齐之以刑，则民有遁心。故君民者，子以爱之，则民亲之；信以结之，则民不倍；恭以莅之，则民有孙心。《甫刑》曰：‘苗民匪用命，制以刑。惟作五虐之刑曰法。’是以民有恶德，而遂绝其世也。”

子曰：“下之事上也，不从其所令，从其所行。上好是物，下必有甚者矣。故上之所好恶，不可不慎也，是民之表也。”

子曰：“禹立三年，百姓以仁遂焉，岂必尽仁？《诗》云：‘赫赫师尹，民具尔瞻。’《甫刑》曰：‘一人有庆，兆民赖之。’《大雅》曰：‘成王之孚，下土之式。’”

子曰："上好仁，则下之为仁争先人。故长民者章志、贞教、尊仁，以子爱百姓，民致行己以说其上矣。《诗》云：'有梏德行，四国顺之。'"

子曰："王言如丝，其出如纶；王言如纶，其出如綍。故大人不倡游言。可言也，不可行，君子弗言也；可行也，不可言，君子弗行也。则民言不危行，而行不危言矣。《诗》云：'淑慎尔止，不諐于仪。'"

子曰："君子道人以言，而禁人以行。故言必虑其所终，而行必稽其所敝，则民谨于言而慎于行。《诗》云：'慎尔出话，敬尔威仪。'《大雅》曰：'穆穆文王，於缉熙敬止。'"

子曰："长民者，衣服不贰，从容有常，以齐其民，则民德壹。《诗》云：'彼都人士，狐裘黄黄，其容不改，出言有章；行归于周，万民所望。'"

子曰："为上可望而知也，为下可述而志也，则君不疑于其臣，而臣不惑于其君矣。《尹吉》曰：'惟尹躬及汤，咸有一德。'《诗》云：'淑人君子，其仪不忒。'"

子曰："有国者章善瘅恶，以示民厚，则民情不贰。《诗》云：'靖共尔位，好是正直。'"

子曰："上人疑则百姓惑，下难知则君长劳。故君民者，章好以示民俗，慎恶以御民之淫，则民不惑矣。臣仪行，不重辞，不援其所不及，不烦其所不知，则君不劳矣。《诗》云：'上帝板板，下民卒瘅。'《小雅》曰：'匪其止共，惟王之邛。'"

子曰："政之不行也，教之不成也，爵禄不足劝也，刑罚不足耻也。故上不可以亵刑而轻爵。《康诰》曰：'敬明乃罚。'

《甫刑》曰：‘播刑之不迪。’”

子曰：“大臣不亲，百姓不宁，则忠敬不足，而富贵已过也。大臣不治，而迩臣比矣。故大臣不可不敬也，是民之表也；迩臣不可不慎也，是民之道也。君毋以小谋大，毋以远言近，毋以内图外，则大臣不怨，迩臣不疾，而远臣不蔽矣。叶公之顾命曰：‘毋以小谋败大作，毋以嬖御人疾庄后，毋以嬖御士疾庄士、大夫卿士。’”

子曰：“大人不亲其所贤，而信其所贱，民是以亲失，而教是以烦。《诗》云：‘彼求我则，如不我得；执我仇仇，亦不我力。’《君陈》曰：‘未见圣，若己弗克见；既见圣，亦不克由圣。’”

子曰：“小人溺于水，君子溺于口，大人溺于民，皆在其所亵也。夫水近于人而溺人，德易狎而难亲也，易以溺人。口费而烦，易出难悔，易以溺人。夫民闭于人，而有鄙心，可敬不可慢，易以溺人。故君子不可以不慎也。《大甲》曰：‘毋越厥命以自覆也；若虞机张，往省括于厥度则释。’《兑命》曰：‘惟口起羞，惟甲胄起兵，惟衣裳在笥，惟干戈省厥躬。’《大甲》曰：‘天作孽，可违也；自作孽，不可以逭。’《尹吉》曰：‘惟尹躬天，见于西邑；夏自周有终，相亦惟终。’”

子曰：“民以君为心，君以民为体。心庄则体舒，心肃则容敬。心好之，身必安之；君好之，民必欲之。心以体全，亦以体伤；君以民存，亦以民亡。《诗》云：‘昔吾有先正，其言明且清，国家以宁，都邑以成，庶民以生。谁能秉国成，不自为正，卒劳百姓。’《君雅》曰：‘夏日暑雨，小民惟曰怨；资冬祁寒，小民亦惟曰怨。’”

子曰："下之事上也，身不正，言不信，则义不一，行无类也。"

子曰："言有物而行有格也，是以生则不可夺志，死则不可夺名。故君子多闻，质而守之；多志，质而亲之；精知，略而行之。《君陈》曰：'出入自尔师虞，庶言同。'《诗》云：'淑人君子，其仪一也。'"

子曰："唯君子能好其正，小人毒其正。故君子之朋友有乡，其恶有方；是故迩者不惑，而远者不疑也。《诗》云：'君子好仇。'"

子曰："轻绝贫贱，而重绝富贵，则好贤不坚，而恶恶不著也。人虽曰不利，吾不信也。《诗》云：'朋友攸摄，摄以威仪。'"

子曰："私惠不归德，君子不自留焉。《诗》云：'人之好我，示我周行。'"

子曰："苟有车，必见其轼；苟有衣，必见其敝；人苟或言之，必闻其声；苟或行之，必见其成。《葛覃》曰：'服之无射。'"

子曰："言从而行之，则言不可饰也；行从而言之，则行不可饰也。故君子寡言，而行以成其信，则民不得大其美而小其恶。《诗》云：'白圭之玷，尚可磨也；斯言之玷，不可为也。'《小雅》曰：'允也君子，展也大成。'《君奭》曰：'昔在上帝，周田观文王之德，其集大命于厥躬。'"

子曰："南人有言曰：'人而无恒，不可以为卜筮。'古之遗言与？龟筮犹不能知也，而况于人乎？《诗》云：'我龟既厌，不我告犹。'《兑命》曰：'爵无及恶德，民立而正事。纯而祭祀，是为不敬；事烦则乱，事神则难。'《易》曰：'不恒其德，或承之羞。恒其德侦，妇人吉，夫子凶。'"

三年问

三年之丧何也？曰：称情而立文，因以饰群，别亲疏贵贱之节，而弗可损益也。故曰：无易之道也。创钜者其日久，痛甚者其愈迟，三年者，称情而立文，所以为至痛极也。斩衰苴杖，居倚庐，食粥，寝苫枕块，所以为至痛饰也。三年之丧，二十五月而毕，哀痛未尽，思慕未忘，然而服以是断之者，岂不送死有已、复生有节哉？凡生天地之间者，有血气之属，必有知；有知之属，莫不知爱其类。今是大鸟兽，则失丧其群匹，越月逾时焉，则必反巡；过其故乡，翔回焉，鸣号焉，蹢躅焉，踟蹰焉，然后乃能去之。小者至于燕雀，犹有啁噍之顷焉，然后乃能去之。故有血气之属者，莫知于人，故人于其亲也，至死不穷。将由夫患邪淫之人与，则彼朝死而夕忘之，然而从之，则是曾鸟兽之不若也，夫焉能相与群居而不乱乎？将由夫修饰之君子与，则三年之丧，二十五月而毕，若驷之过隙，然而遂之，则是无穷也。故先王焉为之立中制节，壹使足以成文理，则释之矣。

然则何以至期也？曰：至亲以期断。是何也？曰：天地则已易矣，四时则已变矣，其在天地之中者，莫不更始焉，以是象之也。然则何以三年也？曰：加隆焉尔也，焉使倍之，故再期也。由九月以下何也？曰：焉使弗及也。故三年以为隆，缌小功以为杀，期九月以为间。上取象于天，下取法于地，中取则于人，人之所以群居和壹之理尽矣。故三年之丧，人道之至文者也，夫是之谓至隆。是百王之所同、古今之所壹也，未有知其所由来者也。孔子曰："子生三年，然后免于父母之怀。夫三年之丧，天下之达丧也。"

儒行

鲁哀公问于孔子曰："夫子之服，其儒服与?"孔子对曰："丘少居鲁，衣逢掖之衣；长居宋，冠章甫之冠。丘闻之也：君子之学也博，其服也乡。丘不知儒服。"

哀公曰："敢问儒行。"孔子对曰："遽数之不能终其物，悉数之乃留，更仆未可终也。"

哀公命席。孔子侍曰："儒有席上之珍以待聘，夙夜强学以待问，怀忠信以待举，力行以待取。其自立有如此者。

"儒有衣冠中，动作慎。其大让如慢，小让如伪；大则如威，小则如愧。其难进而易退也，粥粥若无能也。其容貌有如此者。

"儒有居处齐难。其坐起恭敬，言必先信，行必中正；道涂不争险易之利，冬夏不争阴阳之和；爱其死以有待也，养其身以有为也。其备豫有如此者。

"儒有不宝金玉，而忠信以为宝；不祈土地，立义以为土地；不祈多积，多文以为富。难得而易禄也，易禄而难畜也。非时不见，不亦难得乎？非义不合，不亦难畜乎？先劳而后禄，不亦易禄乎？其近人有如此者。

"儒有委之以货财，淹之以乐好，见利不亏其义；劫之以众，沮之以兵，见死不更其守；鸷虫攫搏不程勇者，引重鼎不程其力；往者不悔，来者不豫；过言不再，流言不极；不断其威，不习其谋。其特立有如此者。

“儒有可亲而不可劫也，可近而不可迫也，可杀而不可辱也。其居处不淫，其饮食不溽；其过失可微辨，而不可面数也。其刚毅有如此者。

“儒有忠信以为甲胄，礼义以为干橹；戴仁而行，抱义而处；虽有暴政，不更其所。其自立有如此者。

“儒有一亩之宫，环堵之室，筚门圭窬，蓬户瓮牖；易衣而出，并日而食；上答之不敢以疑，上不答不敢以谄。其仕有如此者。

“儒有今人与居，古人与稽；今世行之，后世以为楷。适弗逢世，上弗援，下弗推。谗谄之民，有比党而危之者，身可危也，而志不可夺也；虽危起居，竟信其志，犹将不忘百姓之病也。其忧思有如此者。

“儒有博学而不穷，笃行而不倦；幽居而不淫，上通而不困。礼之以和为贵，忠信之美，优游之法，慕贤而容众，毁方而瓦合。其宽裕有如此者。

“儒有内称不辟亲，外举不辟怨。程功积事，推贤而进达之，不望其报。君得其志，苟利国家，不求富贵。其举贤援能有如此者。

“儒皆闻善以相告也，见善以相示也；爵位相先也，患难相死也；久相待也，远相致也。其任举有如此者。

“儒有澡身而浴德，陈言而伏，静而正之；上弗知也，粗而翘之，又不急为也。不临深而为高，不加少而为多；世治不轻，世乱不沮；同弗与，异弗非也。其特立独行有如此者。

“儒有上不臣天子，下不事诸侯；慎静而尚宽，强毅以与人，博学以知服；近文章，砥厉廉隅；虽分国如锱铢，不臣不仕。其规为有如此者。

“儒有合志同方，营道同术；并立则乐，相下不厌；久不相见，闻流言不信；其行本方立义，同而进，不同而退。其交友有如此者。

“温良者，仁之本也；敬慎者，仁之地也；宽裕者，仁之作也；孙接者，仁之能也；礼节者，仁之貌也；言谈者，仁之文也；歌乐者，仁之和也；分散者，仁之施也。儒皆兼此而有之，犹且不敢言仁也。其尊让有如此者。

“儒有不陨获于贫贱，不充诎于富贵；不慁君王，不累长上，不闵有司，故曰儒。今众人之命儒也妄，常以儒相诟病。”

孔子至舍，哀公馆之，闻此言也，言加信，行加义：“终没吾世，不敢以儒为戏。”

《大　学》

一、不分经传

《大学》本在《小戴礼记》四十九篇中，其经文聚讼最繁。自注疏本外，有大程子本、二程子本，有朱子本，有高景逸先生本，有刘蕺山先生本。或疑经文有错乱，或疑中有阙文，或为之厘正，或为之分经传。要而言之，皆由本经论诚意之功在先，以致开后儒疑窦。不知本经“八条目”以修身为本，而修身以诚意为本。以下道学自修明德、自新新民之旨，皆赅于诚意之内，其义极明显、极精微。且即以文义而论，古人文章错综变化，不必如后人文字拘拘于前呼而后应也。朱子强分经、传，后人多加訾议。近陈兰甫先生云：“《诗·邠风·七月》首章，郑《笺》云：‘此章陈人以衣食为急，馀章广而成之。’然则古人之文，有以馀章广成首章之意者。若朱子但于首章之下云‘馀章广而成之’，而不分经、传，则后人不能訾议矣。”其说是也。夫以意说经，已违先儒家法，况以意改经乎？况颠倒其次序乎？故此书以郑注本为正，不分经、传，以免改经之诮。

二、微　言

朱子补《格物传》，后儒多宗之，末学何敢妄议。惟案《补传》云：“《大学》始教，必使学者即凡天下之物，莫不因其已知之理而益穷之。”窃恐本经无此意义。盖“格物”二字，即经文“物有本末”之物，由诚意而推之，则心与身、与家、与国、与天下，皆物也。郑《注》云：“其知于善深，则来善物；其知于恶深，则来恶物，归本于诚意。”与孟子言“万物皆备”之旨相合，至为精深。若谓尽穷天下事物之理，恐失之泛矣。然则“格物”固切于生人之日用，后儒侈谈穷理，而于身物、民物转置而不讲，恐非《大学》之教也。王阳明先生毅然复古本，允已。然欲借“诚意”之说，以托于禅宗“光明寂照”之学，亦不能为之讳。此王船山《大学章句》（在《礼记章句》内），所以大肆诋讥也。阳明先生又以“致知”为“致良知”，尤属未合。盖“致知”者，即《易传》所谓“知至至之”。一事而贯彻其终始之几，即所谓“知至”，与“良知”“知爱其亲”“知敬其兄”迥然不同。阳明先生之品诣功业，予向所景行，至其学说则不敢苟同也。

三、注释及文字

读经分别注释之是非，最为要旨。朱子分经、传，虽与古本不合，然其注之质实简明，非他人所能及。[①] 他如孙夏峰先生《四书近指》，刘蕺山先生《大学古记约义》《大学杂言》，顾亭林先生《日知录》，陆桴亭先生《思辨录》，李二曲先生《四书反身录》，陈兰甫先生《东塾读书记》，俱多精粹之语[②]；其中刘、顾两先生说，尤为广大而精微。真西山先生《大学衍义》为讲幄之书，非说经之体。近胡朏明先生《大学翼真》，考据《大学》传本源流最详，足资参考。惟愚以读《大学》之要[③]，务以本于躬行、切于时务、关于世道人心者为主。盖是书实救世之良宝，吾国人

① 醒园本此后尚有一段文字：“故予于郑《注》、朱《注》几全录无遗，作为正义；其重复及无意义者，则去之。朱子分传次第，亦附录入案语内，用备参考。《大全》所载诸儒之说，大都发明朱注，不免雷同，又多语录体，故无取焉。”

② “俱多精粹之语”，醒园本作“其说之精粹者，则均皆采录其中”。

③ “足资参考。惟愚以读《大学》之要”，醒园本作“惟亦与经旨无关，是以付诸阙如。至于愚案，”。

无论为上为下，在朝、在野、在学校，皆当服膺之者也。

至《大学》文字，在《小戴记》中特为精纯。盖此书本为古大学中讲贯之书，故其分章教授颇与后世分节课程相类，（“平天下章”分段尤显明。）考寻迹象，极有意味。学者读之，自可得其全体大用矣①。

《中　庸》

一、大　义

《大学》《中庸》二书，相为表里。《大学》言明德，《中庸》言天命之性；《大学》言慎独，《中庸》亦言慎独；《大学》言修身以诚意为本，《中庸》言修身亦以至诚为本。盖曾子、子思子一脉相传。二书不独为道德之指归，且皆为政治之要领也。惟吾人须知政治、学问具在力行，本经“博学”“审问”“慎思”“明辨”，必以“笃行”为归宿之地。譬如读“天命之谓性，率性之谓道”，即当求所谓“性”者安在，所谓“道”者安在。读“喜怒哀乐之未发谓之中，发而皆中节谓之和”，即当思所谓“中”者如何，所

① “学者读之，自可得其全体大用矣”，醒园本作“予于文法并加圈点，盖文以载道，因文而道益显也”。

谓“和”者如何。读“九经”，即当求如何为修身之道，如何为尊贤诸经之道。读“闇然日章，内省不疚”，即当审查如何而后能闇然，如何而后能不疚。读“相在尔室”三节，即当审察如何而能敬信，如何而能劝威，如何而能天下平。事事返诸实践，不可徒托空言。倘侈谈鸢飞鱼跃之灵机、德性问学之宗派，甚至缒幽绝险，好大喜功，不诚不明，乃生心而害政，则是《中庸》之罪人也。

二、微　言

本经微言，略见前序，然先儒说多有可采者。陈氏紫峰云：“《中庸》一书，始之以天，终之以天。夫学所以学为人，而始终以天焉者，天、人一也。不知天，不足以尽人。故始以‘天命之谓性’，自天而人也；终以‘上天之载，无声无臭，至矣’，则自人而天也。”又孙氏夏峰云：“《中庸》阐道微言，其间举舜之受命、武之缵绪、周公之制礼，皆千古非常之事，而名之曰孝、曰达，见奇事皆归于庸德也。对哀公言道德九经，而一通之于诚，见王道之必本于天德也。至论鬼神之德性，教之自天、人之一，以及笃恭不显，无声无臭，总于本体上无加，反之天命之始，而不外喜怒哀乐之常，乃所以为《中庸》也。前人谓《中庸》说下学处少，说上达处多。愚谓离下无上，上达即在下学中也。夫子平生，只是下学，而祖述宪章、上律下袭，于此立极。一部《中庸》，皆修道而教之事。”案：此二说俱极精实，足括全书之要。

三、授　受

《中庸》为《礼记》第三十一篇，孔颖达《疏》引郑《目录》云："此书于《别录》属通论。"《汉书·艺文志》有《中庸说》二篇，颜师古注曰："今《礼记》中有《中庸》一篇，亦非本《礼经》。"《四库全书提要》云：子思之作是书，"本以阐天人之奥，汉儒以无所附丽，编之《礼记》，实于五礼无所属。故刘向谓之'通论'，师古以为'非本《礼经》'也"。《隋书·经籍志》载有戴颙《中庸传》二卷，梁武帝《中庸讲疏》一卷；又《书录解题》载司马光有《中庸广义》一卷。自唐、宋以来，多有表章此经者。至二程子出，而论说益详。吕大临、谢良佐、游酢、杨时、侯仲良、尹焞、石憝诸儒，各述师说，互有发明。迨朱子更定《四书》之目，《中庸》于《四书》中尤为精奥。朱《注》荟萃诸家之说，备极纯粹，《四库提要》谓其"虽不从郑《注》，实较郑《注》为精密。盖考证之学，宋儒不及汉儒；义理之学，汉儒亦不及宋儒"，其说允矣。

四、注　释

自来注《周易》者，无虑数千家，而说《中庸》者，殆不过百家，以郑君、朱子二家注为最精至。此外若顾亭林、陆桴亭、陈兰甫诸先生说，博大精深；孙夏峰先生《四书近指》，李二曲先生《四书反身录》，鞭辟近里；先师黄元同先生《子思子辑解》，精覈缜密；门人北流陈柱撰《中庸通义》能见其大，均足资参考。[1]

五、文 法

朱子谓《中庸》文法，特为缜密。窃谓《中庸》系说理之书，与《易·系辞传》极相近。中如“至诚无息章”“大哉圣人之道章”“王天下有三重章”，皆“太阴识度”之文也。“哀公问政章”为逐层脱卸法，波澜壮阔；“衣锦尚絅章”为逐层推进法，每节俱引《诗》语发端而引申之，盖本于《大学》，文法特奇；“聪明睿知章”意味雅近《虞》《夏书》，俱至文也。

至分章节法，朱子《章句》与郑本不同，窃意从朱子本为是。即如“索隐行怪章”，明系三节，而郑君以“君子之道，费而隐”二句连属上章，则为赘矣。末章郑君分节，皆以引《诗》作结。无论首节引“衣锦尚絅”文法为不伦，且潜伏确为“人之所不见”，不显确为“笃恭”，一经割裂，

① 醒园本此段为：“自来注《周易》者，无虑数千家，而说《中庸》者，殆不过百家。予纂是书，谨先郑君、朱子二家注，于其烦冗处稍删节之。次采先师黄元同先生《子思子辑解》，尊师也。间有己意，特加‘愚案’二字以别之。此外若顾亭林、陆桴亭、陈兰甫诸先生说，博大精深，并皆采录。孙夏峰先生《四书近指》，李二曲先生《四书反身录》，鞭辟近里。读二曲先生说时，觉开心明目，或有通身汗下者，未可因其与朱子异而忽之也。门人北流陈柱撰《中庸通义》能见其大，颇多新力，亦网罗其说，用资参考。”

文义颇觉不贯，此则朱子实胜于郑君。盖读书之法，前贤引其端，后贤广其绪，后人固易胜于前人也。《四库提要》载宋黎立武撰《中庸指归》，分全经为十五章，别具条理，可备研究。

卷七　左　传

一、作者及知觉[①]

《左氏传》之为丘明作，《四库全书提要》言之綦详。余尝谓中国有大文学家二，左丘明、司马迁是也。孔子曰："巧言令色足恭，左丘明耻之，丘亦耻之。匿怨而友其人，左丘明耻之，丘亦耻之。"意其为人光明磊落，崇尚气节，故其为传，大率写其胸中之奇，而不规规于经。其书之牢笼万有，睥睨古今，与《史记》相类。故昔人谓丘明作传非以传经，子长为文非以作史，要别有其精神所在，自成为一家之言，洵笃论也。（汉博士谓左氏不传《春秋》，实即此意，惟语未显明耳。）然丘明之诙诡尚不逮子长者，子长传千数百年之事，丘明不过传二百数十年之事也。譬诸弈棋然，子长国手也，丘明则二手也。（庄周亦可为国手，惜其但言修道耳。韩子则四手也，其余盖寥寥矣。）向令后无子长，则丘明固国手矣。善哉文乎，瓣香以奉之久矣！

有知觉运动，而后可以为人；有知觉运动，而后可以为文。所以主宰其运动者，知觉也。有运动而无知觉，傀

① 此卷小标题，亦为编者所拟。

然人也，不谓之人亦可也，无知觉也；傫然文也，不谓之文亦可也，无知觉也。庄子之文，通篇皆知觉也，犹人之全体皆知觉也。司马迁之文，随时而有知觉者也，例如《伯夷传》不言尊孔；《范睢传》“绨袍恋恋”，不言入须贾之玄中；《外戚世家》言卫皇后“其家号曰卫氏”，皆是也。《封禅书》全篇皆知觉，此盖含之于一心、因时以为妙用者也。左氏之文，其知觉深藏而晦，有胜于司马迁者，亦有逊于司马迁者，如以下所论之文法是也。韩子文之知觉，少于丘明、子长矣。宋以后文，知觉之分数益少，并有全无知觉者。余尝谓：读一文而知其文之精神命意者，知觉也；作一文而使后人知其精神命意之所在者，知觉也。以知觉感知觉，文乃不绝于天下。孟子曰“先知先觉”，夫惟先知先觉，斯为圣人；亦惟先知先觉，斯为文人。

黄石斋先生《坊记集传》序云：“左氏以春秋之乱，鲁始于羽父，终于三桓；晋始于曲沃，终于六卿，故于‘郑伯克段’之章首明其义，以为宠禄不过、都城有制为立坊之要领。因而推于桓、庄、文、宣之间，外衅所从入，内慝所从出，归重于别微明嫌，为立坊之要归。故《左传》一书，兄弟之大坊也。”然余谓不独坊兄弟也。父子有坊，兄弟有坊，夫妇有坊，夷夏有坊，惟孔子作经托始于隐公，故兄弟之坊尤为著耳。陈兰甫先生云：“‘羽父请杀桓公’，则桓公有不臣之迹可知也。云‘反谮公于桓公而请弑之’，则桓公许之可知也。云‘讨寪氏，有死者’，言其冤也。云‘不书葬，不成丧也’，言桓不以人君之礼葬隐也。左氏为鲁史官，不可以直书者，而能曲曲传之，其叙事之精善，非后世史家及也。”余谓‘郑伯克段于鄢’一篇，文法亦是如此。曰“姜氏欲之，焉辟害”，曰“多行不义，必自毙”，曰“无庸，将自及”，皆以见叔段之无叛志，而庄公则处心积虑，有以酿成之也。凡文之意在言外者，俱当以此为法，所谓“知觉”者是也。

二、《左氏》善于礼

郑君云：“《左氏》善于礼，《公羊》善于谶，《穀梁》善于经。”诚哉，左氏之善于礼也！其载刘子曰：“民受天地之中以生，所谓命也。是以有动作礼义威仪之则，以定命也。能者养之以福，不能者败以取祸。是故君子勤礼，小人尽力。勤礼莫如致敬，尽力莫如敦笃。敬在养神，笃在守业。”又曰：“不忘恭敬，民之主也。”又曰：“敬，德之聚也。”至精至粹之言，实与《中庸》“天命谓性，率性谓道”之旨互相发明，此《礼经》之精蕴也。

宋王伯厚云：“名卿大夫，讲闻故实，三代文献，蔼如也。纳鼎有谏，观社有谏，申繻名子之对，里革断罟之规，御孙别男女之贽，管仲辞上卿之飨，柳下季之述祀典，单襄公之述夏令秩官，魏绛之述夏训虞箴，郯子能言纪官，州鸠能言七律，子革、倚相能诵《祈招》《懿戒》，观射父之陈祭祀，闵马父之称《商颂》，格言猷训，粲然可睹。齐虞人之守官，鲁宗人之守礼，懔懔秋霜夏日之严。”“统纪相承，渊源相续。得《夏时》《坤乾》，见《易象》《鲁春秋》，而知三代之礼所以扶持于未坠者，岂一人之力哉！”（见《汉制考叙》。）陈兰甫先生云：“学者当知所谓道德、仁义、宪章、坟典、故实、文献、经学、德行、名言，皆出于孔子之前，赖有《左传》《国语》述之，至今得以考见，此左氏之功之大也。”盖凡此，皆古礼之所由存也。

三、羼改窜之厄尤甚

然而有不惬于心者，后人好改经传，《左氏》羼厄尤甚。六国既盛，田氏有窜入者，如“懿氏卜妻敬仲”之类；魏氏有窜入者，如“毕万之后必大”之类；赵氏有窜入者，如“越竟乃免”之类。秦燔而后，刘氏有窜入者，如“处者为刘氏”之类。

西汉时，《公羊》先立于学官，缘饰谶纬，治《左氏》者效之，亦窜入符瑞之说。下逮王莽之世，刘歆奋其私笔，任意增改，谬误可疑之处乃孳乳而浸多。其最谬者，导淫之文，如宋华父督事，齐人使昭伯烝于宣姜事，所谓“言之则污口舌，书之则污简牍”者也。又如襄九年《传》，晋悼公谓：“国君十五而生子，冠而生子，礼也。”而鲁襄且以十二岁而冠，然则十二岁而可生子乎？而注且以文王十三生伯邑考傅会之，破坏古礼，重诬古圣，莫此为甚。（方望溪先生云：“余少阅《大戴记》，称文王十三生伯邑考，即辨其诬，而未得证验。及考《王莽传》，平帝年十有二，而莽‘欲以女配’，故歆先窜此于《大戴记》，以示文王始婚亦年十有二，然后莽‘请考论《五经》’，以定天子之娶礼”云云。可谓能烛其奸。然歆非特窜《礼》，抑且窜《传》，可笑之甚。）吾师王紫翔先生《读左质疑》，特详辨之。此盖厚爱《左氏》，意在存《左》之真，非以攻《左》、难《左》也。此意余跋王先生书中已详论之。

因果之事，儒者所不道。盖君子言理不言数，惟中人以下，不得不以福善祸淫之说惕之，是以孔子曰：“圣人以神道设教。”《左氏传》载闵子马曰：“祸福无门，唯人所召。”善哉，千古之名言也！至孟子又引申其义，曰“祸福无不自己求之者”，且引《诗》曰：“永言配命，自求多福”；《太甲》曰：“天作孽，犹可违；自作孽，不可活”。盖“惠迪吉，从逆凶”，如响斯应然。况于伦常之间，为人道之根本，吉德以仁孝为先，凶德以淫贪为极，鲜有不报者。一身一家之几如此，一国之几亦如此。是以鲁桓弑隐，文姜淫乱以报，而身为彭生所乘；齐襄杀鲁桓、杀彭生，厥后彭生见而遂为公孙无知所弑。晋献灭虢，即得骊姬以报之；其昏乱，生夷吾以报之；其杀申生，里克杀奚齐、卓子以报之。晋灵遭赵盾之杀，齐光遭崔杼之杀，千载而下，靡不称快。其他因果报施，悉数不能尽。盖左氏言礼义，所以范中人以上也；言因果，所以惧中人以下也，其有功于人心世道一也。《周易·坤》之初六，占曰“履霜”，积善馀庆，积恶馀殃，天网至大，不爽毫芒。《诗》曰：“无言不雠，无德不报。”曾子曰：“戒之戒之！出乎尔者，反乎尔者也。”可不畏哉！嗟呼！民兴胥渐，泯泯棼棼，伦纪之溃，于今为烈。彼夫冥顽蠢愚之人心，进以因果之说，倘可唤醒之与？

四、精义一

《左氏》纪二百数十年之事，其尤宜注意者有二人焉，曰管仲，曰子产。管子，天下才也。其所设施，颇得《周礼》之遗意。招携以礼，怀远以德，葵丘五命，皆足诛当时诸侯之心。孟子所以黜之者，恶其以力假仁尔，然其才岂易得哉！子产，外交家之祖也。以蕞尔郑，介晋、楚之间，樽俎周旋，不卑不亢，夫岂易与？毁垣争承，铮铮然如闻其声，而大国亦屈服者，惟其所据之理正也。后人畏葸无能，于是“弱国无外交”之说洋洋盈耳，对于内国则无所不争，对于外人则无所不让，阘茸贻误，可胜痛心！孔子曰：“使于四方，不辱君命”，子产有焉。窃愿外交家铸金以祀之矣。西人尝辑《中国古世公法》一卷，惜其文太劣。余尝欲编《春秋外交学》，专以子产为师，人事糠様，未果也。

五、精义二

左氏亲受绪论于孔子，最深于政治学，世儒忽焉，可叹也。如闵二年载“卫文公大布之衣，大帛之冠，务材训农，通商惠工，敬教劝学，授方任能”，成十八年载晋“始命百官施舍已责，逮鳏寡，振废滞”，“薄赋敛”，“节器用”，此皆立国之本也，古未有不俭而能为治者也。又宣十一年载“郤成子曰：‘非德，莫如勤。非勤，何以求人？能勤有继，其从之也。’”宣十二年时，栾武子述楚庄之言曰：“民生在勤，勤则不匮”，“无日不讨国人而训之”，此又皆立国之本也，古未有不勤而能为治者也。不俭、不勤，“不祀忽诸”，哀哉！襄十三年载晋卿之互相让曰：“世之治也，君子尚能而让其下，小人农力以事其上，是以上下有礼而谗慝黜远，由不争也，谓之‘懿德’。及其乱也，君子称其功以加小人，小人伐其技以冯君子，是以上下无礼，乱虐并生，由争善也，谓之‘昏德’。国家之敝，恒必由之。”善哉斯言！“受爵不让，至于己斯亡。”盖上不让则下无礼，贼民觊觎，死亡随之，哀哉！

甚哉，恕道之大也！孔子曰：“臧武仲之智，而不容于鲁，有由也。作不顺而施不恕也。”《夏书》曰：“念兹在兹。”顺事恕施也。斯言也，其为政者之金鉴乎？《礼记·月令篇》曰：“毋隳天之道，毋绝地之理，毋乱人之纪。”孟子曰：“所欲与之聚之，所恶勿施尔也。”皆所谓“恕”也。“《春秋》之中，弑君三十六，亡国五十二，诸侯奔走不得保其社稷者不可胜数”，察其所以，皆出于不恕。是故治民而不知恕，则身亡而国危。

子产告子太叔“宽猛相济”，后世传为美谈。古有之曰：“治乱国，用重典。”末世之治，其必尚猛乎？然而尤可师者，在止尹何之为邑。夫百姓之受祸，皆由于亲民者之庸闇无所知也。未能操刀而遽使割，长敖遂非，贸然懵然，割民乎？自割耳！子路使子羔为费宰，孔子曰：“贼夫人之子。”然而贼民人也，贼社稷也，实自贼也。呜呼！资格固不可以用人，岂騃竖而可以行政乎？此贪与乱之阶也，可为万世戒矣。（又考襄九年、昭十八年载火政，皆古法，文尤秩然老洁，此皆《左氏》真面目也。）

六、精义三

阪泉、涿鹿之师，《书》缺有间；牧野、南巢，不闻论及兵法。逮左氏书出，遂为谈兵之雄。其言陈法，若“先偏后伍，伍承弥缝”之类；言诱敌，如“使勇而无刚者，尝寇而速去之，君为三覆以待之”，及“栾枝使舆曳柴而伪遁”之类；其言变化，如“塞井夷灶，成陈以当之”之类。又吴越笠泽之战，“夹水而陈，越子为左右句卒，使夜或左或右，鼓噪而进。吴师分以御之。越子以三军潜涉，当中军而鼓之。吴师大乱，遂败之”。吴挚甫先生评之曰：“《左氏》序战功之妙，千古无两，此绝笔也。”极奇正之变，而该兵法之能。盖兵法无他，奇正而已；奇正无他，变化而已；变化无他，不测而已。“出其不意，攻其无备”，不测之术也；“多方以误之”，出不意、攻无备之术也，而此传一一备之。句卒，奇也；三军，正也；左右鼓噪，虚而实，以奇为正也；三军潜涉，实而虚，以正为奇也；吴师分御左右，误矣；当中军而鼓，“出其不意，攻其无备”也。其论战术精矣！庸讵知更有本而有原也，观于曹刿之言，曰“忠之属也，可以一战”；晋楚城濮之战，归本于“定人谓礼”“少长有礼”，又大书子犯之言曰“师直为壮，曲为老”，此用兵之本原也。“民生之不易，祸至之无日，戒惧之不可以怠”，益信“兵德”之重于“兵法”也。近胡文忠《读史兵略》采《左氏传》列于卷首，言兵者其尚奉为圭臬哉！

七、内外《传》并重

《左氏传》称曰“内传”，《国语》称曰“外传”。顾亭林先生谓左氏“采列国之史而作”，非出于一人之手。余疑“内传”为丘明所编辑，“外传”则采自列国，未加删削者也。

夙好以《左氏传》与《公》《穀》二传互相比较，如《左氏》“郑伯克段于鄢”一段，宜与《穀梁传》对较；“晋献公欲以骊姬为夫人”一段，宜与《穀梁传》“晋杀其大夫里克”对较；“晋灵公不君”一段，宜与《公羊传》对较。悟其文法之各异，而文思、文境乃可日进。

又好以《内传》与《外传》参考，如《外传》管子论轨里连乡之法、敬姜论劳逸、优施教骊姬夜半而泣诸篇，皆为《内传》所不载；而一则波澜壮阔、丰裁严整[①]，一则细语喁喁、委婉入听，均各擅其胜。又如晋文请隧，襄王不许，《内传》曰：“王章也，未有代德而有二王，亦叔父之所恶也。”仅三语，懔乎其不可犯。而《外传》则衍成数

① “丰裁”前有“一则”二字，疑衍径删。

百言，负声振采，琅琅铮铮，有令人“不厌百回读”者矣。至若《齐语》，通篇一气卷舒，而蹊径分明，峰峦迴抱[①]；《郑语》则上下千百年，如烛照数计，博丽中尤极缜密。《吴语》中叙黄池军容之盛，如火如荼，光耀出没，较《内传》诸大战，一新壁垒；末叙句践灭吴，惨谋血战，有雷霆精锐之概。司马子长曰：“丘明惧弟子人人异端，各安其意，失其真，故因孔子史记具论其语，成《左氏春秋》。”又曰：“左丘失明，厥有《国语》。”然则二书之当并重无疑矣。[②]

八、文　法

评《左》之书，汗牛充栋，而审度义法，以方望溪先生为最。其于晋、楚诸大战文字，可谓批郤导窍，无微不至矣。其评“齐侯使连称、管至父戍葵丘”一段，谓：“公孙无知与连称从妹之布置为乱，概〔盖〕藏不露，而以齐侯游于姑棼宕开，下接走出，遇贼于门，弥觉奇突。”斯评也，开千古文家之秘钥。盖匣剑帷灯之法，藏匿而骤露，司马子长常用之矣，是即所谓“知觉”也。

---

① 自“至若《齐语》”至“有雷霆精锐之概”，醒园本无，而有“惟《吴》《越语》气体句调均属萎茶，疑与《内传》末载智伯事相同，为后人附益”数句。

② 醒园本后尚有数句：“余于《国语》，有乡先进程状先评点本，亦足宝也。”

余于《左传》中特赏“祭仲专，郑伯患之”一段，雍姬谓其母曰：“父与夫孰亲?”此何异禽兽之声也！其母知其有变故，不待言也，曰：“人尽夫也，父一而已。”亦禽兽之声也。“遂告祭仲曰：‘雍氏舍其室而将享子于郊，吾惑之，以告。”称其夫曰“雍氏”，称其夫之罪曰“舍其室”，称其父曰“子”，自称曰“吾”，皆禽兽之声也。“祭仲杀雍纠，尸诸周氏之汪。公载以出，曰：‘谋及妇人，宜其死也。’”结出宗旨，如神龙掉尾。而郑伯欲杀祭仲，即使其婿以致事败，其为不智之极，自在言外。仅用数十言，包括绝大之事，旨哉文乎！司马子长又常用此法矣，是亦所谓“知觉”也。

《齐鲁长勺之战》一篇，壁垒森严，文家奇正相生之法，实从此创。“吕相绝秦”一篇，丰神千古独绝，论者谓为“开策士之先声”。余谓此文委婉高朗，与策士之纵横放恣迥乎不同，惟己所屈者略之，理长者逾分揄扬之，则与策士相近耳。曾文正《经史百家杂钞》选《左氏传》，亦极精当。方氏望溪《义法举要》虽仅五篇，已尽错综变化之致，后之研究《左氏》文法者，无过于此矣。[①]

① 自“方氏望溪《义法举要》”至“无过于此矣”，醒园本作：“是编蓝笔系孙月峰先生本，黄笔系方望溪先生本，红笔系姚姬传先生本，墨笔系曾文正选本。方氏《义法举要》最为精能，后之研究《左氏》文法者，其必以是为嚆矢矣。”

附《左传》选目

《郑伯克段于鄢》（隐公元年）　《鲁会齐郑入许》（隐公十一年）　《楚屈瑕伐罗》（桓公十三年）　《齐人弑襄公》（庄公八年）　《齐鲁长勺之战》（庄公十年）　《秦晋韩之战》（僖公十五年）　《晋公子重耳出亡》（僖公二十三年）　《晋楚城濮之战》（僖公二十八年）　《秦晋殽之战》（僖公三十三年）　《晋楚邲之战》（宣公十二年）　《楚子伐萧》（宣公十二年）　《齐晋鞌之战》（成公二年）　《晋侯使吕相绝秦》（成公十三年）　《晋楚鄢陵之战》（成公十六年）　《齐晋平阴之战》（襄公十八年）　《叔孙穆子之难》（昭公四年）　《楚子狩于州来》（昭公十二年）　《楚灵王乾溪之难》（昭公十三年）　《吴楚柏举之战》（定公四年）　《齐鲁清之战》（哀公十一年）　《白公之难》（哀公十六年）

郑伯克段于鄢（隐公元年）

初，郑武公娶于申，曰武姜。生庄公及共叔段。庄公寤生，惊姜氏，故名曰“寤生”，遂恶之。爱共叔段，欲立之，亟请于武公，公弗许。及庄公即位，为之请制。公曰：“制，岩邑也，虢叔死焉，佗邑唯命。”请京，使居之，谓之“京城大叔”。

祭仲曰：“都城过百雉，国之害也。先王之制：大都，不过参国之一；中，五之一；小，九之一。今京不度，非制也，君将不堪。”公曰：“姜氏欲之，焉辟害？”对曰：“姜氏何厌之有？不如早为之所，无使滋蔓。蔓，难图也。蔓草犹不可除，况君之宠弟乎？”公曰：“多行不义，必自毙，子姑待之。”

既而大叔命西鄙、北鄙贰于己。公子吕曰：“国不堪贰，君将若之何？欲与大叔，臣请事之；若弗与，则请除之，无生民心。”公曰：“无庸，将自及。”大叔又收贰以为己邑，至于廪延。子封曰：“可矣。厚将得众。”公曰：“不义不暱，厚将崩。”

大叔完聚，缮甲兵，具卒乘，将袭郑。夫人将启之。公闻其期，曰：“可矣！”命子封帅车二百乘以伐京。京叛大叔段。段入于鄢，公伐诸鄢。五月辛丑，大叔出奔共。

遂置姜氏于城颍，而誓之曰：“不及黄泉，无相见也。”既而悔之。

颍考叔为颍谷封人，闻之，有献于公。公赐之食。食舍肉。公问之，对曰：“小人有母，皆尝小人之食矣，未尝君之羹。请以遗之。”公曰：“尔有母遗，繄我独无！”颍考叔曰：“敢问何谓也？”公语之故，且告之悔。对曰：“君何患焉？若阙地及泉，隧而相见，其谁曰不然？”公从之。公入而赋：“大隧之中，其乐也融融！”姜出而赋：“大隧之外，其乐也泄泄！”遂为母子如初。

君子曰：“颍考叔，纯孝也。爱其母，施及庄公。《诗》曰：‘孝子不匮，永锡尔类。’其是之谓乎？”

鲁会齐郑入许（隐公十一年）

夏，公会郑伯于郲，谋伐许也。

郑伯将伐许，五月甲辰，授兵于大宫。公孙阏与颍考叔争车，颍考叔挟辀以走，子都拔棘以逐之，及大逵，弗及，子都怒。

秋七月，公会齐侯、郑伯伐许。庚辰，傅于许。颍考叔取郑伯之旗蝥弧以先登，子都自下射之，颠。瑕叔盈又以蝥弧登，周麾而呼曰："君登矣！"郑师毕登。壬午，遂入许。许庄公奔卫。

齐侯以许让公，公曰："君谓许不共，故从君讨之。许既伏其罪矣，虽君有命，寡人弗敢与闻。"乃与郑人。

郑伯使许大夫百里，奉许叔以居许东偏，曰："天祸许国，鬼神实不逞于许君，而假手于我寡人。寡人唯是一二父兄不能共亿，其敢以许自为功乎？寡人有弟，不能和协，而使餬其口于四方，其况能久有许乎？吾子其奉许叔以抚柔此民也，吾将使获也佐吾子。若寡人得没于地，天其以礼悔祸于许，无宁兹许公复奉其社稷。唯我郑国之有请谒焉，如旧昏媾，其能降以相从也；无滋他族，实偪处此，以与我郑国争此土也。吾子孙其覆亡之不暇，而况能禋祀许乎？寡人之使吾子处此，不惟许国之为，亦聊以固吾圉也。"

乃使公孙获处许西偏，曰："凡而器用财贿，无置于许。我死，乃亟去之。吾先君新邑于此，王室而既卑矣，周之子孙日失其序。夫许，大岳之胤也。天而既厌周德矣，吾其能与许争乎?”

君子谓：“郑庄公于是乎有礼。礼，经国家、定社稷、序民人、利后嗣者也。许，无刑而伐之，服而舍之，度德而处之，量力而行之，相时而动，无累后人，可谓知礼矣。”

楚屈瑕伐罗（桓公十三年）

十三年春，楚屈瑕伐罗，斗伯比送之。还，谓其御曰：“莫敖必败。举趾高，心不固矣。”遂见楚子，曰：“必济师。”楚子辞焉。入告夫人邓曼。邓曼曰：“大夫其非众之谓，其谓君抚小民以信，训诸司以德，而威莫敖以刑也。莫敖狃于蒲骚之役，将自用也，必小罗。君若不镇抚，其不设备乎？夫固谓君训众而好镇抚之，召诸司而劝之以令德，见莫敖而告诸天之不假易也。不然，夫岂不知楚师之尽行也?”楚子使赖人追之，不及。

莫敖使徇于师曰：“谏者有刑。”及鄢，乱次以济，遂无次；且不设备。及罗，罗与卢戎两军之，大败之。莫敖缢于荒谷。群帅囚于冶父而听刑。楚子曰：“孤之罪也。”皆免之。

齐人弑襄公（庄公八年）

齐侯使连称、管至父戍葵丘。瓜时而往，曰：“及瓜而代。”期戍，公问不至。请代，弗许。故谋作乱。

僖公之母弟曰夷仲年，生公孙无知，有宠于僖公，衣服礼秩如适。襄公绌之。二人因之以作乱。连称有从妹在公宫，无宠，使间公，曰："捷，吾以女为夫人。"

冬十二月，齐侯游于姑棼，遂田于贝丘。见大豕，从者曰："公子彭生也。"公怒曰："彭生敢见！"射之，豕人立而啼。公惧，坠于车，伤足丧屦。反，诛屦于徒人费。弗得，鞭之，见血。走出，遇贼于门，劫而束之。费曰："我奚御哉！"袒而示之背，信之。费请先入，伏公而出，斗，死于门中。石之纷如死于阶下。遂入，杀孟阳于床。曰："非君也，不类。"见公之足于户下，遂弑之，而立无知。

初，襄公立，无常。鲍叔牙曰："君使民慢，乱将作矣。"奉公子小白出奔莒。乱作，管夷吾、召忽奉公子纠来奔。

齐鲁长勺之战（庄公十年）

十年春，齐师伐我。公将战，曹刿请见。其乡人曰："肉食者谋之，又何间焉？"刿曰："肉食者鄙，未能远谋。"乃入见。问何以战，公曰："衣食所安，弗敢专也，必以分人。"对曰："小惠未遍，民弗从也。"公曰："牺牲玉帛，弗敢加也，必以信。"对曰："小信未孚，神弗福也。"公曰："小大之狱，虽不能察，必以情。"对曰："忠之属也，可以一战，战则请从。"

公与之乘。战于长勺。公将鼓之。刿曰："未可。"齐人三鼓，刿曰："可矣。"齐师败绩。公将驰之。刿曰："未可。"下，视其辙；登，轼而望之，曰："可矣。"遂逐齐师。

既克，公问其故。对曰："夫战，勇气也，一鼓作气，再而衰，三而竭。彼竭我盈，故克之。夫大国，难测也，惧有伏焉。吾视其辙乱，望其旗靡，故逐之。"

秦晋韩之战（僖公十五年）

晋侯之入也，秦穆姬属贾君焉，且曰："尽纳群公子。"晋侯烝于贾君，又不纳群公子，是以穆姬怨之。晋侯许赂中大夫，既而皆背之。赂秦伯以河外列城五，东尽虢略，南及华山，内及解梁城，既而不与。晋饥，秦输之粟；秦饥，晋闭之籴，故秦伯伐晋。

卜徒父筮之，吉。涉河，侯车败。诘之，对曰："乃大吉也，三败必获晋君。其卦遇《蛊》，曰：'千乘三去，三去之馀，获其雄狐。'夫狐蛊，必其君也。《蛊》之贞，风也；其悔，山也。岁云秋矣，我落其实而取其材，所以克也。实落材亡，不败何待？"

三败及韩。晋侯谓庆郑曰："寇深矣，若之何？"对曰："君实深之，可若何？"公曰："不孙。"卜右，庆郑吉，弗使。步扬御戎，家仆徒为右，乘小驷，郑入也。庆郑曰："古者大事，必乘其产，生其水土而知其人心，安其教训而服习其道，唯所纳之，无不如志。今乘异产，以从戎事，及惧而变，将与人易。乱气狡愤，阴血周作，张脉偾兴，外强中干。进退不可，周旋不能，君必悔之。”弗听。

九月，晋侯逆秦师，使韩简视师。复曰：“师少于我，斗士倍我。”公曰：“何故?”对曰：“出因其资，入用其宠，饥食其粟，三施而无报，是以来也。今又击之，我怠秦奋，倍犹未也。”公曰：“一夫不可狃，况国乎?”遂使请战，曰：“寡人不佞，能合其众而不能离也，君若不还，无所逃命。”秦伯使公孙枝对曰：“君之未入，寡人惧之；入而未定列，犹吾忧也。苟列定矣，敢不承命。”韩简退曰：“吾幸而得囚。”

壬戌，战于韩原，晋戎马还泞而止。公号庆郑，庆郑曰：“愎谏违卜，固败是求，又何逃焉?”遂去之。梁由靡御韩简，虢射为右，辂秦伯，将止之。郑以救公误之，遂失秦伯。秦获晋侯以归。

晋大夫反首拔舍从之，秦伯使辞焉，曰：“二三子何其戚也！寡人之从君而西也，亦晋之妖梦是践，岂敢以至?”晋大夫三拜稽首曰：“君履后土而戴皇天，皇天后土实闻君之言，群臣敢在下风。”

穆姬闻晋侯将至，以大子罃、弘与女简、璧登台而履薪焉，使以免服衰绖逆，且告曰：“上天降灾，使我两君匪以玉帛相见，而以兴戎。若晋君朝以入，则婢子夕以死；夕以入，则朝以死。唯君裁之。”乃舍诸灵台。

大夫请以入，公曰：“获晋侯，以厚归也。既而丧归，焉用之？大夫其何有焉？且晋人戚忧以重我，天地以要我。不图晋忧，重其怒也；我食吾言，背天地也。重怒难任，背天不祥，必归晋君。”公子絷曰：“不如杀之，无聚慝焉。”子桑曰：“归之而质其大子，必得大成。晋未可灭而杀其君，只以成恶。且史佚有言曰：‘无始祸，无怙乱，无重怒。’重怒难任，陵人不祥。”乃许晋平。

晋侯使郤乞告瑕吕饴甥，且召之。子金教之言曰：“朝国人而以君命赏，且告之曰：‘孤虽归，辱社稷矣。其卜贰圉也。’”众皆哭。晋于是乎作爰田。吕甥曰：“君亡之不恤，而群臣是忧，惠之至也。将若君何？”众曰：“何为而可？”对曰：“征缮以辅孺子。诸侯闻之，丧君有君，群臣辑睦，甲兵益多，好我者劝，恶我者惧，庶有益乎？”众说。晋于是乎作州兵。

十月，晋阴饴甥会秦伯，盟于王城。秦伯曰：“晋国和乎？”对曰：“不和。小人耻失其君而悼丧其亲，不惮征缮以立圉也，曰：‘必报仇，宁事戎狄。’君子爱其君而知其罪，不惮征缮以待秦命，曰：‘必报德，有死无二。’以此不和。”秦伯曰：“国谓君何？”对曰：“小人戚，谓之不免；君子恕，以为必归。小人曰：‘我毒秦，秦岂归君？’君子曰：‘我知罪矣，秦必归君。贰而执之，服而舍之，德莫厚焉，刑莫威焉。服者怀德，贰者畏刑。此一役也，秦可以霸。纳而不定，废而不立，以德为怨，秦不其然。’”

秦伯曰：“是吾心也。”改馆晋侯，馈七牢焉。蛾析谓庆郑曰：“盍行乎？”对曰：“陷君于败，败而不死，又使失刑，非人臣也。臣而不臣，行将焉入？”十一月，晋侯归。丁丑，杀庆郑而后入。

是岁，晋又饥，秦伯又饩之粟，曰："吾怨其君而矜其民。且吾闻唐叔之封也，箕子曰：'其后必大。'晋其庸可冀乎？姑树德焉，以待能者。"于是秦始征晋河东，置官司焉。

晋公子重耳出亡（僖公二十三年）

晋公子重耳之及于难也，晋人伐诸蒲城。蒲城人欲战，重耳不可，曰："保君父之命而享其生禄，于是乎得人。有人而校，罪莫大焉。吾其奔也。"遂奔狄。从者狐偃、赵衰、颠颉、魏武子、司空季子。

狄人伐廧咎如，获其二女叔隗、季隗，纳诸公子。公子取季隗，生伯儵、叔刘；以叔隗妻赵衰，生盾。将适齐，谓季隗曰："待我二十五年，不来而后嫁。"对曰："我二十五年矣，又如是而嫁，则就木焉。请待子。"处狄十二年而行。

过卫，卫文公不礼焉。出于五鹿，乞食于野人，野人与之块。公子怒，欲鞭之，子犯曰："天赐也。"稽首，受而载之。

及齐，齐桓公妻之，有马二十乘，公子安之。从者以为不可。将行，谋于桑下。蚕妾在其上，以告姜氏。姜氏杀之，而谓公子曰："子有四方之志，其闻之者，吾杀之矣。"公子曰："无之。"姜曰：'行也。怀与安，实败名。"公子不可。姜与子犯谋，醉而遣之。醒，以戈逐子犯。

及曹，曹共公闻其骈胁，欲观其裸。浴，薄而观之。

僖负羁之妻曰："吾观晋公子之从者，皆足以相国。若以相，夫子必反其国。反其国，必得志于诸侯。得志于诸侯而诛无礼，曹其首也。子盍蚤自贰焉?"乃馈盘飧，置璧焉。公子受飧反璧。

及宋，宋襄公赠之以马二十乘。

及郑，郑文公亦不礼焉。叔詹谏曰："臣闻天之所启，人弗及也。晋公子有三焉，天其或者将建诸，君其礼焉。男女同姓，其生不蕃。晋公子，姬出也，而至于今，一也。离外之患，而天不靖晋国，殆将启之，二也。有三士足以上人而从之，三也。晋、郑同侪，其过子弟，固将礼焉，况天之所启乎?"弗听。

及楚，楚子飨之，曰："公子若反晋国，则何以报不穀?"对曰："子女玉帛，则君有之；羽毛齿革，则君地生焉。其波及晋国者，君之馀也，其何以报君?"曰："虽然，何以报我?"对曰："若以君之灵，得反晋国，晋、楚治兵，遇于中原，其辟君三舍。若不获命，其左执鞭弭、右属櫜鞬，以与君周旋。"子玉请杀之，楚子曰："晋公子广而俭，文而有礼；其从者肃而宽，忠而能力。晋侯无亲，外内恶之。吾闻姬姓，唐叔之后，其后衰者也，其将由晋公子乎?天将兴之，谁能废之?违天必有大咎。"乃送诸秦。

秦伯纳女五人，怀嬴与焉。奉匜沃盥，既而挥之。怒曰："秦、晋匹也，何以卑我!"公子惧，降服而囚。他日，公享之。子犯曰："吾不如衰之文也。"请使衰从。公子赋《河水》，公赋《六月》。赵衰曰："重耳拜赐。"公子降，拜，稽首，公降一级而辞焉。衰曰："君称所以佐天子者命重耳，重耳敢不拜！"

二十四年春，王正月，秦伯纳之，不书，不告入也。

及河，子犯以璧授公子，曰："臣负羁绁从君巡于天下，臣之罪甚多矣。臣犹知之，而况君乎？请由此亡。"公子曰："所不与舅氏同心者，有如白水。"投其璧于河。济河，围令狐，入桑泉，取臼衰。二月甲午，晋师军于庐柳。秦伯使公子絷如晋师，师退，军于郇。辛丑，狐偃及秦、晋之大夫盟于郇。壬寅，公子入于晋师。丙午，入于曲沃。丁未，朝于武宫。戊申，使杀怀公于高梁。不书，亦不告也。

吕、郤畏逼，将焚公宫而弑晋侯。寺人披请见，公使让之，且辞焉，曰："蒲城之役，君命一宿，女即至。其后余从狄君以田渭滨，女为惠公来求杀余，命女三宿，女中宿至。虽有君命，何其速也？夫袪犹在，女其行乎！"对曰："臣谓君之入也，其知之矣；若犹未也，又将及难。君命无二，古之制也。除君之恶，唯力是视。蒲人、狄人，余何有焉？今君即位，其无蒲、狄乎？齐桓公置射钩而使管仲相，君若易之，何辱命焉？行者甚众，岂唯刑臣？"公见之，以难告。三月，晋侯潜会秦伯于王城。己丑晦，公宫火，瑕甥、郤芮不获公，乃如河上，秦伯诱而杀之。晋侯逆夫人嬴氏以归。秦伯送卫于晋三千人，实纪纲之仆。

初，晋侯之竖头须，守藏者也。其出也，窃藏以逃，尽用以求纳之。及入，求见，公辞焉以沐。谓仆人曰："沐则心覆，心覆则图反，宜吾不得见也。居者为社稷之守，行者为羁绁之仆，其亦可也，何必罪居者？国君而仇匹夫，惧者甚众矣。”仆人以告，公遽见之。

狄人归季隗于晋，而请其二子。文公妻赵衰，生原同、屏括、楼婴。赵姬请逆盾与其母，子馀辞。姬曰：“得宠而忘旧，何以使人？必逆之！”固请，许之。来，以盾为才，固请于公，以为嫡子，而使其三子下之，以叔隗为内子而己下之。

晋侯赏从亡者，介之推不言禄，禄亦弗及。推曰：“献公之子九人，唯君在矣。惠、怀无亲，外内弃之。天未绝晋，必将有主。主晋祀者，非君而谁？天实置之，而二三子以为己力，不亦诬乎？窃人之财，犹谓之盗，况贪天之功以为己力乎？下义其罪，上赏其奸，上下相蒙，难与处矣。”其母曰：“盍亦求之？以死，谁怼？”对曰：“尤而效之，罪又甚焉，且出怨言，不食其食。”其母曰：“亦使知之，若何？”对曰：“言，身之文也。身将隐，焉用文之？是求显也。”其母曰：“能如是乎？与女偕隐。”遂隐而死。晋侯求之，不获，以绵上为之田，曰：“以志吾过，且旌善人。”

晋楚城濮之战（僖公二十八年）

楚子将围宋，使子文治兵于睽，终朝而毕，不戮一人。子玉复治兵于蔿，终日而毕，鞭七人，贯三人耳。国老皆贺子文，子文饮之酒。蔿贾尚幼，后至，不贺。子文问之，对曰："不知所贺。子之传政于子玉，曰'以靖国也'。靖诸内而败诸外，所获几何？子玉之败，子之举也。举以败国，将何贺焉？子玉刚而无礼，不可以治民。过三百乘，其不能以入矣。苟入而贺，何后之有？"

冬，楚子及诸侯围宋，宋公孙固如晋告急。先轸曰："报施救患，取威定霸，于是乎在矣。"狐偃曰："楚始得曹而新昏于卫，若伐曹、卫，楚必救之，则齐、宋免矣。"

于是乎蒐于被庐，作三军，谋元帅。赵衰曰："郤縠可。臣亟闻其言矣，说礼乐而敦《诗》《书》。《诗》《书》，义之府也；礼乐，德之则也。德义，利之本也。《夏书》曰：'赋纳以言，明试以功，车服以庸。'君其试之。"及使郤縠将中军，郤溱佐之；使狐偃将上军，让于狐毛而佐之。命赵衰为卿，让于栾枝、先轸。使栾枝将下军，先轸佐之。荀林父御戎，魏犨为右。

晋侯始入而教其民，二年，欲用之。子犯曰："民未知义，未安其居。"于是乎出定襄王，入务利民，民怀生矣，将用之。子犯曰："民未知信，未宣其用。"于是乎伐原以示之信，民易资者不求丰焉，明征其辞。公曰："可矣乎？"子犯曰："民未知礼，未生其共。"于是乎大蒐以示之礼，作执秩以正其官。民听不惑，而后用之。出谷戍，释宋围，一战而霸，文之教也。

二十八年春，晋侯将伐曹，假道于卫，卫人弗许。还，自南河济，侵曹伐卫。正月戊申，取五鹿。二月，晋郤縠卒。原轸将中军，胥臣佐下军，上德也。晋侯、齐侯盟于敛盂，卫侯请盟，晋人弗许。卫侯欲与楚，国人不欲，故出其君以说于晋。卫侯出居于襄牛。

公子买戍卫，楚人救卫，不克。公惧于晋，杀子丛以说焉，谓楚人曰："不卒戍也。"

晋侯围曹，门焉，多死。曹人尸诸城上，晋侯患之，听舆人之谋曰："称舍于墓，师迁焉。曹人凶惧，为其所得者棺而出之，因其凶也而攻之。三月丙午，入曹。数之，以其不用僖负羁而乘轩者三百人也。且曰："献状令无入僖负羁之宫，而免其族。"报施也。魏犨、颠颉怒曰："劳之不图，报于何有！"爇僖负羁氏。魏犨伤于胸，公欲杀之而爱其材，使问，且视之；病，将杀之。魏犨束胸见使者曰："以君之灵，不有宁也。"距跃三百，曲踊三百，乃舍之。杀颠颉以徇于师，立舟之侨以为戎右。

宋人使门尹般如晋师告急，公曰："宋人告急，舍之则绝，告楚不许。我欲战矣，齐、秦未可，若之何？"先轸曰："使宋舍我而赂齐、秦，藉之告楚；我执曹君，而分曹、卫之田以赐宋人。楚爱曹、卫，必不许也。喜赂怒顽，能无战乎？"公说，执曹伯，分曹、卫之田以畀宋人。

楚子入居于申，使申叔去谷，使子玉去宋，曰："无从晋师。晋侯在外十九年矣，而果得晋国。险阻艰难，备尝之矣；民之情伪，尽知之矣。天假之年，而除其害。天之所置，其可废乎？《军志》曰：'允当则归。'又曰：'知难而退。'又曰：'有德不可敌。'此三志者，晋之谓矣。"子玉使伯棼请战，曰："非敢必有功也，愿以间执谗慝之口。"

王怒，少与之师，唯西广、东宫与若敖之六卒实从之。

子玉使宛春告于晋师曰："请复卫侯而封曹，臣亦释宋之围。"子犯曰："子玉无礼哉！君取一，臣取二，不可失矣。"先轸曰："子与之。定人之谓礼，楚一言而定三国，我一言而亡之。我则无礼，何以战乎？不许楚言，是弃宋也；救而弃之，谓诸侯何？楚有三施，我有三怨，怨仇已多，将何以战？不如私许复曹、卫以携之，执宛春以怒楚，既战而后图之。"公说，乃拘宛春于卫，且私许复曹、卫。曹、卫告绝于楚。

子玉怒，从晋师。晋师退。军吏曰："以君辟臣，辱也。且楚师老矣，何故退？"子犯曰："师直为壮，曲为老。岂在久乎？微楚之惠不及此，退三舍辟之，所以报也。背惠食言，以亢其仇，我曲楚直。其众素饱，不可谓老。我退而楚还，我将何求？若其不还，君退臣犯，曲在彼矣。"退三舍。楚众欲止，子玉不可。

夏四月戊辰，晋侯、宋公、齐国归父、崔夭、秦小子憖，次于城濮。楚师背酅而舍，晋侯患之，听舆人之诵，曰："原田每每，舍其旧而新是谋。"公疑焉。子犯曰："战也。战而捷，必得诸侯。若其不捷，表里山河，必无害也。"公曰："若楚惠何？"栾贞子曰："汉阳诸姬，楚实尽之，思小惠而忘大耻，不如战也。"晋侯梦与楚子搏，楚子伏己而盬其脑，是以惧。子犯曰："吉。我得天，楚伏其罪，吾且柔之矣。"

子玉使斗勃请战，曰："请与君之士戏，君冯轼而观之，得臣与寓目焉。”晋侯使栾枝对曰：“寡君闻命矣。楚君之惠，未之敢忘，是以在此。为大夫退，其敢当君乎？既不获命矣，敢烦大夫谓二三子：戒尔车乘，敬尔君事，诘朝将见。”

晋车七百乘，韅、靷、鞅、靽。晋侯登有莘之虚以观师，曰：“少长有礼，其可用也。”遂伐其木，以益其兵。己巳，晋师陈于莘北，胥臣以下军之佐当陈、蔡。子玉以若敖六卒将中军，曰：“今日必无晋矣。”子西将左，子上将右。胥臣蒙马以虎皮，先犯陈、蔡。陈、蔡奔，楚右师溃。狐毛设二旆而退之。栾枝使舆曳柴而伪遁，楚师驰之，原轸、郤溱以中军公族横击之。狐毛、狐偃以上军夹攻子西，楚左师溃。楚师败绩。子玉收其卒而止，故不败。晋师三日馆谷，及癸酉而还。

甲午，至于衡雍，作王宫于践土。乡役之三月，郑伯如楚致其师，为楚师既败而惧，使子人九行成于晋。晋栾枝入盟郑伯。五月丙午，晋侯及郑伯盟于衡雍。

丁未，献楚俘于王，驷介百乘，徒兵千。郑伯傅王，用平礼也。己酉，王享醴，命晋侯宥。王命尹氏及王子虎、内史叔兴父策命晋侯为侯伯，赐之大辂之服，戎辂之服，彤弓一，彤矢百，玈弓矢千，秬鬯一卣，虎贲三百人。曰：“王谓叔父，敬服王命，以绥四国。纠逖王慝。”晋侯三辞，从命，曰：“重耳敢再拜稽首，奉扬天子之丕显休命。”受策以出，出入三觐。

卫侯闻楚师败，惧，出奔楚，遂适陈，使元咺奉叔武以受盟。癸亥，王子虎盟诸侯于王庭，要言曰：“皆奖王室，无相害也。有渝此盟，明神殛之！俾队其师，无克祚国，及而玄孙，无有老幼。”君子谓是盟也信，谓晋于是役也能以德攻。

初，楚子玉自为琼弁玉缨，未之服也。先战，梦河神谓己曰：“畀余，余赐女孟诸之麋。”弗致也。大心与子西使荣黄谏，弗听。荣季曰：“死而利国。犹或为之，况琼玉乎？是粪土也，而可以济师，将何爱焉？”弗听。出，告二子曰：“非神败令尹，令尹其不勤民，实自败也。”既败，王使谓之曰：“大夫若入，其若申、息之老何？”子西、孙伯曰：“得臣将死，二臣止之，曰：‘君其将以为戮。’”及连谷而死。晋侯闻之而后喜可知也，曰：“莫余毒也已！蔿吕臣实为令尹，奉己而已，不在民矣。”

秦晋殽之战（僖公三十三年）

冬，晋文公卒。庚辰，将殡于曲沃，出绛，柩有声如牛。卜偃使大夫拜，曰：“君命大事，将有西师过轶我，击之，必大捷焉。”

杞子自郑使告于秦，曰：“郑人使我掌其北门之管，若潜师以来，国可得也。”穆公访诸蹇叔，蹇叔曰：“劳师以袭远，非所闻也。师劳力竭，远主备之，无乃不可乎？师之所为，郑必知之。勤而无所，必有悖心。且行千里，其谁不知？”公辞焉。召孟明、西乞、白乙，使出师于东门之外。蹇叔哭之，曰：“孟子，吾见师之出而不见其入也！”

公使谓之曰："尔何知？中寿，尔墓之木拱矣。"

蹇叔之子与师，哭而送之，曰："晋人御师必于殽。殽有二陵焉，其南陵，夏后皋之墓也；其北陵，文王之所辟风雨也。必死是间，余收尔骨焉。"秦师遂东。

三十三年春，秦师过周北门，左右免胄而下，超乘者三百乘。王孙满尚幼，观之，言于王曰："秦师轻而无礼，必败。轻则寡谋，无礼则脱。入险而脱。又不能谋，能无败乎？"

及滑，郑商人弦高将市于周，遇之，以乘韦先，牛十二犒师，曰："寡君闻吾子将步师出于敝邑，敢犒从者。不腆敝邑，为从者之淹，居则具一日之积，行则备一夕之卫。"且使遽告于郑。

郑穆公使视客馆，则束载、厉兵、秣马矣。使皇武子辞焉，曰："吾子淹久于敝邑，唯是脯资饩牵竭矣。为吾子之将行也，郑之有原圃，犹秦之有具囿也。吾子取其麋鹿，以闲敝邑，若何？"杞子奔齐，逢孙、扬孙奔宋。孟明曰："郑有备矣，不可冀也。攻之不克，围之不继，吾其还也。"灭滑而还。

晋原轸曰："秦违蹇叔，而以贪勤民，天奉我也。奉不可失，敌不可纵。纵敌患生，违天不祥。必伐秦师。"栾枝曰："未报秦施而伐其师，其为死君乎？"先轸曰："秦不哀吾丧而伐吾同姓，秦则无礼，何施之为？吾闻之：一日纵敌，数世之患也。谋及子孙，可谓死君乎？"遂发命，遽兴姜戎。子墨衰绖，梁弘御戎，莱驹为右。

夏四月辛巳，败秦师于殽，获百里孟明视、西乞术、白乙丙以归，遂墨以葬文公。晋于是始墨。

文嬴请三帅，曰："彼实构吾二君，寡君若得而食之，不厌，君何辱讨焉？使归就戮于秦，以逞寡君之志，若何？"公许之。先轸朝，问秦囚。公曰："夫人请之，吾舍之矣。"先轸怒曰："武夫力而拘诸原，妇人暂而免诸国。堕军实而长寇仇，亡无日矣！"不顾而唾。公使阳处父追之，及诸河，则在舟中矣。释左骖，以公命赠孟明。孟明稽首曰："君之惠，不以累臣衅鼓，使归就戮于秦，寡君之以为戮，死且不朽。若从君惠而免之，三年将拜君赐。"

秦伯素服郊次，乡师而哭曰："孤违蹇叔以辱二三子，孤之罪也。不替孟明，孤之过也。大夫何罪？且吾不以一眚掩大德。"

晋楚邲之战（宣公十二年）

十二年春，楚子围郑，旬有七日。郑人卜行成，不吉；卜临于大宫，且巷出车，吉。国人大临，守陴者皆哭。

楚子退师，郑人修城，进复围之，三月克之。入自皇门，至于逵路。郑伯肉袒牵羊以逆，曰："孤不天，不能事君，使君怀怒，以及敝邑，孤之罪也。敢不唯命是听！其俘诸江南以实海滨，亦唯命。其翦以赐诸侯，使臣妾之，亦唯命。若惠顾前好，徼福于厉、宣、桓、武，不泯其社稷，使改事君，夷于九县，君之惠也，孤之愿之，非所敢望也。敢布腹心，君实图之。"左右曰："不可许也，得国无赦。”王曰：“其君能下人，必能信用其民矣，庸可几乎？”退三十里而许之平。潘尪入盟，子良出质。

夏六月，晋师救郑。荀林父将中军，先縠佐之；士会将上军，郤克佐之；赵朔将下军，栾书佐之。赵括、赵婴齐为中军大夫，巩朔、韩穿为上军大夫，荀首、赵同为下军大夫。韩厥为司马。

及河，闻郑既及楚平，桓子欲还，曰：“无及于郑而剿民，焉用之？楚归而动，不后。”随武子曰：“善。会闻用师，观衅而动。德刑政事典礼不易，不可敌也，不为是征。楚军讨郑，怒其贰而哀其卑，叛而伐之，服而舍之，德刑成矣。伐叛，刑也；柔服，德也，二者立矣。昔岁入陈，今兹入郑，民不罢劳，君无怨讟，政有经矣。荆尸而举，商农工贾不败其业，而卒乘辑睦，事不奸矣。蔿敖为宰，择楚国之令典，军行，右辕，左追蓐，前茅虑无，中权，后劲，百官象物而动，军政不戒而备，能用典矣。其君之举也，内姓选于亲，外姓选于旧；举不失德，赏不失劳；老有加惠，旅有施舍；君子小人，物有服章，贵有常尊，贱有等威，礼不逆矣。德立，刑行，政成，事时，典从，礼顺，若之何敌之？见可而进，知难而退，军之善政也；兼弱攻昧，武之善经也。子姑整军而经武乎，犹有弱而昧者，何必楚？仲虺有言曰：‘取乱侮亡。’兼弱也。《汋》曰：‘於铄王师，遵养时晦。’耆昧也。《武》曰：‘无竞惟烈。’抚弱耆昧，以务烈所，可也。”

彘子曰：“不可。晋所以霸，师武臣力也。今失诸侯，不可谓力；有敌而不从，不可谓武。由我失霸，不如死。且成师以出，闻敌强而退，非夫也。命为军帅，而卒以非夫，唯群子能，我弗为也。”以中军佐济。知庄子曰：“此师殆哉！《周易》有之，在《师》之《临》曰：‘师出以律，否臧凶。’执事顺成为臧，逆为否，众散为弱，川壅为泽。有律以如己也，故曰律。否臧，且律竭也。盈而以竭，天且不整，所以凶也。不行谓之《临》，有帅而不从，临孰甚焉？此之谓矣。果遇，必败，彘子尸之。虽免而归，必有大咎。”韩献子谓桓子曰：“彘子以偏师陷，子罪大矣。子为元帅，师不用命，谁之罪也？失属亡师，为罪已重，不如进也。事之不捷，恶有所分，与其专罪，六人同之，不犹愈乎？”师遂济。

楚子北，师次于郔，沈尹将中军，子重将左，子反将右，将饮马于河而归。闻晋师既济，王欲还，嬖人伍参欲战。令尹孙叔敖弗欲，曰：“昔岁入陈，今兹入郑，不无事矣。战而不捷，参之肉其足食乎？”参曰：“若事之捷，孙叔为无谋矣；不捷，参之肉将在晋军，可得食乎？”令尹南辕反旆，伍参言于王曰：“晋之从政者新，未能行令。其佐先縠刚愎不仁，未肯用命。其三帅者，专行不获。听而无上，众谁适从？此行也，晋师必败。且君而逃臣，若社稷何？”王病之，告令尹，改乘辕而北之，次于管以待之。

晋师在敖、鄗之间。郑皇戌使如晋师，曰：“郑之从楚，社稷之故也，未有贰心。楚师骤胜而骄，其师老矣，而不设备，子击之，郑师为承，楚师必败。”彘子曰：“败楚服郑，于此在矣，必许之。”栾武子曰：“楚自克庸以来，其君无日不讨国人而训之于民生之不易，祸至之无日，戒惧之不可以怠。在军，无日不讨军实而申儆之于胜之不可保，纣之百克而卒无后。训以若敖、蚡冒，筚路蓝缕，以启山林。箴之曰：‘民生在勤，勤则不匮。’不可谓骄。先大夫子犯有言曰：‘师直为壮，曲为老。’我则不德，而徼怨于楚，我曲楚直，不可谓老。其君之戎，分为二广，广有一卒，卒偏之两。右广初驾，数及日中；左则受之，以至于昏。内官序当其夜，以待不虞，不可谓无备。子良，郑之良也；师叔，楚之崇也。师叔入盟，子良在楚，楚、郑亲矣。来劝我战，我克则来，不克遂往，以我卜也，郑不可从。”赵括、赵同曰：“率师以来，唯敌是求。克敌得属，又何俟？必从彘子。”知季曰：“原、屏，咎之徒也。”赵庄子曰：“栾伯善哉，实其言，必长晋国。”

楚少宰如晋师，曰：“寡君少遭闵凶，不能文。闻二先君之出入此行也，将郑是训定，岂敢求罪于晋？二三子无淹久。”随季对曰：“昔平王命我先君文侯曰：‘与郑夹辅周室，毋废王命。’今郑不率，寡君使群臣问诸郑，岂敢辱候人？敢拜君命之辱。”彘子以为谄，使赵括从而更之，曰：“行人失辞。寡君使群臣迁大国之迹于郑，曰：‘无辟敌。’群臣无所逃命。”

楚子又使求成于晋，晋人许之，盟有日矣。楚许伯御乐伯，摄叔为右，以致晋师。许伯曰：“吾闻致师者，御靡旌摩垒而还。”乐伯曰：“吾闻致师者，左射以菆，代御执辔，御下两马，掉鞅而还。”摄叔曰：“吾闻致师者，右入垒，折馘，执俘而还。”皆行其所闻而复。晋人逐之，左右角之。乐伯左射马而右射人，角不能进，矢一而已。麋兴于前，射麋丽龟。晋鲍癸当其后，使摄叔奉麋献焉，曰：“以岁之非时，献禽之未至，敢膳诸从者。”鲍癸止之，曰：“其左善射，其右有辞，君子也。”既免。

晋魏锜求公族，未得而怒，欲败晋师。请致师，弗许；请使，许之。遂往，请战而还。楚潘党逐之，及荧泽，见六麋，射一麋以顾献，曰：“子有军事，兽人无乃不给于鲜，敢献于从者。”叔党命去之。赵旃求卿未得，且怒于失楚之致师者，请挑战，弗许；请召盟，许之。与魏锜皆命而往。

郤献子曰：“二憾往矣，弗备，必败。”彘子曰：“郑人劝战，弗敢从也；楚人求成，弗能好也。师无成命，多备何为?”士季曰：“备之善。若二子怒楚，楚人乘我，丧师无日矣。不如备之。楚之无恶，除备而盟，何损于好？若以恶来，有备不败。且虽诸侯相见，军卫不彻，警也。”彘子不可。士季使巩朔、韩穿帅七覆于敖前，故上军不败。赵婴齐使其徒先具舟于河，故败而先济。

潘党既逐魏锜，赵旃夜至于楚军，席于军门之外，使其徒入之。楚子为乘广三十乘，分为左右：右广鸡鸣而驾，日中而说；左则受之，日入而说。许偃御右广，养由基为右；彭名御左广，屈荡为右。乙卯，王乘左广以逐赵旃。赵旃弃车而走林，屈荡搏之，得其甲裳。晋人惧二子之怒楚师也，使軘车逆之。潘党望其尘，使骋而告曰："晋师至矣。"楚人亦惧王之入晋军也，遂出陈。孙叔曰："进之！宁我薄人，无人薄我。《诗》云：'元戎十乘，以先启行。'先人也。《军志》曰：'先人有夺人之心。'薄之也。"遂疾进师，车驰卒奔，乘晋军。桓子不知所为，鼓于军中曰："先济者有赏。"中军、下军争舟，舟中之指可掬也。

晋师右移，上军未动。工尹齐将右拒卒以逐下军。楚子使唐狡与蔡鸠居告唐惠侯曰："不穀不德而贪，以遇大敌，不穀之罪也。然楚不克，君之羞也，敢藉君灵以济楚师。"使潘党率游阙四十乘，从唐侯以为左拒，以从上军。驹伯曰："待诸乎？"随季曰："楚师方壮，若萃于我，吾师必尽，不如收而去之。分谤生民，不亦可乎？"殿其卒而退，不败。

王见右广，将从之乘。屈荡尸之，曰："君以此始，亦必以终。"自是楚之乘广先左。晋人或以广队不能进，楚人惎之脱扃，少进，马还，又惎之拔旆投衡。乃出，顾曰："吾不如大国之数奔也。"赵旃以其良马二，济其兄与叔父，以他马反，遇敌不能去，弃车而走林。逢大夫与其二子乘，谓其二子无顾。顾曰："赵傻在后。"怒之，使下，指木曰："尸女于是。"授赵旃绥，以免。明日以表尸之，皆重获在木下。

楚熊负羁囚知罃。知庄子以其族反之，厨武子御，下军之士多从之。每射，抽矢，菆，纳诸厨子之房。厨子怒曰："非子之求而蒲之爱，董泽之蒲，可胜既乎？"知季曰：

"不以人子，吾子其可得乎？吾不可以苟射故也。"射连尹襄老，获之，遂载其尸。射公子谷臣，囚之。以二者还。及昏，楚师军于邲，晋之馀师不能军，宵济，亦终夜有声。

丙辰，楚重至于邲，遂次于衡雍。潘党曰："君盍筑武军，而收晋尸以为京观？臣闻克敌必示子孙，以无忘武功。"楚子曰："非尔所知也。夫文，止戈为武。武王克商，作《颂》曰：'载戢干戈，载櫜弓矢。我求懿德，肆于时夏，允王保之。'又作《武》，其卒章曰'耆定尔功'。其三曰：'铺时绎思，我徂求定。'其六曰：'绥万邦，屡丰年。'夫武，禁暴、戢兵、保大、定功、安民、和众、丰财者也。故使子孙无忘其章。今我使二国暴骨，暴矣；观兵以威诸侯，兵不戢矣。暴而不戢，安能保大？犹有晋在，焉得定功？所违民欲犹多，民何安焉？无德而强争诸侯，何以和众？利人之几，而安人之乱，以为己荣，何以丰财？武有七德，我无一焉，何以示子孙？其为先君宫，告成事而已。武，非吾功也。古者明王伐不敬，取其鲸鲵而封之，以为大戮，于是乎有京观，以惩淫慝。今罪无所，而民皆尽忠以死君命，又可以为京观乎？"祀于河，作先君宫，告成事而还。

是役也，郑石制实入楚师，将以分郑而立公子鱼臣。辛未，郑杀仆叔及子服。君子曰："史佚所谓'毋怙乱'者，谓是类也。《诗》曰：'乱离瘼矣，爰其适归？'归于怙乱者也夫。"

郑伯、许男如楚。秋，晋师归，桓子请死，晋侯欲许之。士贞子谏曰："不可。城濮之役，晋师三日谷，文公犹有忧色。左右曰：'有喜而忧，如有忧而喜乎？'公曰：'得臣犹在，忧未歇也。困兽犹斗，况国相乎？'及楚杀子玉，公喜而后可知也，曰：'莫余毒也已。'是晋再克而楚再败也。楚是以再世不竞。今天或者大警晋也，而又杀林父以重楚胜，其无乃久不竞乎？林父之事君也，进思尽忠，退思补过，社稷之卫也，若之何杀之？夫其败也，如日月之食焉，何损于明？"晋侯使复其位。

楚子伐萧（宣公十二年）

冬，楚子伐萧。宋华椒以蔡人救萧。萧人囚熊相宜僚及公子丙。王曰："勿杀，吾退。"萧人杀之。王怒，遂围萧。萧溃。申公巫臣曰："师人多寒。"王巡三军，拊而勉之。三军之士，皆如挟纩。遂傅于萧。还无社与司马卯言，号申叔展。叔展曰："有麦曲乎？"曰："无。""有山鞠穷乎？"曰："无。""河鱼腹疾奈何？"曰："目于眢井而拯之。""若为茅绖，哭井则己。"明日萧溃，申叔视其井，则茅绖存焉，号而出之。

晋原縠、宋华椒、卫孔达、曹人同盟于清丘。曰："恤病讨贰。"于是卿不书，不实其言也。宋为盟故，伐陈。卫人救之。孔达曰："先君有约言焉，若大国讨，我则死之。"

齐晋鞌之战（成公二年）

二年春，齐侯伐我北鄙，围龙。顷公之嬖人卢蒲就魁门焉，龙人囚之。齐侯曰：“勿杀！吾与而盟，无入而封。”弗听，杀而膊诸城上。齐侯亲鼓士陵城，三日，取龙，遂南侵及巢丘。

卫侯使孙良夫、石稷、宁相、向禽将侵齐，与齐师遇。石子欲还，孙子曰：“不可。以师伐人，遇其师而还，将谓君何？若知不能，则如无出。今既遇矣，不如战也。”

石成子曰：“师败矣。子不少须，众惧尽。子丧师徒，何以复命？”皆不对。又曰：“子，国卿也。陨子，辱矣。子以众退，我此乃止。”且告车来甚众。齐师乃止，次于鞫居。新筑人仲叔于奚救孙桓子，桓子是以免。

既，卫人赏之以邑，辞。请曲县、繁缨以朝，许之。仲尼闻之曰：“惜也，不如多与之邑。唯器与名，不可以假人，君之所司也。名以出信，信以守器，器以藏礼，礼以行义，义以生利，利以平民，政之大节也。若以假人，与人政也。政亡，则国家从之，弗可止也已。”

孙桓子还于新筑，不入，遂如晋乞师。臧宣叔亦如晋乞师。皆主郤献子。晋侯许之七百乘，郤子曰：“此城濮之赋也。有先君之明与先大夫之肃，故捷。克于先大夫，无能为役，请八百乘。”许之。郤克将中军，士燮佐上军，栾书将下军，韩厥为司马，以救鲁、卫。臧宣叔逆晋师，且道之。季文子帅师会之。及卫地，韩献子将斩人，郤献子驰，将救之，至则既斩之矣。郤子使速以徇，告其仆曰：“吾以分谤也。”

师从齐师于莘。六月壬申，师至于靡笄之下。齐侯使请战，曰："子以君师，辱于敝邑，不腆敝赋，诘朝请见。"对曰："晋与鲁、卫，兄弟也。来告曰：'大国朝夕释憾于敝邑之地。'寡君不忍，使群臣请于大国，无令舆师淹于君地。能进不能退，君无所辱命。"齐侯曰："大夫之许，寡人之愿也；若其不许，亦将见也。"齐高固入晋师，桀石以投人，禽之而乘其车，系桑本焉，以徇齐垒，曰："欲勇者贾余馀勇。"

癸酉，师陈于鞌。邴夏御齐侯，逢丑父为右。晋解张御郤克，郑丘缓为右。齐侯曰："余姑翦灭此而朝食。"不介马而驰之。郤克伤于矢，流血及屦，未绝鼓音，曰："余病矣！"张侯曰："自始合，而矢贯余手及肘，余折以御，左轮朱殷，岂敢言病？吾子忍之！"缓曰："自始合，苟有险，余必下推车，子岂识之？然子病矣！"张侯曰："师之耳目，在吾旗鼓，进退从之。此车一人殿之，可以集事。若之何其以病，败君之大事也？擐甲执兵，固即死也。病未及死，吾子勉之！"左并辔，右援枹而鼓，马逸不能止，师从之。齐师败绩，逐之，三周华不注。

韩厥梦子舆谓己曰："且辟左右。"故中御而从齐侯。邴夏曰："射其御者，君子也。"公曰："谓之君子而射之，非礼也。"射其左，越于车下；射其右，毙于车中。綦毋张丧车，从韩厥，曰："请寓乘。"从左右，皆肘之，使立于后。韩厥俯，定其右。逢丑父与公易位。将及华泉，骖絓于木而止。丑父寝于轏中，蛇出于其下，以肱击之，伤而匿之，故不能推车而及。韩厥执絷马前，再拜稽首，奉觞加璧以进，曰："寡君使群臣为鲁、卫请，曰：'无令舆师陷入君地。'下臣不幸，属当戎行，无所逃隐，且惧奔辟而忝两君。臣辱戎士，敢告不敏，摄官承乏。"丑父使公下，如华泉取饮。郑周父御佐车，宛茷为右，载齐侯以免。韩厥献丑父，郤献子将戮之，呼曰："自今无有代其君任患者，有一于此，将为戮乎？"郤子曰："人不难以死免其君。我戮之不祥，赦之，以劝事君者。"乃免之。

齐侯免，求丑父，三入三出。每出，齐师以帅退。入于狄卒，狄卒皆抽戈楯冒之。以入于卫师，卫师免之。遂自徐关入。齐侯见保者，曰："勉之！齐师败矣。"辟女子，女子曰："君免乎？"曰："免矣。"曰："锐司徒免乎？"曰："免矣。"曰："苟君与吾父免矣，可若何？"乃奔。齐侯以为有礼，既而问之，辟司徒之妻也，予之石窌。

晋师从齐师，入自丘舆，击马陉。齐侯使宾媚人赂以纪甗、玉磬与地。不可，则听客之所为。宾媚人致赂，晋人不可，曰："必以萧同叔子为质，而使齐之封内尽东其亩。"对曰："萧同叔子非他，寡君之母也。若以匹敌，则亦晋君之母也。吾子布大命于诸侯，而曰'必质其母以为信'，其若王命何？且是以不孝令也。《诗》曰：'孝子不匮，永锡尔类。'若以不孝令于诸侯，其无乃非德类也乎？先王疆理天下物土之宜而布其利，故《诗》曰：'我疆我理，南东其亩。'今吾子疆理诸侯，而曰'尽东其亩'而已，唯吾子戎车是利，无顾土宜，其无乃非先王之命也乎？反先王则不义，何以为盟主？其晋实有阙。四王之王也，树德而济同欲焉；五伯之霸也，勤而抚之，以役王命。今吾子求合诸侯，以逞无疆之欲。《诗》曰：‘布政优优，百禄是遒。’子实不优，而弃百禄，诸侯何害焉？不然，寡君之命使臣则有辞矣，曰：‘子以君师辱于敝邑，不腆敝赋，以犒从者。畏君之震，师徒桡败，吾子惠徼齐国之福，不泯其社稷，使继旧好，唯是先君之敝器、土地不敢爱。子又不许，请收合馀烬，背城借一。敝邑之幸，亦云从也；况其不幸，敢不唯命是听？’”鲁、卫谏曰：“齐疾我矣！其死亡者，皆亲暱也。子若不许，仇我必甚。唯子则又何求？子得其国宝，我亦得地，而纾于难，其荣多矣！齐、晋亦唯天所授，岂必晋？”晋人许之，对曰：“群臣帅赋舆以为鲁、卫请，若苟有以借口而复于寡君，君之惠也。敢不唯命是听！”

禽郑自师逆公。秋七月，晋师及齐国佐盟于爰娄，使齐人归我汶阳之田。公会晋师于上鄍，赐三帅先路三命之服，司马、司空、舆帅、候正、亚旅，皆受一命之服。

晋侯使吕相绝秦（成公十三年）

夏四月戊午，晋侯使吕相绝秦，曰：“昔逮我献公及穆公相好，戮力同心，申之以盟誓，重之以昏姻。天祸晋国，文公如齐，惠公如秦。无禄，献公即世。穆公不忘旧德，俾我惠公用能奉祀于晋。又不能成大勋，而为韩之师。亦悔于厥心，用集我文公。是穆之成也。

“文公躬擐甲胄，跋履山川，踰越险阻，征东之诸侯，虞、夏、商、周之胤，而朝诸秦，则亦既报旧德矣。郑人怒君之疆埸，我文公帅诸侯及秦围郑。秦大夫不询于我寡君，擅及郑盟。诸侯疾之，将致命于秦。文公恐惧，绥静诸侯，秦师克还无害，则是我有大造于西也。

“无禄，文公即世；穆为不弔，蔑死我君，寡我襄公，迭我殽地，奸绝我好，伐我保城。殄灭我费滑，散离我兄弟，挠乱我同盟，倾覆我国家。我襄公未忘君之旧勋，而惧社稷之陨，是以有殽之师。犹愿赦罪于穆公，穆公弗听，而即楚谋我。天诱其衷，成王陨命，穆公是以不克逞志于我。

“穆、襄即世，康、灵即位。康公，我之自出，又欲阙翦我公室，倾覆我社稷，帅我蝥贼，以来荡摇我边疆，我是以有令狐之役。康犹不悛，入我河曲，伐我涑川，俘我王官，翦我羁马，我是以有河曲之战。东道之不通，则是康公绝我好也。

“及君之嗣也，我君景公引领西望曰：‘庶抚我乎！’君亦不惠称盟，利吾有狄难，入我河县，焚我箕、郜，芟夷我农功，虔刘我边垂，我是以有辅氏之聚。君亦悔祸之延，而欲徼福于先君献、穆，使伯车来命我景公曰：‘吾与女同好弃恶，复修旧德，以追念前勋。’言誓未就，景公即世，我寡君是以有令狐之会。君又不祥，背弃盟誓。白狄及君同州，君之仇雠，而我昏姻也。君来赐命曰：‘吾与女伐狄。’寡君不敢顾昏姻。畏君之威，而受命于吏。君有二心于狄，曰：‘晋将伐女。’狄应且憎，是用告我。楚人恶君之二三其德也，亦来告我曰：‘秦背令狐之盟，而来求盟于我：“昭告昊天上帝、秦三公、楚三王曰：‘余虽与晋出入，余唯利是视。’”不穀恶其无成德，是用宣之，以惩不壹。’诸侯备闻此言，斯是用痛心疾首，暱就寡人。寡人帅以听命，唯好是求。君若惠顾诸侯，矜哀寡人，而赐之盟，则寡人之愿也，其承宁诸侯以退，岂敢徼乱？君若不施大惠，寡人不佞，其不能以诸侯退矣。敢尽布之执事，俾执事实图利之。”

晋楚鄢陵之战（成公十六年）

晋侯将伐郑，范文子曰：“若逞吾愿，诸侯皆叛，晋可以逞；若唯郑叛，晋国之忧，可立俟也。”栾武子曰：“不可以当吾世而失诸侯，必伐郑！”乃兴师。栾书将中军，士燮佐之；郤锜将上军，荀偃佐之；韩厥将下军，郤至佐新军，荀罃居守。郤犨如卫，遂如齐，皆乞师焉。栾黡来乞师，孟献子曰：“有胜矣。”（夏四月）戊寅，晋师起。

郑人闻有晋师，使告于楚，姚句耳与往。楚子救郑，司马将中军，令尹将左，右尹子辛将右。

过申，子反入见申叔时，曰：“师其何如？”对曰：“德、刑、详、义、礼、信，战之器也。德以施惠，刑以正邪，详以事神，义以建利，礼以顺时，信以守物。民生厚而德正，用利而事节，时顺而物成。上下和睦，周旋不逆，求无不具，各知其极。故《诗》曰：‘立我烝民，莫匪尔极。’是以神降之福，时无灾害，民生敦庞，和同以听，莫不尽力以从上命，致死以补其阙。此战之所由克也。今楚内弃其民而外绝其好，渎齐盟而食话言，奸时以动，而疲民以逞。民不知信，进退罪也。人恤所底，其谁致死？子其勉之！吾不复见子矣。”

姚句耳先归，子驷问焉，对曰：“其行速，过险而不整。速则失志，不整丧列。志失列丧，将何以战？楚惧不可用也。”

五月，晋师济河。闻楚师将至，范文子欲反，曰：“我伪逃楚，可以纾忧。夫合诸侯，非吾所能也，以遗能者。我若群臣辑睦以事君，多矣！”武子曰：“不可！”

六月，晋、楚遇于鄢陵。范文子不欲战，郤至曰：“韩之战，惠公不振旅；箕之役，先轸不反命；邲之师，荀伯不复从。皆晋之耻也。子亦见先君之事矣。今我辟楚，又益耻也。”文子曰：“吾先君之亟战也，有故：秦、狄、齐、楚皆强，不尽力，子孙将弱。今三强服矣，敌楚而已。唯圣人能外内无患，自非圣人，外宁必有内忧。盍释楚以为外惧乎？”

甲午晦，楚晨压晋军而陈。军吏患之。范匄趋进，曰：“塞井夷灶，陈于军中，而疏行首。晋、楚唯天所授，何患焉？”文子执戈逐之，曰：“国之存亡，天也。童子何知焉？”栾书曰：“楚师轻窕，固垒而待之，三日必退。退而击之，必获胜焉。”郤至曰：“楚有六间，不可失也。其二卿相恶；王卒以旧；郑陈而不整；蛮军而不陈；陈不违晦；在陈而嚣，合而加嚣，各顾其后，莫有斗心。旧不必良，以犯天忌。我必克之!”

楚子登巢车以望晋军，子重使大宰伯州犁侍于王后。王曰：“骋而左右，何也?”曰：“召军吏也。”“皆聚于军中矣。”曰：“合谋也。”“张幕矣。”曰：“虔卜于先君也。”“彻幕矣。”曰：“将发命也。”“甚嚣，且尘上矣。”曰：“将塞井夷灶而为行也。”“皆乘矣，左右执兵而下矣。”曰：“听誓也。”“战乎?”曰：“未可知也。”“乘而左右皆下矣!”曰：“战祷也。”伯州犁以公卒告王。

苗贲皇在晋侯之侧，亦以王卒告。皆曰：“国士在，且厚，不可当也。”苗贲皇言于晋侯曰：“楚之良，在其中军王族而已。请分良以击其左右，而三军萃于王卒，必大败之。”公筮之，史曰：“吉。其卦遇《复》，曰：‘南国戚，射其元王，中厥目。’国戚王伤，不败何待?”公从之。

有淖于前，乃皆左右相违于淖。步毅御晋厉公，栾鍼为右；彭名御楚共王，潘党为右；石首御郑成公，唐苟为右。栾、范以其族夹公行，陷于淖。栾书将载晋侯，鍼曰：“书退！国有大任，焉得专之？且侵官，冒也；失官，慢也；离局，奸也。有三罪焉，不可犯也。”乃掀公以出于淖。

癸巳，潘尪之党与养由基蹲甲而射之，彻七札焉。以示王，曰：“君有二臣如此，何忧于战?”王怒曰：“大辱国！诘朝，尔射，死艺!”

吕锜梦射月，中之，退入于泥。占之，曰：“姬姓，日也。异姓，月也，必楚王也。射而中之，退入于泥，亦必死矣。”及战，射共王，中目。王召养由基，与之两矢，使射吕锜，中项，伏弢，以一矢复命。

郤至三遇楚子之卒，见楚子，必下，免胄而趋风。楚子使工尹襄问之以弓，曰：“方事之殷也，有韎韦之跗注，君子也。识见不穀而趋，无乃伤乎？”郤至见客，免胄承命，曰：“君之外臣至，从寡君之戎事，以君之灵，间蒙甲胄，不敢拜命。敢告不宁君命之辱，为事之故，敢肃使者！”三肃使者而退。

晋韩厥从郑伯，其御杜溷罗曰：“速从之！其御屡顾，不在马，可及也。”韩厥曰：“不可以再辱国君。”乃止。郤至从郑伯，其右茀翰胡曰：“谍辂之，余从之乘而俘以下。”郤至曰：“伤国君有刑。”亦止。石首曰：“卫懿公唯不去其旗，是以败于荧。”乃内旌于弢中。唐苟谓石首曰：“子在君侧，败者壹大。我不如子，子以君免，我请止。”乃死。

楚师薄于险，叔山冉谓养由基曰：“虽君有命，为国故，子必射！”乃射。再发，尽殪。叔山冉搏人以投，中车，折轼。晋师乃止。囚楚公子茷。

栾鍼见子重之旌，请曰：“楚人谓：‘夫旌，子重之麾也。’彼其子重也。日臣之使于楚也，子重问晋国之勇。臣对曰：‘好以众整。’曰：‘又何如？’臣对曰：‘好以暇。’今两国治戎，行人不使，不可谓整；临事而食言，不可谓暇。请摄饮焉。”公许之。使行人执榼承饮，造于子重，曰：“寡君乏使，使鍼御持矛。是以不得犒从者，使某摄饮。”子重曰：“夫子尝与吾言于楚，必是故也，不亦识乎！”受而饮之。免使者而复鼓。

旦而战，见星未已。子反命军吏察夷伤，补卒乘，缮甲兵，展车马，鸡鸣而食，唯命是听。晋人患之。苗贲皇徇曰：“搜乘补卒，秣马利兵，修陈固列，蓐食申祷，明日复战。”乃逸楚囚。

王闻之，召子反谋。谷阳竖献饮于子反，子反醉而不能见。王曰：“天败楚也夫！余不可以待。”乃宵遁。

晋入楚军，三日谷。范文子立于戎马之前，曰：“君幼，诸臣不佞，何以及此？君其戒之！《周书》曰‘唯命不于常’，有德之谓。”

楚师还，及瑕，王使谓子反曰：“先大夫之覆师徒者，君不在。子无以为过，不榖之罪也。”子反再拜稽首曰：“君赐臣死，死且不朽。臣之卒实奔，臣之罪也。”子重复谓子反曰：“初陨师徒者，而亦闻之矣，盍图之？”对曰：“虽微先大夫有之，大夫命侧，侧敢不义？侧亡君师，敢忘其死。”王使止之，弗及而卒。

齐晋平阴之战（襄公十八年）

秋，齐侯伐我北鄙。中行献子将伐齐，梦与厉公讼，弗胜，公以戈击之，首队于前，跪而戴之，奉之以走，见梗阳之巫皋。他日，见诸道，与之言，同。巫曰：“今兹主必死，若有事于东方，则可以逞。”献子许诺。

晋侯伐齐，将济河。献子以朱丝系玉二瑴，而祷曰：“齐环怙恃其险，负其众庶，弃好背盟，陵虐神主。曾臣彪将率诸侯以讨焉，其官臣偃实先后之。苟捷有功，无作神羞，官臣偃无敢复济。唯尔有神裁之！”沉玉而济。

冬十月，会于鲁济，寻湨梁之言，同伐齐。齐侯御诸平阴，堑防门而守之，广里。夙沙卫曰：“不能战，莫如守险。”弗听。诸侯之士门焉，齐人多死。范宣子告析文子曰：“吾知子，敢匿情乎？鲁人、莒人皆请以车千乘自其乡入，既许之矣。若入，君必失国。子盍图之？”子家以告公，公恐。晏婴闻之，曰：“君固无勇，而又闻是，弗能久矣。”

齐侯登巫山以望晋师。晋人使司马斥山泽之险，虽所不至，必旆而疏陈之。使乘车者左实右伪，以旆先，舆曳柴而从之。齐侯见之，畏其众也，乃脱归。丙寅晦，齐师夜遁。师旷告晋侯曰：“鸟乌之声乐，齐师其遁。”邢伯告中行伯曰：“有班马之声，齐师其遁。”叔向告晋侯曰：“城上有乌，齐师其遁。”

十一月丁卯朔，入平阴，遂从齐师。夙沙卫连大车以塞隧而殿。殖绰、郭最曰：“子殿国师，齐之辱也。子姑先乎？”乃代之殿。卫杀马于隘以塞道。晋州绰及之，射殖绰，中肩，两矢夹脰，曰：“止，将为三军获；不止，将取其衷。”顾曰：“为私誓。”州绰曰：“有如日！”乃弛弓而自后缚之。其右具丙亦舍兵而缚郭最，皆衿甲面缚，坐于中军之鼓下。

晋人欲逐归者，鲁、卫请攻险。己卯，荀偃、士匄以中军克京兹。乙酉，魏绛、栾盈以下军克邿。赵武、韩起以上军围卢，弗克。十二月戊戌，及秦周，伐雍门之萩。

范鞅门于雍门，其御追喜以戈杀犬于门中。孟庄子斩其橁以为公琴。己亥，焚雍门及西郭、南郭。刘难、士弱率诸侯之师，焚申池之竹木。壬寅，焚东郭、北郭。范鞅门于扬门。州绰门于东闾，左骖迫，还于门中，以枚数阖。

齐侯驾，将走邮棠。大子与郭荣扣马，曰："师速而疾，略也。将退矣，君何惧焉！且社稷之主，不可以轻，轻则失众。君必待之。"将犯之，太子抽剑断鞅，乃止。甲辰，东侵及潍，南及沂。

叔孙穆子之难（昭公四年）

初，穆子去叔孙氏，及庚宗，遇妇人，使私为食而宿焉。问其行，告之故，哭而送之。适齐，娶于国氏，生孟丙、仲壬。梦天压己，弗胜。顾而见人，黑而上偻，深目而豭喙。号之曰："牛，助余！"乃胜之。旦而皆召其徒，无之，且曰："志之。"及宣伯奔齐，馈之。宣伯曰："鲁以先子之故，将存吾宗，必召女。召女，何如？"对曰："愿之久矣。"鲁人召之，不告而归。既立，所宿庚宗之妇人，献以雉。问其姓，对曰："余子长矣，能奉雉而从我矣。"召而见之，则所梦也。未问其名，号之曰："牛！"曰："唯"。皆召其徒，使视之，遂使为竖。有宠，长，使为政。

公孙明知叔孙于齐，归，未逆国姜，子明取之，故怒。其子长而后使逆之，田于丘莸，遂遇疾焉。竖牛欲乱其室而有之，强与孟盟，不可。叔孙为孟钟，曰："尔未际，飨大夫以落之。"既具，使竖牛请日。入，弗谒。出，命之日。及宾至，闻钟声。牛曰："孟有北妇人之客。"怒，将往，牛止之。宾出，使拘而杀诸外，牛又强与仲盟，不可。仲与公御莱书观于公，公与之环，使牛入示之。入，不示。出，命佩之。牛谓叔孙："见仲而何？"叔孙曰："何为？"曰："不见，既自见矣。公与之环而佩之矣。"遂逐之，奔齐。

疾急，命召仲，牛许而不召。杜泄见，告之饥渴，授之戈。对曰："求之而至，又何去焉？"竖牛曰："夫子疾病，不欲见人。"使置馈于个而退。牛弗进，则置虚，命彻。十二月癸丑，叔孙不食。乙卯，卒。牛立昭子而相之。

公使杜泄葬叔孙。竖牛赂叔仲昭子与南遗，使恶杜泄于季孙而去之。杜泄将以路葬，且尽卿礼。南遗谓季孙曰："叔孙未乘路，葬焉用之？且冢卿无路，介卿以葬，不亦左乎？"季孙曰："然。"使杜泄舍路。不可，曰："夫子受命于朝，而聘于王。王思旧勋而赐之路。复命而致之君，君不敢逆王命而复赐之，使三官书之。吾子为司徒，实书名；夫子为司马，与工正书服；孟孙为司空，以书勋。今死而弗以，是弃君命也。书在公府而弗以，是废三官也。若命服，生弗敢服，死又不以，将焉用之？"乃使以葬。

季孙谋去中军。竖牛曰："夫子固欲去之。"

五年春，王正月，舍中军，卑公室也。毁中军于施氏，成诸臧氏。初作中军，三分公室而各有其一。季氏尽征之，叔孙氏臣其子弟，孟氏取其半焉。及其舍之也，四分公室，季氏择二，二子各一。皆尽征之，而贡于公。以书。使杜泄告于殡，曰："子固欲毁中军，既毁之矣，故告。"杜泄曰："夫子唯不欲毁也，故盟诸僖闳，诅诸五父之衢。"受其书而投之，帅士而哭之。叔仲子谓季孙曰："带受命于子叔孙曰：'葬鲜者自西门。'"季孙命杜泄，杜泄曰："卿丧自朝，鲁礼也。吾子为国政，未改礼，而又迁之。群臣惧死，不敢自也。"既葬而行。

仲至自齐，季孙欲立之，南遗曰："叔孙氏厚则季氏薄。彼实家乱，子勿与知，不亦可乎？"南遗使国人助竖牛以攻诸大库之庭。司宫射之，中目而死。竖牛取东鄙三十邑，以与南遗。

昭子即位，朝其家众，曰："竖牛祸叔孙氏，使乱大从，杀适立庶，又披其邑，将以赦罪，罪莫大焉。必速杀之！"竖牛惧，奔齐。孟、仲之子杀诸塞关之外，投其首于宁风之棘上。

仲尼曰："叔孙昭子之不劳，不可能也。周任有言曰：'为政者不赏私劳，不罚私怨。'《诗》云：'有觉德行，四国顺之。'"

楚子狩于州来（昭公十二年）

楚子狩于州来，次于颍尾，使荡侯、潘子、司马督、嚣尹午、陵尹喜，帅师围徐以惧吴。楚子次于乾溪，以为之援。

雨雪，王皮冠，秦复陶，翠被，豹舄，执鞭以出，仆析父从。右尹子革夕，王见之，去冠、被，舍鞭，与之语曰："昔我先王熊绎，与吕级、王孙牟、燮父、禽父，并事康王，四国皆有分，我独无有。今吾使人于周，求鼎以为分，王其与我乎？”

对曰：“与君王哉！昔我先王熊绎，辟在荆山，筚路蓝缕，以处草莽。跋涉山林，以事天子。唯是桃弧、棘矢，以共御王事。齐，王舅也；晋及鲁、卫，王母弟也。楚是以无分，而彼皆有。今周与四国服事君王，将唯命是从，岂其爱鼎？”

王曰：“昔我皇祖伯父昆吾，旧许是宅。今郑人贪赖其田，而不我与。我若求之，其与我乎？”对曰：“与君王哉！周不爱鼎，郑敢爱田？”

王曰：“昔诸侯远我而畏晋，今我大城陈、蔡、不羹，赋皆千乘，子与有劳焉。诸侯其畏我乎？”对曰：“畏君王哉！是四国者，专足畏也，又加之以楚，敢不畏君王哉！”

工尹路请曰：“君王命剥圭以为鏚柲，敢请命。”王入视之。析父谓子革：“吾子，楚国之望也！今与王言如响，国其若之何？”子革曰：“摩厉以须，王出，吾刃将斩矣。”

王出，复语。左史倚相趋过，王曰：“是良史也，子善视之。是能读《三坟》《五典》《八索》《九丘》。”对曰：“臣尝问焉。昔穆王欲肆其心，周行天下，将皆必有车辙马迹焉。祭公谋父作《祈招》之诗，以止王心，王是以获没于祗宫。臣问其诗而不知也，若问远焉，其焉能知之？”

王曰：“子能乎？”对曰：“能。其诗曰：‘祈招之愔愔，式昭德音。思我王度，式如玉，式如金。形民之力，而无醉饱之心。’”

王揖而入，馈不食，寝不寐，数日不能自克，以及于难。

仲尼曰："古也有志：'克己复礼，仁也。'信善哉！楚灵王若能如是，岂其辱于乾溪？"

楚灵王乾溪之难（昭公十三年）

楚子之为令尹也，杀大司马薳掩而取其室。及即位，夺薳居田；迁许而质许围。蔡洧有宠于王，王之灭蔡也，其父死焉，王使与于守而行。申之会，越大夫戮焉。王夺斗韦龟中犫，又夺成然邑而使为郊尹。蔓成然故事蔡公，故薳氏之族及薳居、许围、蔡洧、蔓成然，皆王所不礼也。因群丧职之族，启越大夫常寿过作乱，围固城，克息舟，城而居之。

观起之死也，其子从在蔡，事朝吴，曰："今不封蔡，蔡不封矣。我请试之。"以蔡公之命召子干、子皙，及郊而告之情，强与之盟，入袭蔡。蔡公将食，见之而逃。观从使子干食，坎，用牲，加书，而速行。己徇于蔡曰："蔡公召二子，将纳之，与之盟而遣之矣，将师而从之。"蔡人聚，将执之。辞曰："失贼成军，而杀余，何益？"乃释之。朝吴曰："二三子若能死亡，则如违之，以待所济；若求安定，则如与之，以济所欲。且违上，何适而可？"众曰："与之。"乃奉蔡公，召二子而盟于邓，依陈、蔡人以国。楚公子比、公子黑肱、公子弃疾、蔓成然、蔡朝吴，帅陈、蔡、不羹、许、叶之师，因四族之徒，以入楚。

及郊，陈、蔡欲为名，故请为武军。蔡公知之，曰："欲速。且役病矣，请藩而已。"乃藩为军。蔡公使须务牟与史卑先入，因正仆人杀大子禄及公子罢敌。公子比为王，公子黑肱为令尹，次于鱼陂。公子弃疾为司马，先除王宫。使观从从师于乾溪，而遂告之，且曰："先归复所，后者劓。"师及訾梁而溃。

王闻群公子之死也，自投于车下，曰："人之爱其子也，亦如余乎？"侍者曰："甚焉。小人老而无子，知挤于沟壑矣。"王曰："余杀人子多矣，能无及此乎？"右尹子革曰："请待于郊，以听国人。"王曰："众怒不可犯也。"曰："若入于大都，而乞师于诸侯。"王曰："皆叛矣。"曰："若亡于诸侯，以听大国之图君也。"王曰："大福不再，只取辱焉。"然丹乃归于楚。王沿夏，将欲入鄢。芋尹无宇之子申亥曰："吾父再奸王命，王弗诛，惠孰大焉？君不可忍，惠不可弃，吾其从王。"乃求王，遇诸棘围以归。夏五月癸亥，王缢于芋尹申亥氏。申亥以其二女殉而葬之。

吴楚柏举之战（定公四年）

沈人不会于召陵，晋人使蔡伐之。夏，蔡灭沈。

秋，楚为沈故，围蔡。伍员为吴行人以谋楚。楚之杀郤宛也，伯氏之族出。伯州犁之孙嚭为吴大宰以谋楚。楚自昭王即位，无岁不有吴师。蔡侯因之，以其子乾与其大夫之子为质于吴。

冬，蔡侯、吴子、唐侯伐楚。舍舟于淮汭，自豫章与楚夹汉。左司马戌谓子常曰："子沿汉而与之上下，我悉方城外以毁其舟，还塞大隧、直辕、冥厄，子济汉而伐之，我自后击之，必大败之。"既谋而行。

武城黑谓子常曰："吴用木也，我用革也，不可久也。不如速战。"史皇谓子常："楚人恶子而好司马，若司马毁吴舟于淮，塞城口而入，是独克吴也。子必速战，不然不免。"乃济汉而陈，自小别至于大别。三战，子常知不可，欲奔。史皇曰："安求其事。难而逃之，将何所入？子必死之，初罪必尽说。"

十一月庚午，二师陈于柏举。阖庐之弟夫概王，晨请于阖庐曰："楚瓦不仁，其臣莫有死志，先伐之，其卒必奔。而后大师继之，必克。"弗许。夫概王曰："所谓'臣义而行，不待命'者，其此之谓也。今日我死，楚可入也。"以其属五千，先击子常之卒。子常之卒奔，楚师乱，吴师大败之。子常奔郑。史皇以其乘广死。

吴从楚师，及清发，将击之。夫概王曰："困兽犹斗，况人乎？若知不免而致死，必败我。若使先济者知免，后者慕之，蔑有斗心矣。半济而后可击也。"从之。又败之。楚人为食，吴人及之，奔。食而从之，败诸雍澨，五战及郢。己卯，楚子取其妹季芈畀我以出，涉睢。鍼尹固与王同舟，王使执燧象以奔吴师。庚辰，吴入郢，以班处宫。子山处令尹之宫，夫概王欲攻之，惧而去之，夫概王入之。

左司马戌及息而还，败吴师于雍澨，伤。初，司马臣阖庐，故耻为禽焉。谓其臣曰："谁能免吾首？"吴句卑曰：

“臣贱，可乎?”司马曰：“我实失子，可哉!”三战皆伤，曰：“吾不用也已。”句卑布裳，刭而裹之，藏其身而以其首免。

楚子涉雎，济江，入于云中。王寝，盗攻之，以戈击王。王孙由于以背受之，中肩。王奔郧，钟建负季芈以从，由于徐苏而从。郧公辛之弟怀，将弑王，曰：“平王杀吾父，我杀其子，不亦可乎?”辛曰：“君讨臣，谁敢仇之?君命，天也，若死天命，将谁仇?《诗》曰：‘柔亦不茹，刚亦不吐，不侮矜寡，不畏强御。’唯仁者能之。违强陵弱，非勇也；乘人之约，非仁也；灭宗废祀，非孝也；动无令名，非知也。必犯是，余将杀女。”

斗辛与其弟巢，以王奔随。吴人从之，谓随人曰：“周之子孙在汉川者，楚实尽之。天诱其衷，致罚于楚，而君又窜之。周室何罪?君若顾报周室，施及寡人，以奖天衷，君之惠也。汉阳之田，君实有之。”楚子在公宫之北，吴人在其南。子期似王，逃王，而己为王，曰：“以我与之，王必免。”随人卜与之，不吉，乃辞吴曰：“以随之辟小而密迩于楚，楚实存之，世有盟誓，至于今未改。若难而弃之，何以事君?执事之患，不唯一人。若鸠楚竟，敢不听命!”吴人乃退。鑪金初官于子期氏，实与随人要言。王使见，辞曰：“不敢以约为利。”王割子期之心，以与随人盟。

初，伍员与申包胥友。其亡也，谓申包胥曰：“我必复楚国。”申包胥曰：“勉之!子能复之，我必能兴之。”及昭王在随，申包胥如秦乞师，曰：“吴为封豖、长蛇，以荐食上国，虐始于楚。寡君失守社稷，越在草莽。使下臣告急，曰：‘夷德无厌，若邻于君，疆埸之患也。逮吴之未定，君其取分焉；若楚之遂亡，君之土也。若以君灵抚之，世以事君。’”秦伯使辞焉，曰：“寡人闻命矣。子姑就馆，将图而告。”对曰：“寡君越在草莽，未获所伏，下臣何敢即安？”立，依于庭墙而哭，日夜不绝声，勺饮不入口七日。秦哀公为之赋《无衣》，九顿首而坐，秦师乃出。

（五年，夏六月）申包胥以秦师至，秦子蒲、子虎帅车五百乘以救楚。子蒲曰：“吾未知吴道。”使楚人先与吴人战，而自稷会之，大败夫概王于沂。吴人获薳射于柏举，其子帅奔徒以从子西，败吴师于军祥。秋七月，子期、子蒲灭唐。

九月，夫概王归，自立也。以与王战而败，奔楚，为堂溪氏。吴师败楚师于雍澨，秦师又败吴师。吴师居麇，子期将焚之，子西曰：“父兄亲暴骨焉，不能收，又焚之，不可。”子期曰：“国亡矣！死者若有知也，可以歆旧祀，岂惮焚之？”焚之，而又战，吴师败。又战于公婿之溪，吴师大败，吴子乃归。囚闉舆罢，闉舆罢请先，遂逃归。叶公诸梁之弟后臧，从其母于吴，不待而归。叶公终不正视。

楚子入于郢。初，斗辛闻吴人之争宫也，曰：“吾闻之：‘不让则不和，不和不可以远征。’吴争于楚，必有乱。有乱则必归，焉能定楚？”王之奔随也，将涉于成臼，蓝尹亹涉其孥，不与王舟。及宁，王欲杀之。子西曰：“子常唯思旧怨以败，君何效焉？”王曰：“善。使复其所，吾以志前恶。”王赏斗辛、王孙由于、王孙圉、钟建、斗巢、申包胥、王孙贾、宋木、斗怀。子西曰：“请舍怀也。”王曰：“大德灭小怨，道也。”申包胥曰：“吾为君也，非为身也。君既定矣，又何求？且吾尤子旗，其又为诸？”遂逃赏。王将嫁季芈，季芈辞曰：“所以为女子，远丈夫也。钟建负我矣。”以妻钟建，以为乐尹。

王之在随也，子西为王舆服以保路，国于脾泄。闻王所在，而后从王。王使由于城麇，覆命，子西问高厚焉，弗知。子西曰：“不能如辞。城不知高厚，小大何知？”对曰：“固辞不能，子使余也。人各有能有不能。王遇盗于云中，余受其戈，其所犹在。”袒而示之背，曰：“此余所能也。脾泄之事，余亦弗能也。”

齐鲁清之战（哀公十一年）

十一年春，齐为鄎故，国书、高无丕帅师伐我，及清。季孙谓其宰冉求曰：“齐师在清，必鲁故也。若之何？”求曰：“一子守，二子从公御诸竟。”季孙曰：“不能。”求曰：“居封疆之间。”季孙告二子，二子不可。求曰：“若不可，则君无出。一子帅师，背城而战。不属者，非鲁人也。鲁之群室，众于齐之兵车。一室敌车，优矣。子何患焉？二子之不欲战也宜，政在季氏。当子之身，齐人伐鲁而不能战，子之耻也。大不列于诸侯矣！”

季孙使从于朝，俟于党氏之沟。武叔呼而问战焉，对曰：“君子有远虑，小人何知？”懿子强问之，对曰：“小人虑材而言，量力而共者也。”武叔曰：“是谓我不成丈夫也。”退而蒐乘。

孟孺子泄帅右师，颜羽御，邴泄为右；冉求帅左师，管周父御，樊迟为右。季孙曰：“须也弱。”有子曰：“就用命焉。”季氏之甲七千，冉有以武城人三百为己徒卒，老幼守宫，次于雩门之外。五日，右师从之。公叔务人见保者而泣，曰：“事充政重，上不能谋，士不能死，何以治民？吾既言之矣，敢不勉乎！”

师及齐师战于郊，齐师自稷曲，师不逾沟。樊迟曰：“非不能也，不信子也。请三刻而逾之。”如之，众从之。师入齐军，右师奔，齐人从之，陈瓘、陈庄涉泗。孟之侧后入以为殿，抽矢策其马，曰：“马不进也。”林不狃之伍曰：“走乎？”不狃曰：“谁不如？”曰：“然则止乎？”不狃曰：“恶贤？”徐步而死。师获甲首八十，齐人不能师。宵，谍曰：“齐人遁。”冉有请从之三，季孙弗许。

孟孺子语人曰：“我不如颜羽，而贤于邴泄。子羽锐敏，我不欲战而能默，泄曰‘驱之’。”公为与其嬖僮汪锜乘，皆死，皆殡。孔子曰：“能执干戈以卫社稷，可无殇也。”冉有用矛于齐师，故能入其军。孔子曰：“义也。”

白公之难（哀公十六年）

楚太子建之遇谗也，自城父奔宋，又辟华氏之乱于郑，郑人甚善之。又适晋，与晋人谋袭郑，乃求复焉。郑人复之如初。晋人使谍于子木，请行而期焉。子木暴虐于其私邑，邑人诉之。郑人省之，得晋谍焉，遂杀子木。

其子曰胜，在吴。子西欲召之，叶公曰：“吾闻胜也诈而乱，无乃害乎?”子西曰：“吾闻胜也信而勇，不为不利，舍诸边竟，使卫藩焉。”叶公曰：“周仁之谓信，率义之谓勇。吾闻胜也，好复言而求死士，殆有私乎?复言，非信也；期死，非勇也。子必悔之。”弗从。召之使处吴竟，为白公。

请伐郑，子西曰：“楚未节也。不然，吾不忘也。”他日又请，许之。未起师，晋人伐郑，楚救之，与之盟。胜怒，曰：“郑人在此，仇不远矣。”

胜自厉剑，子期之子平见之，曰：“王孙何自厉也?”曰：“胜以直闻，不告女，庸为直乎?将以杀尔父。”平以告子西，子西曰：“胜如卵，余翼而长之。楚国，第我死，令尹、司马，非胜而谁?”胜闻之，曰：“令尹之狂也！得死，乃非我。”子西不悛。

胜谓石乞曰：“王与二卿士，皆五百人当之，则可矣。”乞曰：“不可得也。”曰：“市南有熊宜僚者，若得之，可以当五百人矣。”乃从白公而见之，与之言，说。告之故，辞；承之以剑，不动。胜曰：“不为利谄，不为威惕，不泄人言以求媚者，去之。”

吴人伐慎，白公败之。请以战备献，许之，遂作乱。秋七月，杀子西、子期于朝，而劫惠王。子西以袂掩面而死。子期曰：“昔者吾以力事君，不可以弗终。”抉豫章以杀人而后死。石乞曰：“焚库、弑王；不然，不济。”白公曰："不可！弑王，不祥；焚库，无聚，将何以守矣？"乞曰："有楚国而治其民，以敬事神，可以得祥，且有聚矣，何患？"弗从。

叶公在蔡，方城之外皆曰："可以入矣。"子高曰："吾闻之，以险侥幸者，其求无餍，偏重必离。"闻其杀齐管修也而后入。

白公欲以子闾为王，子闾不可，遂劫以兵。子闾曰："王孙若安靖楚国，匡正王室，而后庇焉，启之愿也，敢不听从？若将专利以倾王室，不顾楚国，有死不能。"遂杀之，而以王如高府。石乞尹门，圉公阳穴宫，负王以如昭夫人之宫。

叶公亦至，及北门，或遇之，曰："君胡不胄？国人望君，如望慈父母焉。盗贼之矢若伤君，是绝民望也。若之何不胄？"乃胄而进。又遇一人，曰："君胡胄？国人望君如望岁焉，日日以几。若见君面，是得艾也。民知不死，其亦夫有奋心，犹将旌君以徇于国。而反掩面以绝民望，不亦甚乎？"乃免胄而进。遇箴尹固，帅其属，将与白公。子高曰："微二子者，楚不国矣。弃德从贼，其可保乎？"乃从叶公。使与国人以攻白公。白公奔山而缢，其徒微之。生拘石乞而问白公之死焉，对曰："余知其死所，而长者使余勿言。"曰："不言，将烹。"乞曰："此事也，克则为卿，不克则烹，固其所也，何害？"乃烹石乞。王孙燕奔頯黄氏。

诸梁兼二事，国宁，乃使宁为令尹，使宽为司马，而老于叶。

卷八　公羊传

一、授　受[①]

《四库全书总目》云："案《汉书·艺文志》：'《公羊传》十一卷。'班固自注曰：'公羊子，齐人。'颜师古注曰：'名高。'徐彦《疏》引戴宏《序》曰：'子夏传与公羊高，高传与其子平，平传与其子地，地传其子敢，敢传与其子寿。至汉景帝时，寿乃与齐人胡母子都著于竹帛。'今观《传》中有'子沈子曰''子司马子曰''子女子曰''子北宫子曰'，又有'高子曰''鲁子曰'，盖皆传授之经师，不尽出于公羊子。定公元年《传》'正棺于两楹之间'二句，《穀梁传》引之，直称'沈子'，不称'公羊'，是并其不著姓氏者，亦不尽出公羊子；且并有'子公羊子曰'，尤不出于高之明证。知《传》确为寿撰，而胡母子都助成之。旧本首署高名，盖未审也。"

愚案：汉武帝好《公羊》，治其学者，董胶西为最著。胶西下帷诵读，著书十余万言，皆明经术之意，后世言《公羊》学者，多依据之。然其宗旨，亦颇有相背者。授受

① 此卷小标题，亦为编者所拟。

世代既远，经说遂多歧异，在学者分别其是非耳。

二、注疏多尚怪异

《公羊》立义，最为正大。如开卷“春王正月”，《传》即谓：“王者孰谓？谓文王也。”隐五年“考仲子之宫”，《传》曰：“僭诸公，犹可言也；僭天子，不可言也。”词严而义正矣。《春秋繁露》云“王鲁绌夏”“新周故宋”，《公羊》实无此说。假如《繁露》之言，则《传》何不云“王者孰谓？谓鲁也”？“初献六羽”，更不得谓之“僭天子”矣。乃何劭公侈谈“王鲁”之说，而近儒刘氏逢录编《何氏释例》，复特列“王鲁例”一门。如隐元年，“三月，公及邾娄仪父盟于眛”，注：“《春秋》王鲁，记隐公以为始受命王，因仪父先与隐公盟，可假以见褒赏之法。譬若隐公受命而王，诸侯有倡始之先归者，当进而封之。”又：“秋七月，天王使宰咺来归惠公仲子之赗”，注：“《春秋》王鲁，以鲁为天下化，首明亲来被王化。”又隐八年，“宿男卒”，注：“宿本小国，不当卒，所以卒而日之者。《春秋》王鲁，以隐公为始受命王，宿男先与隐公交接，故卒褒之也。”诸如此类，微特迂曲而不可通，其启人僭窃之心，流弊滋大。后人因“王鲁”之说并称孔子为“素王”。夫孔子作《春秋》以赏罚天下，曷尝欲自王乎？“君子一言以为知，一言以为不知，故言不可不慎也。”

至于“新周”“故宋”之说，尤有不可误解者。陈兰甫先生《东塾读书记》云："宣十六年，成周宣榭灾。《公羊》云：'外灾不书，此何以书？新周也。'惟此有'新周'二字。何注云：'孔子以《春秋》当新王，上黜杞，下新周而故宋。'此取《繁露》之说以解之也。孔巽轩《通义》云："周之东迁，本在王城。及敬王迁成周，作传者号为'新周'。犹晋徙于新田，谓之'新绛'；郑居郭郐之地，谓之'新郑'，实非如注解。'故宋'，《传》绝无文，惟《穀梁》有之，然意尤不相涉。'《公羊》'新周'二字，自董生以来将二千年，至巽轩乃得其解，可谓《公羊》之功臣矣。"据此则知彼之驰骋异说者，并文义而未之省，可笑也。

司马迁论《春秋》云："历人取其年月，数家隆于神运。"圣人纪年月日详略，或有深义，然微而隐矣，后人岂能以臆测之。陈兰甫先生云："庄二十二年，'夏五月'，何注云：'以五月首时者，讥庄公取雠国女，不可以事先祖、奉四时祭祀。'犹五月不宜为首时。桓十七年，'五月丙午，及齐师战于奚'，注云：'去"夏"者，明夫人不系于公也。'成十年，'秋七月，公如晋'，注云：'如晋者冬也，去"冬"者，恶成公前既怨怼不免牲，今复如晋，过郊乃反，遂怨怼无事天之意，当绝之。'此皆穿凿之甚。定十四年无冬，徐疏云：'《不修春秋》已无"冬"字。又《春秋》之说，口授相传，迄于汉时，乃著竹帛，去一"冬"字，何伤之有？'此疏最通。凡时月日之字宜有而无者，皆当如是解之，何必穿凿乎？"

若夫谶纬之说怪妄，岂足凭信？《传》文并无标新领异之事，乃劭公壹意穿凿。如注“西狩获麟”一段云：“夫子素案图录，知庶圣刘季当代周，见薪采者获麟，知为其出。何者？麟者，木精。薪采者，庶人燃火之意。此赤帝将代周居其位，故麟为薪采者所执。‘西狩’获之者，从东方王于西也，东卯西金象也。言‘获’者，兵戈文也，言汉姓卯金刀以兵得天下”云云。若是，则获麟之事，直为妖孽。《公羊》善于谶，岂诬妄至此乎？徒以当时无善注，故不得不存之耳。

以上诸条所述，皆劭公之误，辟之而后读者不入于歧路。劭公序《公羊传》云：“其中多非常异义可怪之论。”夫说经而惟怪异之是尚，无怪其谬也。且经师之所贵乎墨守者，守家法也。若于本经家法之外，妄下己意，何谓墨守乎？何劭公作《公羊墨守》，郑君著《发墨守》以难之。友人江君霄纬云：“劭公之注《公羊》，支离傅会，壹意谄汉，不辞侮孔。汉儒多以治经起家，休直借《春秋》为干禄之计，可谓屈经从己，宜乎贾侍中、郑司农各作长义以短之。休尝自谓：‘康成将入吾室，操吾矛，以伐吾’，即指《发墨守》《箴膏肓》《起废疾》而言。高密信纬，尚不以休为然，可知矣。”其说颇为精确。

自汉以来治《公羊》者数十家，清代乾嘉而后《公羊》学尤甚，然大半惑于樛轕之辞，互相矜炫。惟孔巽轩《公羊通义》、陈卓人《公羊义疏》为纯实无疵。总之，治经必以实事求是为贵，学者当明辨而慎取之。

三、复仇之说

公羊家“复雠”之说，后世多称引之。考庄四年“纪侯大去其国”，《传》云：“‘大去’者何？灭也。”“齐哀公亨乎周，纪侯谮之。襄公为此者，事祖祢之心尽矣。”“远祖者几世乎？九世矣。九世犹可以复雠乎？虽百世可也。”“先君之耻，犹今君之耻也。”又曰：“纪侯不诛”，“犹无明天子也”，“上无天子，下无方伯，缘恩疾者可也”。夫谓先君之耻即今君之耻，此大义也；然谓复仇而可及于百世，其语失之过激矣。齐襄公时，周上有天子，未闻襄公有一言之质诉；其于诸侯，亦未尝明宣纪侯之罪恶。乃遽谓“上无天子”，“缘恩疾者可也”，其语更失之过激矣。为人臣而皆自为，其弊何所底止？苏东坡所谓“其父杀人报仇，其子必且行劫”。儒者立言，平则致天下之和，激则致天下之祸，而世风且因之移易焉，可不惧哉！

四、文　法

韩文公《遗殷侍御书》云：“近世《公羊》学几绝，何氏注外，不见他书。圣经贤传，屏而不省；要妙之义，无自而寻。非先生好之乐之，味于众人之所不味，务张而明之，其孰能勤勤拳拳若此之至？”可见《公羊》之学，文公亦笃嗜之矣。文治幼时喜读《穀梁》文，谓其气严以厉，其辞峻以直，胜于《公羊》。及今温习之，始知《公羊》之文盘屈苍老处，实胜《穀梁》，而其横空提笔及硬住法，尤宜注意。其最奇恣者，如“盗窃宝玉大弓”一段，实开司马子长之先，而为子长之所不能逮也。[①]

附《公羊传》选目

葬宋缪公（隐公三年）　宋人执郑祭仲（桓公十一年）　纪侯大去其国（庄公四年）　宋万弑其君接及其大夫仇牧（庄公十二年）　公会齐侯盟于柯（庄公十三年）　公子友帅师败莒师于犁（僖公元年）　虞师晋师灭夏阳（僖公二年）　晋人及姜戎败秦于殽（僖公三十三年）　赵盾弑君（宣公六年）　晋荀林父帅师及楚子战于邲（宣公十二年）　宋人及楚人平（宣公十五年）　齐侯使国佐如师（成公二年）　卫杀其大夫宁喜（襄公二十七年）　吴子使札来聘（襄公二十九年）　葬许悼公（昭公十九年）　盗窃宝玉大弓（定公八年）　齐陈乞弑其君舍（哀公六年）　西狩获麟（哀公十四年）

葬宋缪公（隐公三年）

冬，十有二月，癸未，葬宋缪公。

葬者曷为或日或不日？不及时而日，渴葬也；不及时

---

① 醒园本此后尚有一段文字：“自来评《公羊传》文者颇多，今定孙月峰红笔，张宾王黄笔，钟伯敬蓝笔，杨绍溥紫笔，储同人墨笔。至余《钩元录》中所选《公羊传》文目，并附于后，学者可与所选《诗》《书》《左传》《穀梁》《礼记》诸篇并读之也。”

而不日，慢葬也。过时而日，隐之也；过时而不日，谓之不能葬也。当时而不日，正也；当时而日，危不得葬也。此当时何危尔？宣公谓缪公曰："以吾爱与夷则不若爱女。以为社稷宗庙主，则与夷不若女，盍终为君矣。"宣公死，缪公立，缪公逐其二子庄公冯与左师勃，曰："尔为吾子，生毋相见，死毋相哭。"与夷复曰："先君之所为不与臣国而纳国乎君者，以君可以为社稷宗庙主也。今君逐君之二子而将致国乎与夷，此非先君之意也。且使子而可逐，则先君其逐臣矣。"缪公曰："先君之不尔逐可知矣，吾立乎此摄也，终致国乎与夷。"庄公冯弑与夷。故君子大居正，宋之祸宣公为之也。

宋人执郑祭仲（桓公十一年）

九月，宋人执郑祭仲。

祭仲者何？郑相也。何以不名？贤也。何贤乎祭仲？以为知权也。其为知权奈何？古者郑国处于留。先郑伯有善于郐公者，通乎夫人以取其国，而迁郑焉，而野留。庄公死已葬，祭仲将往省于留，涂出于宋，宋人执之。谓之曰："为我出忽而立突。"祭仲不从其言，则君必死、国必亡。从其言，则君可以生易死，国可以存易亡。少辽缓之，则突可故出，而忽可故反，是不可得则病，然后有郑国。古人之有权者，祭仲之权是也。权者何？权者反于经，然后有善者也。权之所设，舍死亡无所设。行权有道，自贬损以行权，不害人以行权，杀人以自生，亡人以自存，君子不为也。

纪侯大去其国（庄公四年）

夏，纪侯大去其国。

“大去”者何？灭也。孰灭之？齐灭之。曷为不言齐灭之？为襄公讳也。《春秋》为贤者讳。何贤乎襄公？复雠也。何雠尔？远祖也。哀公亨乎周，纪侯谮之。以襄公之为于此焉者，事祖祢之心尽矣。尽者何？襄公将复雠乎纪，卜之曰：“师丧分焉。”“寡人死之，不为不吉也。”远祖者几世乎？九世矣。九世犹可以复雠乎？虽百世可也。家亦可乎？曰：“不可。”国何以可？国、君一体也。先君之耻，犹今君之耻也；今君之耻，犹先君之耻也。国、君何以为一体？国君以国为体，诸侯世，故国、君为一体也。今纪无罪，此非怒与？曰：非也。古者有明天子，则纪侯必诛，必无纪者。纪侯之不诛，至今有纪者，犹无明天子也。古者诸侯必有会聚之事，相朝聘之道，号辞必称“先君”以相接，然则齐、纪无说焉，不可以并立乎天下。故将去纪侯者，不得不去纪也。有明天子，则襄公得为若行乎？曰：不得也。不得则襄公曷为为之？上无天子，下无方伯，缘恩疾者可也。

宋万弑其君接及其大夫仇牧（庄公十二年）

秋八月甲午，宋万弑其君接，及其大夫仇牧。

及者何？累也。弑君多矣，舍此无累者乎？孔父、荀息皆累也。舍孔父、荀息无累者乎？曰：有。有则此何以书？贤也。何贤乎仇牧？仇牧可谓不畏强御矣。其不畏强御奈何？万尝与庄公战，获乎庄公。庄公归，散舍诸宫中，数月然后归之。归反为大夫于宋。与闵公博，妇人皆在侧。万曰："甚矣，鲁侯之淑、鲁侯之美也！天下诸侯宜为君者，唯鲁侯尔！"闵公矜此妇人，妒其言，顾曰："此虏也！尔虏焉故，鲁侯之美恶乎至？"万怒搏闵公，绝其脰。仇牧闻君弑，趋而至，遇之于门，手剑而叱之。万臂摋仇牧，碎其首，齿著乎门阖。仇牧可谓不畏强御矣。

公会齐侯盟于柯（庄公十三年）

冬，公会齐侯，盟于柯。

何以不日？易也。其易奈何？桓之盟不日，其会不致，信之也。其不日何以始乎此？庄公将会乎桓，曹子进曰："君之意何如？"庄公曰："寡人之生则不若死矣。"曹子曰："然则君请当其君，臣请当其臣。"庄公曰："诺。"于是会乎桓。庄公升坛，曹子手剑而从之。管子进曰："君何求乎？"曹子曰："城坏压竟，君不图与？"管子曰："然则君将何求？"曹子曰："愿请汶阳之田。"管子顾曰："君许诺。"桓公曰："诺。"曹子请盟，桓公下与之盟。已盟，曹子摽剑而去之。要盟可犯，而桓公不欺；曹子可雠，而桓公不怨，桓公之信著乎天下，自柯之盟始焉。

公子友帅师败莒师于犁（僖公元年）

冬十月壬午，公子友帅师败莒师于犁，获莒挐。

莒挐者何？莒大夫也。莒无大夫，此何以书？大季子之获也。何大乎季子之获？季子治内难以正，御外难以正。其御外难以正奈何？公子庆父弑闵公，走而之莒，莒人逐之，将由乎齐，齐人不纳，却反舍于汶水之上，使公子奚斯入请。季子曰："公子不可以入，入则杀矣。"奚斯不忍反命于庆父，自南涘，北面而哭。庆父闻之曰："嘻！此奚斯之声也，诺已。"曰："吾不得入矣。"于是抗辀经而死。莒人闻之曰："吾已得子之贼矣！"以求赂乎鲁，鲁人不与，为是兴师而伐鲁，季子待之以偏战。

虞师晋师灭夏阳（僖公二年）

夏五月，虞师、晋师灭夏阳。

虞，微国也，曷为序乎大国之上？使虞首恶也。曷为使虞首恶？虞受赂，假灭国者道，以取亡焉。其受赂奈何？献公朝诸大夫而问焉，曰："寡人夜者寝而不寐，其意也何？"诸大夫有进对者曰："寝不安与？其诸侍御有不在侧者与？"献公不应。荀息进曰："虞、郭见与？"献公揖而进之，遂与之入而谋曰："吾欲攻郭，则虞救之，攻虞则郭救之，如之何？愿与子虑之。"荀息对曰："君若用臣之谋，则今日取郭，而明日取虞尔，君何忧焉？"献公曰："然则奈何？"荀息曰："请以屈产之乘，与垂棘之白璧往，必可得也。则宝出之内藏，藏之外府；马出之内厩，系之外厩尔，君何丧焉？"献公曰："诺。虽然，宫之奇存焉，如之何？"荀息曰："宫之奇知则知矣。虽然，虞公贪而好宝，见宝，必不从其言。请终以往。”于是终以往，虞公见宝许诺。宫之奇果谏：“记曰：‘唇亡则齿寒。’虞、郭之相救，非相为赐，则晋今日取郭，而明日虞从而亡尔。君请勿许也。”虞公不从其言，终假之道以取郭。还，四年，反取虞。虞公抱宝牵马而至。荀息见曰：“臣之谋何如?”献公曰：“子之谋则已行矣，宝则吾宝也，虽然，吾马之齿亦已长矣。”盖戏之也。夏阳者何？郭之邑也。曷为不系于郭？国之也。曷为国之？君存焉尔。

晋人及姜戎败秦于殽（僖公三十三年）

夏四月辛巳，晋人及姜戎败秦于殽。

其谓之秦何？夷狄之也。曷为夷狄之？秦伯将袭郑，百里子与蹇叔子谏曰：“千里而袭人，未有不亡者也。”秦伯怒曰：“若尔之年者，宰上之木拱矣，尔曷知!”师出，百里子与蹇叔子送其子而戒之曰：“尔即死，必于殽之嵚岩，是文王之所辟风雨者也，吾将尸尔焉。”子揖师而行。百里子与蹇叔子从其子而哭之。秦伯怒曰：“尔曷为哭吾师?”对曰：“臣非敢哭君师，哭臣之子也。”弦高者，郑商也，遇之殽，矫以郑伯之命而犒师焉，或曰：“往矣。”或曰：“反矣。”然而晋人与姜戎要之殽而击之，匹马只轮无反者。其言及姜戎何？姜戎，微也，称人亦微者也。何言乎姜戎之微？先轸也，或曰襄公亲之。襄公亲之则其称人何？贬。曷为贬？君在乎殡而用师，危不得葬也。诈战不日，此何以日？尽也。

赵盾弑君（宣公六年）

春，晋赵盾、卫孙免侵陈。

赵盾弑君，此其复见何？亲弑君者，赵穿也。亲弑君者赵穿，则曷为加之赵盾？不讨贼也。何以谓之不讨贼？晋史书贼曰："晋赵盾弑其君夷獆。"赵盾曰："天乎！无辜。吾不弑君，谁谓吾弑君者乎？"史曰："尔为仁为义，人弑尔君，而复国不讨贼，此非弑君如何？"

赵盾之复国奈何？灵公为无道，使诸大夫皆内朝，然后处乎台上，引弹而弹之，己趋而辟丸，是乐而已矣。赵盾已朝而出，与诸大夫立于朝，有人荷畚，自闺而出者。赵盾曰："彼何也？夫畚曷为出乎闺？"呼之不至，曰："子大夫也，欲视之，则就而视之。"赵盾就而视之，则赫然死人也。赵盾曰："是何也？"曰："膳宰也。熊蹯不熟，公怒，以斗摮而杀之，支解，将使我弃之。"赵盾曰："嘻！"趋而入。灵公望见赵盾，诉而再拜。赵盾逡巡北面再拜稽首，趋而出。

灵公心怍焉，欲杀之。于是使勇士某者往杀之。勇士入其大门，则无人门焉者；入其闺，则无人闺焉者；上其堂，则无人焉。俯而窥其户，方食鱼飧。勇士曰："嘻！子诚仁人也！吾入子之大门，则无人焉；入子之闺，则无人焉；上子之堂，则无人焉，是子之易也。子为晋国重卿，而食鱼飧，是子之俭也。君将使我杀子，吾不忍杀子也。虽然，吾亦不可复见吾君矣。"遂刎颈而死。

灵公闻之怒，滋欲杀之甚，众莫可使往者。于是伏甲于宫中，召赵盾而食之。赵盾之车右祁弥明者，国之力士也，仡然从乎赵盾而入，放乎堂下而立。赵盾已食，灵公谓盾曰："吾闻子之剑，盖利剑也，子以示我，吾将观焉。"赵盾起将进剑，祁弥明自下呼之曰："盾食饱则出，何故拔剑于君所？"赵盾知之，躇阶而走。灵公有周狗，谓之獒，呼獒而属之，獒亦躇阶而从之。祁弥明逆而踆之，绝其颔。赵盾顾曰："君之獒，不若臣之獒也！"然而宫中甲鼓而起。有起于甲中者，抱赵盾而乘之。赵盾顾曰："吾何以得此于子？"曰："子某时所食活我于暴桑下者也。"赵盾曰："子名为谁？"曰："吾君孰为介？子之乘矣，何问吾名？"赵盾驱而出，众无留之者。赵穿缘民众不说，起弑灵公，然后迎赵盾而入，与之立于朝，而立成公黑臀。

晋荀林父帅师及楚子战于邲（宣公十二年）

夏六月乙卯，晋荀林父帅师及楚子战于邲，晋师败绩。

大夫不敌君，此其称名氏以敌楚子何？不与晋而与楚子为礼也。曷为不与晋而与楚子为礼也？庄王伐郑，胜乎皇门，放乎路衢。郑伯肉袒，左执茅旌，右执鸾刀，以逆庄王曰："寡人无良，边垂之臣，以干天祸，是以使君王沛焉辱到敝邑。君如矜此丧人，锡之不毛之地，使帅一二耋老而绥焉，请唯君王之命。"庄王曰："君之不令臣交易为言，是以使寡人得见君之玉面，而微至乎此。"庄王亲自手旌，左右撝军退舍七里。将军子重谏曰："南郢之与郑相去数千里，诸大夫死者数人，厮役扈养死者数百人。今君胜郑而不有，无乃失民臣之力乎？”庄王曰：“古者杅不穿、皮不蠹，则不出于四方。是以君子笃于礼而薄于利，要其人而不要其土，告从，不赦不详，吾以不详道民，灾及吾身，何日之有？”既则晋师之救郑者至，曰：“请战。”庄王许诺。将军子重谏曰：“晋，大国也，王师淹病矣，君请勿许也。”庄王曰：“弱者吾威之，强者吾辟之，是以使寡人无以立乎天下？”令之还师而逆晋寇。庄王鼓之，晋师大败，晋众之走者，舟中之指可掬矣。庄王曰：“嘻！吾两君不相好，百姓何罪？”令之还师而佚晋寇。

宋人及楚人平（宣公十五年）

夏五月，宋人及楚人平。

外平不书，此何以书？大其平乎己也。何大乎其平乎己？庄王围宋，军有七日之粮尔，尽此不胜，将去而归尔。于是使司马子反乘堙而窥宋城，宋华元亦乘堙而出见之。司马子反曰：“子之国何如？”华元曰：“惫矣！”曰：“何如？”曰：“易子而食之，析骸而炊之。”司马子反曰：“嘻！甚矣惫！虽然，吾闻之也，围者柑马而秣之，使肥者应客。是何子之情也。”华元曰：“吾闻之，君子见人之厄则矜之，小人见人之厄则幸之。吾见子之君子也，是以告情于子也。”司马子反曰：“诺，勉之矣！吾军亦有七日之粮尔，尽此不胜，将去而归尔。”揖而去之，反于庄王。庄王曰：“何如？”司马子反曰：“惫矣！”曰：“何如？”曰：“易子而食之，析骸而炊之。”庄王曰：“嘻！甚矣惫！虽然，吾今取此然后而归尔。”司马子反曰：“不可。臣已告之矣，军有七日之粮尔。”庄王怒曰：“吾使子往视之，子曷为告之？”司马子反曰：“以区区之宋，犹有不欺人之臣，可以楚而无乎？是以告之也。”庄王曰：“诺。舍而止。虽然，吾犹取此然后归尔。”司马子反曰：“然则君请处于此，臣请归尔。”庄王曰：“子去我而归，吾孰与处于此？吾亦从子而归尔。”引师而去之。故君子大其平乎己也。此皆大夫也，其称“人”何？贬。曷为贬？平者在下也。

齐侯使国佐如师（成公二年）

秋七月，齐侯使国佐如师。己酉，及国佐盟于袁娄。

君不使乎大夫，此其行使乎大夫何？佚获也。其佚获奈何？师还齐侯，晋郤克投戟逡巡再拜稽首马前。逢丑父者，顷公之车右也，面目与顷公相似，衣服与顷公相似，代顷公当左。使顷公取饮，顷公操饮而至，曰：“革取清者。”顷公用是佚而不反。逢丑父曰：“吾赖社稷之神灵，吾君已免矣。”郤克曰：“欺三军者，其法奈何？”曰：“法斮。”于是斮逢丑父。

己酉，及齐国佐盟于袁娄。曷为不盟于师而盟于袁娄？前此者，晋郤克与臧孙许同时而聘于齐。萧同姪子者，齐君之母也，踊于棓而窥客，则客或跛或眇，于是使跛者迓跛者，使眇者迓眇者。二大夫出，相与踦闾而语，移日然后相去。齐人皆曰：“患之起必自此始！”二大夫归，相与率师为鞌之战，齐师大败。齐侯使国佐如师，郤克曰："与我纪侯之甗，反鲁、卫之侵地，使耕者东亩，且以萧同姪子为质，则吾舍子矣。"国佐曰："与我纪侯之甗，请诺。反鲁、卫之侵地，请诺。使耕者东亩，是则土齐也。萧同姪子者，齐君之母也；齐君之母，犹晋君之母也，不可。请战，一战不胜请再，再战不胜请三，三战不胜，则齐国尽子之有也，何必以萧同姪子为质？"揖而去之。郤克眣鲁、卫之使，使以其辞而为之请，然后许之。逮于袁娄而与之盟。

卫杀其大夫宁喜（襄公二十七年）

夏，卫杀其大夫宁喜，卫侯之弟鱄出奔晋。

卫杀大夫宁喜，则卫侯之弟鱄曷为出奔晋？为杀宁喜出奔也。曷为为杀宁喜出奔？卫宁殖与孙林父逐卫侯而立公孙剽，宁殖病将死，谓喜曰："黜公者，非吾意也，孙氏为之。我即死，女能固纳公乎？"喜曰："诺。"宁殖死，喜立为大夫。使人谓献公曰："黜公者，非宁氏也，孙氏为之。吾欲纳公，何如？"献公曰："子苟纳我，吾请与子盟。"喜曰："无所用盟，请使公子鱄约之。"献公谓公子鱄曰："宁氏将纳我，吾欲与之盟。其言曰：'无所用盟，请使公子鱄约之。'子固为我与之约矣。"公子鱄辞曰："夫负羁絷、执铁锧，从君东西南北，则是臣仆庶孽之事也。若夫约言为信，则非臣仆庶孽之所敢与也。"献公怒曰："黜我者，非宁氏与，孙氏凡在尔。"公子鱄不得已而与之约。

已约，归至，杀宁喜。公子鱄挈其妻子而去之，将济于河，携其妻子而与之盟，曰："苟有履卫地、食卫粟者，昧雉彼视。"

吴子使札来聘（襄公二十九年）

吴子使札来聘。

吴无君、无大夫，此何以有君、有大夫？贤季子也。何贤乎季子？让国也。其让国奈何？谒也、馀祭也、夷昧也，与季子同母者四。季子弱而才，兄弟皆爱之，同欲立之以为君。谒曰："今若是迮而与季子国，季子犹不受也，请无与子而与弟，弟兄迭为君，而致国乎季子。"皆曰"诺"。故诸为君者，皆轻死为勇，饮食必祝，曰："天苟有吴国，尚速有悔于予身。"故谒也死，馀祭也立；馀祭也死，夷昧也立。夷昧也死，则国宜之季子者也，季子使而亡焉。

僚者长庶也，即之。季子使而反，至而君之尔。阖庐曰："先君之所以不与子国而与弟者，凡为季子故也。将从先君之命与，则国宜之季子者也；如不从先君之命与，则我宜立者也，僚恶得为君乎？"于是使专诸刺僚，而致国乎季子。季子不受曰："尔弑吾君，吾受尔国，是吾与尔为篡也。尔杀吾兄，吾又杀尔，是父子兄弟相杀，终身无已也。"去之延陵，终身不入吴国。故君子以其不受为义，以其不杀为仁。贤季子则吴何以有君、有大夫？以季子为臣，则宜有君者也。

札者何？吴季子之名也。《春秋》贤者不名，此何以名？许夷狄者不壹而足也。季子者所贤也，曷为不足乎季子？许人臣者必使臣，许人子者必使子也。

葬许悼公（昭公十九年）

冬，葬许悼公。

贼未讨，何以书“葬”？不成于弑也。曷为不成于弑？止进药而药杀也。止进药而药杀，则曷为加“弑”焉尔？讥子道之不尽也。其讥子道之不尽奈何？曰：“乐正子春之视疾也，复加一饭则脱然愈，复损一饭则脱然愈，复加一衣则脱然愈，复损一衣则脱然愈。止进药而药杀，是以君子加弑焉尔。”曰：“许世子止弑其君买，是君子之听止也。葬许悼公，是君子之赦止也。赦止者，免止之罪辞也。”

盗窃宝玉大弓（定公八年）

盗窃宝玉、大弓。

盗者孰谓？谓阳虎也。阳虎者，曷为者也？季氏之宰也。季氏之宰则微者也，恶乎得国宝而窃之？阳虎专季氏，季氏专鲁国，阳虎拘季孙，孟氏与叔孙氏迭而食之。睋而锓其板曰：“某月某日，将杀我于蒲圃，力能救我则于是。”至乎日若时而出。临南者，阳虎之出也，御之。于其乘焉，季孙谓临南曰：“以季氏之世世有子，子可以不免我死乎？”临南曰：“有力不足，臣何敢不勉。”阳越者，阳虎之从弟也，为右。诸阳之从者，车数十乘，至于孟衢，临南投策而坠之，阳越下取策，临南駷马，而由乎孟氏，阳虎从而射之，矢著于庄门。然而，甲起于琴如。弑不成，却反舍于郊，皆说然息。或曰："弑千乘之主而不克，舍此可乎？"阳虎曰："夫孺子得国而已，如丈夫何？"睋而曰："彼哉！彼哉！趣驾。"既驾，公敛处父帅师而至，慬然后得免，自是走之晋。宝者何？璋判白，弓绣质，龟青纯。

齐陈乞弑其君舍（哀公六年）

秋，齐陈乞弑其君舍。

弑而立者，不以当国之辞言之，此其以当国之辞言之何？为谖也。此其为谖奈何？景公谓陈乞曰："吾欲立舍，何如？"陈乞曰："所乐乎为君者，欲立之则立之，不欲立则不立。君如欲立之，则臣请立之。"阳生谓陈乞曰："吾闻子盖将不欲立我也。"陈乞曰："夫千乘之主，将废正而立不正，必杀正者。吾不立子者，所以生子者也。走矣！"与之玉节而走之。

景公死而舍立。陈乞使人迎阳生于诸其家。除景公之丧，诸大夫皆在朝，陈乞曰：常之母有鱼菽之祭，愿诸大夫之化我也。"诸大夫皆曰："诺。"于是皆之陈乞之家坐。陈乞曰："吾有所为甲，请以示焉。"诸大夫皆曰："诺。"于是使力士举巨囊而至于中霤，诸大夫见之，皆色然而骇；开之，则闯然公子阳生也。陈乞曰："此君也已！"诸大夫不得已，皆逡巡北面，再拜稽首而君之尔，自是往弑舍。

西狩获麟（哀公十四年）

春，西狩获麟。

何以书？记异也。何异尔？非中国之兽也。然则孰狩之？薪采者也。薪采者则微者也，曷为以“狩”言之？大之也。曷为大之？为获麟大之也。曷为为获麟大之？麟者，仁兽也。有王者则至，无王者则不至。有以告者曰：“有麕而角者。”孔子曰：“孰为来哉！孰为来哉！”反袂拭面涕沾袍。颜渊死，子曰：“噫！天丧予。”子路死，子曰：“噫！天祝予。”西狩获麟，孔子曰：“吾道穷矣。”

《春秋》何以始乎隐？祖之所逮闻也，所见异辞，所闻异辞，所传闻异辞。何以终乎哀十四年？曰：“备矣！”君子曷为为《春秋》？拨乱世，反诸正，莫近诸《春秋》。则未知其为是与？其诸君子乐道尧、舜之道与？末不亦乐乎尧、舜之知君子也？制《春秋》之义，以俟后圣，以君子之为，亦有乐乎此也。

卷九　穀梁传

一、授　受[①]

阮文达引《六艺论》云："'《穀梁》善于经'，岂以其亲炙于子夏，所传为得其实与？公羊同师子夏，而郑氏《起废疾》则以穀梁为'近孔子'，公羊为六国时人。"然则"善经""近孔"四字，固《穀梁传》之确评矣。文治谓《穀梁》惟邃于道，是以能善于经。今考本《传》，见道之言甚夥。曰："人之于天也，以道受命；于人也，以言受命。不若于道者，天绝之也；不若于言者，人绝之也。"又曰："言之所以为言者，信也。言而不信，何以为言？信之所以为信者，道也。信而不道者，何以为道？"又曰："君子不夺人名，不夺人亲之所名，重其所以来也。"凡若此语，皆先贤所未发，尤足以警醒人心。善哉！其孔子之遗言乎？

穀梁惟亲受业于子夏，故所言多孔门精义。如隐元年《传》引"成人之美，不成人之恶"，僖二十二年《传》引"礼人而不答则反其敬，爱人而不亲则反其仁，治人而不治

---

① 此卷小标题，亦为编者所拟。

则反其知"，此为圣贤忠厚剀切之言，岂浅儒所能道？至"礼人不答"数语，其穀梁述孟子之语耶？抑孟子之述穀梁之语耶？未可知也。

二、大义及比较

陈兰甫先生云："'世衰道微，邪说暴行有作，臣弑其君者有之，子弑其父者有之。孔子惧，作《春秋》。《春秋》，天子之事也。''孔子成《春秋》而乱臣贼子惧。'《春秋》之所以作，孟子此数语既明之矣。其始于隐、桓，何也？《春秋》之前，鲁幽公之弟魏公弑幽公而自立，懿公之兄子伯御弑懿公而自立。《春秋》不始于彼者，周宣王伐鲁杀伯御而立孝公，是时天子尚能治乱贼也。至隐公为桓公所弑，天子不能治之，此则孔子所以惧而作《春秋》也。《穀梁·隐元年传》云：'公何以不言即位？成公志也。''将以让桓也。让桓正乎？曰：不正。''隐不正而成之，何也？将以恶桓也。'桓元年《传》云：'桓弟弑兄，臣弑君，天子不能定，诸侯不能救，百姓不能去，以为无王之道，遂可以至焉尔。元年有王，所以治桓也，然则《春秋》始于隐、桓，为恶桓弑隐，而孔子以王法治之，大义昭然矣，此所谓'《穀梁》善于经'欤？"文治案：春秋二百四十余年，皆兄弟之祸，兰甫先生揭明之，《穀梁》大义炳如日星矣。

兰甫先生又云："《公羊》《穀梁》二传同者，隐公不书即位，《公羊》云‘成公意’，《穀梁》云‘成公志’；郑伯克段于鄢，皆云‘杀之’。如此者不可枚举矣。僖十七年夏，灭项，《公羊》曰：‘孰灭之？齐灭之。曷为不言齐灭之？’‘《春秋》为贤者讳，此灭人之国，何贤尔？君子之恶恶也疾始，善善也乐终，桓公尝有继绝存亡之功，故君子为之讳也。’《穀梁》云：‘孰灭之？桓公也。何以不言桓公也？为贤者讳也。’‘既灭人之国矣，何贤乎？君子恶恶疾其始，善善乐其终，桓公尝有存亡继绝之功，故君子为讳也。’此更句句相同，盖穀梁以公羊之说为是而录取之也。穀梁在公羊之后，研究公羊之说，或取之，或不取，或驳之，或与己说兼存之，其《传》较《公羊》为平正者，以此也。”文治案：此说允矣。然穀梁子见道较深，其精卓之处，更非公羊所能逮也。

三、注　疏

《穀梁传》固胜于《公羊》，范宁之解，绝无穿凿，更远胜于劭公。考范《序》树义正大，历举《三传》伤教害义之处，弃其所滞，择善而从，可谓当于理矣。其谓“《左氏》艳而富，其失也巫；《穀梁》清而婉，其失也短；《公羊》辩而裁，其失也俗”，论文章亦妙。惟《穀梁》气直，未可云婉；若谓“清以厉”，则得之矣。

《穀梁》年月日例，近许氏桂林《穀梁释例》、柳氏兴恩《穀梁大义》，皆称述之，兰甫先生颇以为非。文治案：

孔子因史记旧文而修《春秋》，其年月日或因旧史，何必凿为之说？顾林亭先生《日知录》引赵氏云："宣、成以前人名及甲子多不具，旧史阙也。"又论"陨石于宋五，六鹢退飞"条云："石无知，故日之，然则梁山崩不日，何也？鹢微有知之物，故月之，然则有鸜鹆来巢不月，何也？夫月日之有无，'其文则史'也。"是通人之论也。

四、文　法

文治年十三岁读《榖梁传》，但觉其文之诘屈奇奥，未知其佳处也。后为解经文字，亦未尝究其奇奥之旨[①]。年三十余，潜研文学，读柳子厚论文书曰："参之《榖梁氏》，以厉其气。"爰复读《榖梁》，乃深好之，以为《榖梁》，法律家也，断制谨严，于说《春秋》为最宜。后撰《孟子大义》，忽悟说经之要，皆当以《榖梁氏》文法行之，所谓词严谊正，笔挟风霜，斯能简炼文义，精锐无伦；不当如后世训故传之属，芜庸而寡要也。愿以质诸知言之君子。

向尝疑司马子长作《十二诸侯年表序》，详述《左氏春秋》以下诸家，而不及《公羊》《榖梁》，岂《公》《榖》二家不如吕不韦、张苍欤？抑偶遗之欤？然如《榖梁传》中"晋杀其大夫里克""虞师晋师灭夏阳""晋赵盾弑其君""秋蒐于红"诸篇，奇情惊采，皆足与《左氏》相颉颃。子

① "亦未尝究其奇奥之旨"，醒园本作："平衍而已，未尝以文法行之。"

长常猎取其神以为文。后之学者，能味于不味，则悟其妙矣。

《穀梁》文法之奥妙，在设一问题以解释之，而其解释之事，则又作一问题，层累而下。苏老泉《春秋论》，即窃取是法。顾用心斠之，《穀梁》之文气严以厉，苏氏之文气粗以嚣，不同日而语也。[①]

附《穀梁传》选目

元年春王正月（隐公元年）　夏五月郑伯克段于鄢（隐公元年）　二月己巳日有食之（隐公三年）　秋武氏子来求赙（隐公三年）　元年春王桓无王（桓公元年）　三月公会齐侯陈侯郑伯于稷（桓公二年）　夏四月取郜大鼎于宋（桓公二年）　公子翚如齐逆女（桓公三年）　冬曹伯使其世子射姑来朝（桓公九年）　夏五（桓公十四年）　秋八月壬申御廪灾（桓公十四年）　三月夫人孙于齐（庄公元年）　五月葬桓王（庄公三年）　夏四月辛卯昔恒星不见（庄公七年）　八年春王正月师次于郎（庄公八年）　夏六月公会齐侯宋公陈侯郑伯同盟于幽（庄公二十七年）　秋筑台于秦（庄公三十一年）　虞师晋师灭夏阳（僖公二年）　楚屈完来盟于师（僖公四年）　秋八月诸侯盟于首戴（僖公五年）　晋杀其大夫里克（僖公十年）

---

① 醒园本此后尚有数句："兹定诸家评点，孙月峰墨笔，张宾王黄笔，钟伯敬蓝笔，王昭平红笔，储同人绿笔。余向所选《钩元录》中《穀梁传》文目，并附于后焉。"

陨石于宋五是月六鹢退飞过宋都（僖公十六年）　夏灭项（僖公十七年）　冬十有一月己巳朔宋公及楚人战于泓（僖公二十二年）　夏四月辛巳晋人及姜戎败秦师于殽（僖公三十三年）　晋杀其大夫阳处父（文公六年）　冬十月甲午叔孙得臣败狄于咸（文公十一年）　晋人纳捷菑于邾（文公十四年）　秋九月乙丑晋赵盾弑其君夷皋（宣公二年）　王札子杀召伯毛伯（宣公十五年）　初税亩（宣公十五年）　冬十月季孙行父秃晋郤克眇卫孙良夫跛曹公子手偻同时而聘于齐（成公元年）　秋七月齐侯使国佐如师（成公二年）　梁山崩（成公五年）　莒人灭缯（襄公六年）　晋士匄帅师侵齐（襄公十九年）　十有二月吴子谒伐楚（襄公二十五年）　卫侯之弟专出奔晋（襄公二十七年）　阍弑吴子馀祭（襄公二十九年）　吴子使札来聘（襄公二十九年）　五月甲午宋灾（襄公三十年）　秋七月楚子蔡侯陈侯许男顿子胡子沈子淮夷伐吴（昭公四年）　秋八月戊辰卫侯恶卒（昭公七年）　秋蒐于红（昭公八年）　夏五月戊辰许世子止弑其君买（昭公十九年）　冬葬许悼公（昭公十九年）　秋盗杀卫侯之兄辄（昭公二十年）　戊辰公即位（定公元年）　九月大雩（定公元年）　冬十有一月庚午蔡侯以吴子及楚人战于伯举（定公四年）　夏公会齐侯于颊谷（定公十年）　公会晋侯及吴子于黄池（哀公十三年）

元年春王正月（隐公元年）

元年春，王正月。虽无事，必举正月，谨始也。公何以不言即位？成公志也。焉成之？言君之不取为公也。君之不取为公何也？将以让桓也。让桓正乎？曰：不正。《春秋》成人之美，不成人之恶。隐不正而成之，何也？将以恶桓也。其恶桓何也？隐将让而桓弑之，则桓恶矣。桓弑而隐让，则隐善矣。善则其不正焉何也？《春秋》贵义而不贵惠，信道而不信邪。孝子扬父之美，不扬父之恶。先君之欲与桓，非正也，邪也。虽然，既胜其邪心以与隐矣，已探先君之邪志而遂以与桓，则是成父之恶也。兄弟，天伦也。为子受之父，为诸侯受之君。已废天伦而忘君父，以行小惠，曰小道也。若隐者，可谓轻千乘之国，蹈道则未也。

夏五月郑伯克段于鄢（隐公元年）

夏，五月，郑伯克段于鄢。克者何？能也。何能也？能杀也。何以不言杀？见段之有徒众也。段，郑伯弟也。何以知其为弟也？杀世子，母弟目君，以其目君，知其为弟也。段，弟也，而弗谓弟；公子也，而弗谓公子，贬之也。段失子弟之道矣，贱段而甚郑伯也。何甚乎郑伯？甚郑伯之处心积虑成于杀也。于鄢，远也。犹曰“取之其母之怀中而杀之”云尔，甚之也。然则为郑伯者宜奈何？缓追逸贼，亲亲之道也。

二月己巳日有食之（隐公三年）

三年春，王二月，己巳，日有食之。言日不言朔，食晦日也。其日有食之何也？吐者外壤，食者内壤。阙然不见其壤，有食之者也。有，内辞也；或，外辞也。有食之者，内于日也。其不言食之者何也？知其不可知，知也。

秋武氏子来求赙（隐公三年）

秋，武氏子来求赙。武氏子者何也？天子之大夫也。天子之大夫，其称“武氏子”何也？未毕丧，孤未爵。未爵使之，非正也。其不言“使”何也？无君也。归死者曰赗，归生者曰赙。曰归之者，正也；求之者，非正也。周虽不求，鲁不可以不归；鲁虽不归，周不可以求之。“求”之为言，得不得，未可知之辞也。交讥之。

元年春王桓无王（桓公元年）

元年春。王。桓无王，其曰“王”何也？谨始也。其曰“无王”何也？桓弟弑兄，臣弑君，天子不能定，诸侯不能救，百姓不能去。以为无王之道，遂可以至焉尔。元年有王，所以治桓也。正月，公即位。继故不言即位，正也。继故不言即位之为正，何也？曰：先君不以其道终，则子弟不忍即位也。继故而言即位，则是与闻乎弑也。继故而言即位，是为与闻乎弑何也？曰：先君不以其道终，己正即位之道而即位，是无恩于先君也。

三月公会齐侯陈侯郑伯于稷（桓公二年）

三月，公会齐侯、陈侯、郑伯于稷，以成宋乱。“以”者，内为志焉尔，公为志乎成是乱也。此成矣，取不成事之辞而加之焉。于内之恶，而君子无遗焉尔。

夏四月取郜大鼎于宋（桓公二年）

夏，四月，取郜大鼎于宋，戊申，纳于太庙。桓内弑其君，外成人之乱，受赂而退，以事其祖，非礼也。其道以周公为弗受也。郜鼎者，郜之所为也。曰“宋”，取之宋也，以是为讨之鼎也。孔子曰：“名从主人，物从中国。”故曰“郜大鼎”也。

公子翚如齐逆女（桓公三年）

秋，公子翚如齐逆女。逆女，亲者也。使大夫，非正也。九月，齐侯送姜氏于讙。礼：送女，父不下堂，母不出祭门，诸母兄弟不出阙门。父戒之曰：“谨慎从尔舅之言！”母戒之曰：“谨慎从尔姑之言！”诸母般申之曰：“谨慎从尔父母之言！”送女逾竟，非礼也。公会齐侯于讙。无讥乎？曰：为礼也。齐侯来也，公之逆而会之可也。夫人姜氏至自齐。其不言翚之以来何也？公亲受之于齐侯也。子贡曰：“冕而亲迎，不已重乎？”孔子曰：“合二姓之好，以继万世之后，何谓已重乎？”

冬曹伯使其世子射姑来朝（桓公九年）

冬，曹伯使其世子射姑来朝。朝不言使，言使非正也。使世子伉诸侯之礼而来朝，曹伯失正矣。诸侯相见曰朝。以待人父之道待人之子，以内为失正矣。内失正，曹伯失正，世子可以已矣，则是放命也。《尸子》曰：“夫已，多乎道。”

夏五（桓公十四年）

夏，五，郑伯使其弟御来盟。诸侯之尊，弟兄不得以属通。“其弟”云者，以其来我，举其贵者也。来盟，前定也。不日，前定之盟不日。孔子曰：“听远音者，闻其疾而不闻其舒；望远者，察其貌而不察其形。”立乎定、哀，以指隐、桓。隐、桓之日远矣，夏五，传疑也。

秋八月壬申御廪灾（桓公十四年）

秋，八月壬申，御廪灾。乙亥，尝。御廪之灾不志，此其志何也？以为唯未易灾之馀而尝可也，志不敬也。天子亲耕以共粢盛，王后亲蚕以共祭服。国非无良农工女也，以为人之所尽事其祖祢，不若以己所自亲者也。何用见其未易灾之馀而尝也？曰：甸粟而内之三宫，三宫米而藏之御廪，夫尝必有兼甸之事焉。壬申御廪灾，乙亥尝，以为未易灾之馀而尝也。

三月夫人孙于齐（庄公元年）

三月，夫人孙于齐。孙之为言，犹逊也。讳奔也。接练时，录母之变，始人之也。不言氏姓，贬之也。人之于天也，以道受命；于人也，以言受命。不若于道者，天绝之也；不若于言者，人绝之也。臣子大受命。

五月葬桓王（庄公三年）

五月，葬桓王。传曰：改葬也。改葬之礼，緦，举下缅也。或曰郤尸以求诸侯。天子志崩不志葬，必其时也。何必焉？举天下而葬一人，其义不疑也。志葬，故也，危不得葬也。曰：近不失崩。不志崩，失天下也。独阴不生，独阳不生，独天不生，三合然后生。故曰："母之子也可，天之子也可。尊者取尊称焉，卑者取卑称焉。"其曰"王"者，民之所归往也。

夏四月辛卯昔恒星不见（庄公七年）

夏，四月辛卯，昔，恒星不见。恒星者，经星也。日入至于星出，谓之昔。不见者，可以见也。夜中星陨如雨。其陨也如雨，是夜中与？《春秋》著以传著，疑以传疑。中之，几也，而曰夜中，著焉尔。何用见其中也？失变而录其时，则夜中矣。其不曰恒星之陨何也？我知恒星之不见，而不知其陨也；我见其陨而接于地者，则是雨说也。著于上，见于下，谓之雨；著于下，不见于上，谓之陨，岂雨说哉？

八年春王正月师次于郎（庄公八年）

八年春，王正月，师次于郎，以俟陈人、蔡人。次，止也。俟，待也。甲午，治兵。出曰治兵，习战也；入曰振旅，习战也。治兵而陈、蔡不至矣。兵事以严终，故曰"善陈者不战"，此之谓也。善为国者不师，善师者不陈，善陈者不战，善战者不死，善死者不亡。

夏六月公会齐侯宋公陈侯郑伯同盟于幽（庄公二十七年）

夏，六月，公会齐侯、宋公、陈侯、郑伯，同盟于幽。

同者，有同也，同尊周也。于是而后授之诸侯也。其授之诸侯何也？齐侯得众也。桓会不致，安之也。桓盟不日，信之也。信其信，仁其仁。衣裳之会十有一，未尝有歃血之盟也，信厚也。兵车之会四，未尝有大战也，爱民也。

秋筑台于秦（庄公三十一年）

秋，筑台于秦。不正。罢民三时，虞山林薮泽之利。且财尽则怨，力尽则怼，君子危之，故谨而志之也。或曰：倚诸桓也。桓外无诸侯之变，内无国事，越千里之险，北伐山戎，为燕辟地。鲁外无诸侯之变，内无国事，一年罢民三时，虞山林薮泽之利，恶内也。

虞师晋师灭夏阳（僖公二年）

虞师、晋师灭夏阳。非国而曰灭，重夏阳也。虞无师，其曰"师"何也？以其先晋，不可以不言师也。其先晋何也？为主乎灭夏阳也。夏阳者，虞、虢之塞邑也。灭夏阳而虞、虢举矣。虞之为主乎灭夏阳何也？晋献公欲伐虢，荀息曰："君何不以屈产之乘、垂棘之璧而借道乎虞也？"公曰："此晋国之宝也，如受吾币而不借吾道，则如之何？"荀息曰："此小国之所以事大国也。彼不借吾道，必不敢受吾币。如受吾币而借吾道，则是我取之中府而藏之外府，取之中厩而置之外厩也。"公曰："宫之奇存焉，必不使受之也。"荀息曰："宫之奇之为人也，达心而懦，又少长于君。达心则其言略，懦则不能强谏，少长于君则君轻之。

且夫玩好在耳目之前，而患在一国之后，此中知以上乃能虑之，臣料虞君中知以下也。”公遂借道而伐虢。宫之奇谏曰：“晋国之使者，其辞卑而币重，必不便于虞。”虞公弗听，遂受其币而借之道。宫之奇谏曰：“语曰：‘唇亡则齿寒。’其斯之谓与！”挈其妻子以奔曹。献公亡虢，五年而后举虞。荀息牵马操璧而前曰：“璧则犹是也，而马齿加长矣！”

楚屈完来盟于师（僖公四年）

楚屈完来盟于师，盟于召陵。楚无大夫，其曰屈完何也？以其来会桓，成之为大夫也。其不言使，权在屈完也。则是正乎？曰：非正也。以其来会诸侯，重之也。来者何？内桓师也。于师，前定也。于召陵，得志乎桓公也。得志者，不得志也，以桓公得志为仅矣。屈完曰：“大国之以兵向楚何也？”桓公曰：“昭王南征不反。菁茅之贡不至，故周室不祭。”屈完曰：“菁茅之贡不至，则诺。昭王南征不反，我将问诸江！”

秋八月诸侯盟于首戴（僖公五年）

秋，八月，诸侯盟于首戴。无中事而复举诸侯何也？尊王世子，而不敢与盟也。尊则其不敢与盟何也？盟者，不相信也，故谨信也，不敢以所不信而加之尊者。桓，诸侯也，不能朝天子，是不臣也。王世子，子也，块然受诸侯之尊己而立乎其位，是不子也。桓不臣，王世子不子，则其所善焉何也？是则变之正也。天子微，诸侯不享觐，桓控大国，扶小国，统诸侯，不能以朝天子，亦不敢致天王。尊王世子于首戴，乃所以尊天王之命也。世子含王命会齐桓，亦所以尊天王之命也。世子受之可乎？是亦变之正也。天子微，诸侯不享觐，世子受诸侯之尊己，而天王尊矣，世子受之可也。

晋杀其大夫里克（僖公十年）

晋杀其大夫里克。称国以杀，罪累上也。里克弑二君与一大夫，其以“累上”之辞言之，何也？其杀之不以其罪也。其杀之不以其罪奈何？里克所为杀者，为重耳也。夷吾曰：“是又将杀我乎？”故杀之，不以其罪也。其为重耳弑奈何？

晋献公伐虢，得丽姬。献公私之，有二子，长曰奚齐，稚曰卓子。丽姬欲为乱，故谓君曰：“吾夜者梦夫人趋而来，曰：‘吾苦畏！’胡不使大夫将卫士而卫冢乎？”公曰：“孰可使？”曰：“臣莫尊于世子，则世子可。”故君谓世子曰：“丽姬梦夫人趋而来，曰：‘吾苦畏！’女其将卫士而往卫冢乎？”世子曰：“敬诺！”筑宫，宫成。丽姬又曰：“吾夜者梦夫人趋而来，曰：‘吾苦饥！’世子之宫已成，则何为不使祠也？”故献公谓世子曰：“其祠！”世子祠。

已祠，致福于君。君田而不在。丽姬以鸩为酒，药脯以毒。献公田来，丽姬曰：“世子已祠，故致福于君。”君将食，丽姬跪曰：“食自外来者，不可不试也。”覆酒于地而地贲。以脯与犬，犬死。丽姬下堂而啼，呼曰："天乎！天乎！国，子之国也，子何迟于为君？"君喟然叹曰："吾与女未有过切，是何与我之深也？"使人谓世子曰："尔其图之！"世子之傅里克谓世子曰："入自明！入自明，则可以生；不入自明，则不可以生。"世子曰："吾君已老矣，已昏矣。吾若此而入自明，则丽姬必死；丽姬死，则吾君不安。所以使吾君不安者，吾不若自死。吾宁自杀以安吾君，以重耳为寄矣！"刎脰而死。故里克所为弑者，为重耳也。夷吾曰："是又将杀我也。"

陨石于宋五是月六鹢退飞过宋都（僖公十六年）

十有六年春，王正月，戊申朔，陨石于宋五。先陨而后石何也？陨而后石也。于宋，四竟之内曰宋。后数，散辞也，耳治也。是月，六鹢退飞过宋都。是月也，决不日而月也。六鹢退飞过宋都，先数，聚辞也，目治也。子曰："石，无知之物；鹢，微有知之物。石无知，故日之；鹢微有知之物，故月之。君子之于物，无所苟而已。"石、鹢且犹尽其辞，而况于人乎？故五石六鹢之辞不设，则王道不亢矣。民所聚曰都。

夏灭项（僖公十七年）

夏，灭项。孰灭之？桓公也。何以不言桓公也？为贤者讳也。项，国也，不可灭而灭之乎？桓公知项之可灭也，而不知己之不可以灭也。既灭人之国矣，何贤乎？君子恶恶疾其始，善善乐其终。桓公尝有存亡继绝之功，故君子为之讳也。

冬十有一月己巳朔宋公及楚人战于泓（僖公二十二年）

冬，十有一月己巳朔，宋公及楚人战于泓。宋师败绩。日事遇朔曰朔。《春秋》三十有四战，未有以尊败乎卑、以师败乎人者也。以尊败乎卑，以师败乎人，则骄其敌。襄公以师败乎人，而不骄其敌何也？责之也。泓之战，以为复雩之耻也。雩之耻，宋襄公有以自取之。伐齐之丧，执滕子，围曹，为雩之会，不顾其力之不足而致楚成王，成王怒而执之。故曰：礼人而不答，则反其敬；爱人而不亲，则反其仁；治人而不治，则反其知。过而不改，又之，是谓之过，襄公之谓也。古者被甲婴胄，非以兴国也，则以征无道也，岂曰以报其耻哉？

宋公与楚人战于泓水之上。司马子反曰："楚众我少，鼓险而击之，胜无幸焉。"襄公曰："君子不推人危，不攻人厄。须其出。"既出，旌乱于上，陈乱于下。子反曰："楚众我少，击之，胜无幸焉。"襄公曰："不鼓不成列。"须其成列而后击之，则众败而身伤焉，七月而死。倍则攻，敌则战，少则守。人之所以为人者，言也；人而不能言，何以为人？言之所以为言者，信也；言而不信，何以为言？信之所以为信者，道也；信而不道，何以为道？道之贵者时，其行势也。

夏四月辛巳晋人及姜戎败秦师于殽（僖公三十三年）

夏，四月辛巳，晋人及姜戎败秦师于殽。不言战而言“败”何也？狄秦也。其狄之何也？秦越千里之险，入虚国，进不能守，退败其师徒，乱人子女之教，无男女之别，秦之为狄，自殽之战始也。秦伯将袭郑，百里子与蹇叔子谏曰：“千里而袭人，未有不亡者也。”秦伯曰：“子之冢木已拱矣，何知！”师行，百里子与蹇叔子送其子而戒之，曰：“女死，必于殽之岩唫之下。我将尸女于是。”师行，百里子与蹇叔子随其子而哭之。秦伯怒曰：“何为哭吾师也？”二子曰：“非敢哭师也。哭吾子也。我老矣，彼不死，则我死矣！”晋人与姜戎要而击之殽，匹马倚轮无反者。晋人者，晋子也。其曰人何也？微之也。何为微之？不正其释殡而主乎战也。

晋杀其大夫阳处父（文公六年）

冬，十月，公子遂如晋。葬晋襄公。晋杀其大夫阳处父。称国以杀，罪累上也。襄公已葬，其以“累上”之辞言之何也？君漏言也，上泄则下暗，下暗则上聋。且暗且聋，无以相通。射姑，杀者也。射姑之杀奈何？曰：晋将与狄战，使狐射姑为将军，赵盾佐之。阳处父曰：“不可！古者君之使臣也，使仁者佐贤者，不使贤者佐仁者。今赵盾贤，夜姑仁，其不可乎？”襄公曰：“诺！”谓夜姑曰：“吾始使盾佐女，今女佐盾矣。”夜姑曰：“敬诺！”襄公死，处父主竟上事，射姑使人杀之。君漏言也，故士造辟而言，诡辞而出，曰：“用我则可，不用我则无乱其德。”晋狐射姑出奔狄。

冬十月甲午叔孙得臣败狄于咸（文公十一年）

冬，十月甲午，叔孙得臣败狄于咸。不言帅师而言“败”，何也？直败，一人之辞也。一人而曰败，何也？以众焉言之也。传曰：长狄也，弟兄三人，佚宕中国，瓦石不能害。叔孙得臣，最善射者也，射其目，身横九亩，断其首而载之，眉见于轼。然则何为不言“获”也？曰：古者不重创，不禽二毛，故不言获，为内讳也。

晋人纳捷菑于邾（文公十四年）

秋，七月，晋人纳捷菑于邾。弗克纳。是郤克也，其曰“人”何也？微之也。何为微之也？长毂五百乘，绵地千里，过宋、郑、滕、薛，夐入千乘之国，欲变人之主；至城下，然后知，何知之晚也！弗克纳，未伐而曰“弗克”，何也？弗克其义也。捷菑，晋出也；貜且，齐出也。貜且，正也；捷菑，不正也。

秋九月乙丑晋赵盾弑其君夷皋（宣公二年）

秋，九月乙丑，晋赵盾弑其君夷皋。穿弑也，盾不弑，而曰盾弑何也？以罪盾也。其以罪盾何也？曰：灵公朝诸大夫，而暴弹之，观其辟丸也。赵盾入谏，不听，出亡，至于郊。赵穿弑公而后反赵盾，史狐书贼曰：“赵盾弑公。”盾曰：“天乎！天乎！予无罪。孰为盾而忍弑其君者乎？”

史狐曰："子为正卿，入谏不听，出亡不远，君弑，反不讨贼则志同，志同则书重，非子而谁？故书之。"曰"晋赵盾弑其君夷皋"者，过在下也。曰：于盾也，见忠臣之至；于许世子止，见孝子之至。

王札子杀召伯毛伯（宣公十五年）

夏，六月，王札子杀召伯、毛伯。王札子者，当上之辞也。杀召伯、毛伯，不言其何也？两下相杀也。两下相杀，不志乎《春秋》，此其志何也？矫王命以杀之，非忿怒相杀也，故曰"以王命杀也"。以王命杀则何志焉？为天下主者天也，继天者君也，君之所存者命也。为人臣而侵其君之命而用之，是不臣也；为人君而失其命，是不君也。君不君，臣不臣，此天下所以倾也。

初税亩（宣公十五年）

冬，初税亩。初者，始也。古者什一，藉而不税。初税亩，非正也。古者三百步为里，名曰井田。井田者，九百亩，公田居一。私田稼不善，则非吏；公田稼不善，则非民。初税亩者，非公之去公田而履亩十取一也，以公之与民为已悉矣。古者公田为居，井灶葱韭尽取焉。

冬十月季孙行父秃晋郤克眇卫孙良夫跛曹公子手偻同时而聘于齐（成公元年）

冬，十月。季孙行父秃，晋郤克眇，卫孙良夫跛，曹公子手偻，同时而聘于齐。齐使秃者御秃者，使眇者御眇者，使跛者御跛者，使偻者御偻者。萧同姪子处台上而笑之。闻于客。客不说而去，相与立胥闾而语，移日不解。齐人有知之者，曰："齐之患，必自此始矣。"

秋七月齐侯使国佐如师（成公二年）

秋，七月，齐侯使国佐如师。己酉，及国佐盟于爰娄。鞌去国五百里，爰娄去国五十里。壹战绵地五百里，焚雍门之茨，侵车东至海。君子闻之，曰："夫甚！"甚之辞焉，齐有以取之也。齐之有以取之何也？败卫师于新筑，侵我北鄙，敖郤献子，齐有以取之也。爰娄在师之外。郤克曰："反鲁、卫之侵地，以纪侯之甗来，以萧同姪子之母为质，使耕者皆东其亩，然后与子盟。"国佐曰："反鲁、卫之侵地，以纪侯之甗来，则诺。以萧同姪子之母为质，则是齐侯之母也。齐侯之母犹晋君之母也，晋君之母犹齐侯之母也。使耕者尽东其亩，则是终土齐也。不可。请壹战。壹战不克，请再；再不克，请三；三不克，请四；四不克，请五；五不克，举国而授。"于是而与之盟。

梁山崩（成公五年）

夏，梁山崩。不日，何也？高者有崩道也。有崩道，则何以书也？曰：梁山崩，壅遏河，三日不流。晋君召伯尊而问焉。伯尊来，遇辇者，辇者不辟。使车右下而鞭之。辇者曰："所以鞭我者，其取道远矣。"伯尊下车而问焉，曰："子有闻乎？"对曰："梁山崩，壅遏河，三日不流。"伯尊曰："君为此召我也。为之奈何?”辇者曰:“天有山,天崩之。天有河,天壅之。虽召伯尊,如之何?”伯尊由忠问焉,辇者曰:“君亲素缟,帅群臣而哭之,既而祠焉,斯流矣。”伯尊至。君问之,曰:“梁山崩,壅遏河,三日不流。为之奈何?”伯尊曰:“君亲素缟,帅群臣而哭之,既而祠焉,斯流矣。”孔子闻之,曰:“伯尊其无绩乎?攘善也。”

莒人灭缯(襄公六年)

秋,莒人灭缯。非灭也。中国日,卑国月,夷狄时。缯,中国也;而时,非灭也。家有既亡,国有既灭。灭而不自知,由别之而不别也。莒人灭缯,非灭也,非立异姓以莅祭祀,灭亡之道也。

晋士匄帅师侵齐(襄公十九年)

秋,七月,晋士匄帅师侵齐,至谷,闻齐侯卒,乃还。“还”者,事未毕之辞也。受命而诛生,死,无所加其怒。不伐丧,善之也。善之则何为未毕也?君不尸小事,臣不专大名,善则称君,过则称己,则民作让矣。士匄外专君命,故非之也。然则为士匄者宜奈何?宜墠帷而归命乎介。

十有二月吴子谒伐楚(襄公二十五年)

十有二月,吴子谒伐楚,门于巢,卒。以伐楚之事,门于巢,卒也。于巢者,外乎楚也。门于巢,乃伐楚也。诸侯不生名,取卒之名,加之伐楚之上者,见以伐楚卒也。其见以伐楚卒何也?古者大国过小邑,小邑必饰城而请罪,礼也。吴子谒伐楚，至巢，入其门，门人射吴子，有矢创，反舍而卒。古者虽有文事，必有武备，非巢之不饰城而请罪，非吴子之自轻也。

卫侯之弟专出奔晋（襄公二十七年）

夏，卫侯之弟专出奔晋。专，喜之徒也。专之为喜之徒何也？己虽急纳其兄，与人之臣谋弑其君，是亦弑君者也。专其曰“弟”何也？专有是信者。君赂不入乎喜而杀喜，是君不直乎喜也。故出奔晋，织絇邯郸，终身不言卫。专之去，合乎《春秋》。

阍弑吴子馀祭（襄公二十九年）

夏，阍弑吴子馀祭。阍，门者也，寺人也。不称名姓，阍不得齐于人。不称其君，阍不得君其君也。礼：君不使无耻，不近刑人，不狎敌，不迩怨。贱人，非所贵也；贵人，非所刑也；刑人，非所近也。举至贱而加之吴子，吴子近刑人也。阍弑吴子馀祭，仇之也。

吴子使札来聘（襄公二十九年）

夏，吴子使札来聘。吴其称“子”何也？善使延陵季子，故进之也。身贤，贤也；使贤，亦贤也。延陵季子之贤，尊君也。其名，成尊于上也。

五月甲午宋灾（襄公三十年）

五月甲午，宋灾。伯姬卒。取卒之日，加之灾上者，见以灾卒也。其见以灾卒奈何？伯姬之舍失火，左右曰：“夫人少辟火乎？”伯姬曰：“妇人之义，傅母不在，宵不下堂。”左右又曰：“夫人少辟火乎？”伯姬曰：“妇人之义，保母不在，宵不下堂。”遂逮乎火而死。妇人，以贞为行者也。伯姬之妇道尽矣，详其事，贤伯姬也。

秋七月楚子蔡侯陈侯许男顿子胡子沈子淮夷伐吴（昭公四年）

秋，七月，楚子、蔡侯、陈侯、许男、顿子、胡子、沈子、淮夷伐吴。执齐庆封，杀之。此入而杀，其不言“入”何也？庆封封乎吴钟离。其不言伐钟离何也？不与吴封也。庆封其以齐氏何也？为齐讨也。灵王使人以庆封令于军中，曰：“有若齐庆封弑其君者乎？”庆封曰：“子一息，我亦且一言。”曰：“有若楚公子围弑其兄之子而代之为君者乎？”军人粲然皆笑。庆封弑其君而不以弑君之罪罪之者，庆封不为灵王服也，不与楚讨也。《春秋》之义：用贵治贱，用贤治不肖，不以乱治乱也。孔子曰：“怀恶而讨，虽死不服。”其斯之谓与！

秋八月戊辰卫侯恶卒（昭公七年）

秋，八月戊辰，卫侯恶卒。乡曰“卫齐恶”，今曰“卫侯恶”，此何为君臣同名也？君子不夺人名，不夺人亲之所名，重其所以来也。王父名子也。

秋蒐于红（昭公八年）

秋，蒐于红。正也。因蒐狩以习用武事，礼之大者也。艾兰以为防，置旃以为辕门，以葛覆质以为槷，流旁握，御轚者不得入。车轨尘，马候蹄，揜禽旅，御者不失其驰，然后射者能中。过防弗逐，不从奔之道也。面伤不献，不成禽不献。禽虽多，天子取三十焉。其余与士众，以习射于射宫。射而中，田不得禽则得禽；田得禽而射不中，则不得禽。是以知古之贵仁义而贱勇力也。

夏五月戊辰许世子止弑其君买（昭公十九年）

夏，五月戊辰，许世子止弑其君买。日弑，正卒也。正卒，则止不弑也。不弑而曰“弑”，责止也。止曰：“我与夫弑者。”不立乎其位，以与其弟虺。哭泣歠飦粥，嗌不容粒，未逾年而死，故君子即止自责而责之也。

冬葬许悼公（昭公十九年）

冬，葬许悼公。日卒时葬，不使止为弑父也。曰：子既生，不免乎水火，母之罪也；羁贯成童，不就师傅，父之罪也；就师学问无方，心志不通，身之罪也；心志既通，而名誉不闻，友之罪也；名誉既闻，有司不举，有司之罪也；有司举之，王者不用，王者之过也。许世子不知尝药，累及许君也。

秋盗杀卫侯之兄辄（昭公二十年）

秋，盗杀卫侯之兄辄。盗，贱也。其曰“兄”，母兄也。目卫侯，卫侯累也。然则何为不为君也？曰：有天疾者，不得入乎宗庙。“辄”者何也？曰：两足不能相过，齐谓之綦，楚谓之踂，卫谓之辄。

戊辰公即位（定公元年）

夏，六月，戊辰，公即位，谨之也。定之即位，不可不察也。公即位，何以日也？戊辰之日，然后即位也。癸亥，公之丧至自乾侯，何为戊辰之日然后即位也？正君乎国，然后即位也。沈子曰："正棺乎两楹之间，然后即位也。"内之大事日，即位，君之大事也，其不日，何也？以年决者，不以日决也。此则其日何也？著之也。何著焉？逾年即位，厉也，于厉之中又有义焉。未殡，虽有天子之命犹不敢，况临诸臣乎？周人有丧，鲁人有丧，周人弔，鲁人不弔。周人曰："固吾臣也，使人可也。"鲁人曰："吾君也，亲之者也，使大夫则不可也。"故周人弔，鲁人不弔，以其下成、康为未久也。君至尊也，去父之殡而往弔犹不敢，况未殡而临诸臣乎？

九月大雩（定公元年）

九月，大雩。雩月，雩之正也。秋大雩，非正也；冬大雩。非正也。秋大雩，雩之为非正何也？毛泽未尽，人力未竭，未可以雩也。雩月，雩之正也，月之为雩之正何也？其时穷，人力尽，然后雩，雩之正也。何谓其时穷、人力尽？是月不雨，则无及矣；是年不艾，则无食矣，是谓其时穷、人力尽也。雩之必待其时穷、人力尽何也？雩者，为旱求者也。求者请也，古之人重请。何重乎请？人之所以为人者，让也。请道去让也，则是舍其所以为人也，是以重之。焉请哉？请乎应上公。古之神人有应上公者，通乎阴阳，君亲帅诸大夫道之而以请焉。夫请者，非可诒托而往也，必亲之者也，是以重之。

冬十有一月庚午蔡侯以吴子及楚人战于伯举（定公四年）

冬，十有一月，庚午，蔡侯以吴子及楚人战于伯举。楚师败绩。吴其称“子”何也？以蔡侯之以之，举其贵者也。蔡侯之以之，则其举贵者何也？吴信中国而攘夷狄，吴进矣。其信中国而攘夷狄奈何？子胥父诛于楚也，挟弓持矢而干阖庐。阖庐曰：“大之甚，勇之甚！”为是欲兴师而伐楚，子胥谏曰：“臣闻之：君不为匹夫兴师。且事君犹事父也。亏君之义，复父之仇，臣弗为也。”于是止。

蔡昭公朝于楚，有美裘，正是日，囊瓦求之，昭公不与。为是拘昭公于南郢，数年然后得归。归乃用事乎汉，曰：“苟诸侯有欲伐楚者，寡人请为前列焉。”楚人闻之而怒，为是兴师而伐蔡。蔡请救于吴。子胥曰：“蔡非有罪，楚无道也。君若有忧中国之心，则若此时可矣。”为是兴师而伐楚。何以不言“救”也？救大也。

楚囊瓦出奔郑。庚辰，吴入楚。日入，易无楚也。易无楚者，坏宗庙，徙陈器，挞平王之墓。何以不言“灭”也？欲存楚也。其欲存楚奈何？昭王之军败而逃，父老送之，曰：“寡人不肖，亡先君之邑。父老反矣，何忧无君？寡人且用此入海矣！”父老曰：“有君如此其贤也，以众不如吴，以必死不如楚。”相与击之，一夜而三败吴人，复立。何以谓之吴也？狄之也。何谓狄之也？君居其君之寝，而妻其君之妻；大夫居其大夫之寝，而妻其大夫之妻。盖有欲妻楚王之母者，不正；乘败人之绩而深为利，居人之国，故反其狄道也。

夏公会齐侯于颊谷（定公十年）

夏，公会齐侯于颊谷。公至自颊谷。离会不致，何为致也？危之也。危之，则以地致何也？为危之也。其危奈何？曰：颊谷之会，孔子相焉。两君就坛，两相相揖。齐人鼓噪而起，欲以执鲁君。孔子历阶而上，不尽一等，而视归乎齐侯，曰："两君合好，夷狄之民何为来？"为命司马止之。齐侯逡巡而谢曰："寡人之过也。"退而属其二三大夫曰："夫人率其君与之行古人之道，二三子独率我而入夷狄之俗，何为？"罢会，齐人使优施舞于鲁君之幕下。孔子曰："笑君者，罪当死！"使司马行法焉，首足异门而出。齐人来归郓、讙、龟阴之田者，盖为此也。因是以见虽有文事，必在武备，孔子于颊谷之会见之矣。

公会晋侯及吴子于黄池（哀公十三年）

夏，公会晋侯及吴子于黄池。黄池之会，吴子进乎哉！遂子矣。吴，夷狄之国也，祝发文身，欲因鲁之礼、因晋之权，而请冠、端而袭其藉于成周，以尊天王。吴进矣！吴，东方之大国也，累累致小国以会诸侯，以合乎中国。吴能为之，则不臣乎？吴进矣！王，尊称也；子，卑称也。辞尊称而居卑称，以会乎诸侯，以尊天王。吴王夫差曰："好冠来！"孔子曰："大矣哉！夫差未能言冠而欲冠也。"

卷十　论　语

一、大　义

凡读书，须观其远大之处。《论语》一书，道德之渊薮，政治之纲领，与夫修身、处世、观人之道，悉备于此。

昔宋紫阳朱子尝以《孟子》分门别类，编为《孟子要略》；余谓《论语》，亦可编为《要略》。如为人之要，首在为仁，即可以论仁各章编为一类，排比观之，如阮文达《论语论仁论》之类是也。

陈兰甫先生《东塾读书记》云："《论语》最重'仁'字。编《论语》者，以'孝弟'为仁者之本，为言仁之第一章；'巧言令色，鲜矣仁'，为言仁第二章。他如'克己复礼'，'出门如见大宾'，皆远在其后。且'孝弟''巧言'二章，以有子之言在前，孔子之言在后，尤必有故矣。盖'克己复礼'，'出门如见大宾'，惟颜渊、仲弓乃能请事斯语。若为人孝弟，不巧言令色，则智愚贤否皆必由此道，而孝弟尤为至要。此其编次先后之意也。此二章之后，则'弟子章'曰：'泛爱众，而亲仁'，孔子于子路、冉有、公西华皆曰'不知其仁'，于令尹子文、陈文子皆曰'焉得仁'，而教弟子则曰'亲仁'。弟子安所得仁者而亲乎？惟先有'孝弟''巧言'二章在前，则亲仁之‘仁’，不烦言而解，盖即孝弟、不巧令之人耳，此则‘十室之邑’有之矣。以此见《论语》之言仁，至平至实，而深叹其编次之善也。”

由陈先生之说推之，可以悟分类之法矣。至孔门政治学，读《子路篇》前三章，已得大纲，而“名不正则言不顺，言不顺则事不成”二语，尤为千古名言，后之从政者，宜日三复也。“子贡问政章”：“‘必不得已而去，于斯三者何先？’曰：‘去兵。’”则兵之非最重可知也。“‘必不得已而去，于斯二者何先？’曰：‘去食。’”则信之至重可知也。“自古皆有死，民无信不立”，圣人因为政者之无信，特砺齿言之。后世乃谓西人重信用，吾国人不逮西人；不知孔子于数千载以前，已痛切言之。且如《学而篇》，首章言学，次二章言仁，其次“三省章”即曰“与朋友交而不信乎”，次曰“敬事而信”，次曰“谨而信”，次曰“与朋友交言而有信”，次曰“主忠信”。余尝谓之“五信章”。而《为政篇》又特曰：“人而无信，不知其可也。”则政治之重信用，尤可知也。圣门之重信如此，此亦可悟分类之法也。

若拙编《大义》，则发明连章以类排比之义，颇多精思而得之者，令学者如游名山，如览大川，又如游五都之市，珍宝毕陈，应接不暇。窃望后之人勿以轻心、躁心读之也。

二、微　言

圣人传道之奥，无行不与之谊，具详于本经，而六艺之要旨，亦散见焉。论《易》如“无大过”一章、“南人有言”一章，可见学《易》不外乎修身寡过。《尧曰篇》，不言引《尚书》，而二十八篇之精蕴实已掇其菁华。“思无邪”一语，“诵《诗》三百”一章，“兴观群怨”数言，学《诗》之道有外于是者乎？至“孔子谓季氏”三章，“请讨陈恒”一章，所谓“讨大夫以达王事”也，《春秋》之旨也。《八佾》《乡党》二篇，言礼乐详矣，而闻《韶》之“不知肉味”，《关雎》之“洋洋盈耳”，皆先进之遗风。至太师挚诸人，云散风流，而乐谱亡矣。“夫子之文章可得而闻”，何其盛耶！“下学而上达”，则“性与天道”即寓焉。“高”“坚”“前”“后”，无非在“博文”“约礼”中也。

宋代大儒语录盛行，论者谓读先儒遗书，当先读其语录，取其开发详明；然则学孔子者，固当先读《论语》矣。陈兰甫先生谓：“学者读《论语》，如人子亲家庭，愈亲近而愈有味。”旨哉、旨哉！

三、授　受

《汉书·艺文志》云：“《论语》者，孔子应答弟子时人，及弟子相与言而接闻于夫子之语也。当时弟子各有所记，夫子即卒，门人相与辑而论纂，故谓之《论语》。汉兴，有齐、鲁之说。”《齐论》有《问王》《知道》，多于《鲁论》二篇。古论亦无此二篇，分《尧曰》下章“子张问”以为一篇，有两《子张》，凡二十一篇，篇次不与《齐》《鲁论》同。顾自后多传《鲁论》。

魏何晏始为“集解”，唐陆德明《经典释文》序录云：

“何晏集孔安国、包咸、周氏、马融、郑玄、陈群、王肃、周生烈之说，并下己意，为《集解》。正始中上之，盛行于世。”疏之者，有皇侃、邢昺，古义颇传，而析理未畅。伊洛诸大儒出，尊崇《论语》，朱子复集诸儒之大成，以为之注。

案：古人说经之体有二：曰训故，曰传。训故者，释其字；传者，说其义。如《毛诗训故传》，则合二者为一。朱子注《论语》，实宗此法而条畅之。如注首篇“孝弟章”云：“善事父母为孝，善事兄长为弟”，至“作乱则为悖逆争斗之事矣”，此训故也。“此言人能孝弟”以下，所谓传也。又如注“巧言令色章”云“巧，好。令，善也”，此训故也；“好其言，善其色”以下，所谓传也。学者须知朱《注》最得圣人之意，精深广大，无义不赅。①

至此外之发明义理者，以汪武曹《论语大全》为最；次则陆清献《松阳讲义》，切于修身，至有关系。其贯串训诂者，如近儒潘氏《论语古注集笺》，刘氏《论语正义》，多采用马、郑古注，而《正义》尤为闳博。先太夫子黄薇香先生《论语后案》，折衷汉、宋，精义坚深。读《论语》者，皆当参考也。

四、文　法

子以“四教”，首曰“文”；又曰：“文王既没，文不在兹

① 醒园本此后尚有数句：“余作是编，采用朱《注》较多，此外采用古注，间下己意，专以开发初学为宗旨，故文义特为浅显，然不得因是编而遂废朱《注》也。”

乎?”故孔门之文，特为超妙。《微子》一篇，文境如云水苍茫，烟波无际，而终之以“周公谓鲁公”两章，则又堂皇之甚。可见感喟之文，当有以振作之，不宜终于萧瑟也。“四子侍坐章”为大营包小营法，整齐变化；“季氏伐颛臾章”为逐层诘难法，乃阴柔文中之最美者。“仪封人章”藏过孔子与仪封人语，而以一句点明之，曰“天将以夫子为木铎”；“夫子为卫君章”藏过卫辄，忽问夷齐，而以一句点明之，曰“夫子不为也”。此为文家隐藏射覆之法，有匣剑帷灯之妙。司马迁文章之变化，不过善用此法而已。

“子路问政章”，“叶公问政章”，孔子所言均不过六字，简洁有过于此者乎?“孝哉闵子骞”一句，父母赞闵子在此言，兄弟赞闵子亦在此言，他人赞闵子亦在此言，孔子赞闵子亦在此言；中间仅以“不间”二字为之枢纽，则简洁而又神化矣。尤奇者，如《乡党》一篇，详言孔子之礼仪容止，末忽以“山梁雌雉，时哉时哉”作结，借此以赞孔子之时，如神龙掉尾，画龙点睛；虽庄子之诙诡，不能仰而企也。又若首篇以“不知不愠”为君子始，末篇以“不知命无以为君子”终，有意无意之间，首尾自然呼应。所以勉人者至矣！所以示人文法者亦至矣！微矣！神矣！[①]

---

① 醒园本此后尚有数句：“至自来评点《论语》者，却甚尠。评则以方存之先生《文章本原》为最佳，圈点则以吴挚甫先生本为最佳。余所圈点，更较吴本加增，盖指点成材之士，固宜着意筋节；而开示初学，则以纷纭烂缦为贵也。”

卷十一 孝 经

一、授 受

《汉书·艺文志》曰："《孝经》者，孔子为曾子陈孝道也。"而《史记》则称曾子"作《孝经》"。窃意《孝经》为孔子、曾子所传，而门弟子记录之，故其文与《小戴礼记·孔子闲居》诸篇极相近。（《四库全书提要》亦谓其文"去二戴所录为近，要为七十子之遗书。使河间献王采入一百三十一篇中，则亦《礼记》之一篇，与《儒行》《缁衣》转从其类。惟其各出别行，称孔子所作，传录者又分章标目，自名一经耳"。）汉河间颜贞，始献其父芝所藏《孝经》，是谓今文。郑君为之注，晋荀昶传之。孔壁所出为古文，孔安国为之传，遭巫蛊事，未行。迨唐明皇改作新注，而郑君注遂废。元、邢两家作疏，亦无甚精义。

至明黄石斋先生作《孝经集传》，以本经为经，以《仪礼》《孟子》诸经为传，博大精深，探性命之源，立人道之本，实人生世界内不可不读之书，惜传本极尠。近臧庸堂、严铁桥辑郑君注，虽零篇残简，而大义已详。阮福作《孝经义疏》，颇存古谊。友人曹叔彦作《孝经学》，于本经大义发挥精至。

拙编《大义》，首采郑君注，次采石斋先生《集传》，又间采阮氏之说，其间参以己意者，居十之五六。后之学者，能熟读而精思之，可以识经旨之所在矣。

二、大　义

黄石斋先生云："《孝经》者，道德之渊源，治化之纲领也。《六经》之本，皆出《孝经》。而《小戴》四十九篇，《大戴》三十六篇，《仪礼》十七篇，皆为《孝经》疏义。盖当时师偃、商参之徒，习观夫子之行事，诵其遗言，尊闻行知，萃为礼论，而其至要所在，备于《孝经》。观《戴记》所称'君子之教也'及送终、时思之类，多绎《孝经》者。盖孝为教本，礼所由生，语孝必本敬，本敬则礼从此起，非必《礼记》初为《孝经》之传注也。臣绎《孝经》微义有五，著意十二。微义五者，因性明教，一也；追文反质，二也；贵道德而贱兵刑，三也；定辟异端，四也；韦布而享祀，五也。此五者，皆先圣所未著，而夫子独著之，其文甚微。十二著者，郊庙、明堂、释奠、齿胄、养老、耕藉、冠、昏、朝聘、丧、祭、乡饮酒是也。著是十七者以治天下，选士不与焉，而士出其中矣。"此说可谓析之极其精，扩之极其大。

三、微　言

《孝经》微言，具详于石斋先生《集传》中。近陈兰甫先生《东塾读书记》论《孝经》一卷，亦极精实。惟余尤有发明者。

窃维孝之为道，和顺而已矣。周公《周礼》之教曰“和亲康乐”，盖惟和而后能亲，惟和、亲而后一家可康乐、天下可康乐也。本经《开宗明义》曰：“先王有至德要道，以顺天下，民用和睦”，首标“和顺”二字。《中庸》引《诗》“兄弟既翕，和乐且耽”，又引孔子之言曰“父母其顺矣乎”，下文即言舜之大孝，武王、周公之达孝，然则孝之必始于和顺明矣。本经言“天下和平，菑害不生，祸乱不作，明王之以孝治天下如此”，然则天下不能和平，则菑害必生、祸乱必作亦明矣。盖孝，和气也。天下皆和顺之气，则生机畅；天下皆乖戾之气，则杀机萌。孝者，所以消乖戾之气，清天下之乱源，弭天下之杀机也。是以《论语》首章言学，次章即言孝弟，不犯上、不作乱。盖不犯上、不作乱，和顺之气所感召也；犯上作乱，乖戾之气所酿成也。然则孝之为道，岂非治平之根本乎?!

至朱子《孝经刊误》，疑“严父配天”一语，将启人僭窃之渐。不知此言特以赞周公之盛德，如孟子赞舜之盛德，曰：“孝子之至，莫大乎尊亲；尊亲之至，莫大乎以天下养。”固非谓人人当配天，人人当以天下养也。读书之法，当不以文害辞，不以辞害意，斯为得之耳。

四、实　践

凡读经，必须切己体察，而《孝经》尤以实践为主，非可徒托空言也。譬如“身体发肤，不敢毁伤”，当求所以不毁伤之道；“扬名于后世”，当求所以扬名之道；“爱亲者不敢恶于人，敬亲者不敢慢于人”，当求如何而可不恶于人，如何而可不慢于人；“口无择言，身无择行”，（择，厌也，言为人所厌也。）当求如何而无择言、如何而无择行。语语吾反之于身，察之于心，斯能进德修行。

“纪孝行章”：“居则致其敬，养则致其乐，病则致其忧，丧则致其哀，祭则致其严”，此五“致”字各有实际。司马温公《家范》录此五句，每句各引经史以证之，可见温公之读《孝经》，专求实事矣。“丧亲章”哀痛恻怛，尤足启发人之孝思。盖孝子之事其亲，与其尽心力于既没之后，曷若尽心力于逮存之时，所谓“祭而丰，不如养之薄也”。

曾子读《丧礼》，泣下沾襟，以孝之有不及也。然则本经“丧亲”一章，仁人君子读之有不泣下者乎？余幼时尝欲搜辑《论语》《孟子》《曾子十篇》，及《礼》中之言孝者，汇为一编，并拟仿陶渊明《五孝传》之例，采取历史中之孝行传，以附于后，用备考镜。后读《孝经集传》，遂搁笔，而辑《孝行传》一事，尚盘旋于胸中，深望有志之士踵为之也。

五、诵　读

陈兰甫引朱子《甲寅上封事》云：“臣所读者，不过

《孝经》《语》《孟》之书。”知南康时《示俗文》云：“《孝经》云：‘用天之道，分地之利，谨身节用，以养父母，此庶人之孝也。’以上《孝经·庶人章》正文五句，系先圣至圣文宣王所说，奉劝民间，逐日持诵。依此经解说，早晚思维，常切遵守，不须更念佛号佛经，无益于身，枉费力也。”“朱子上告君、下教民，皆以《孝经》。学者勿以朱子有《刊误》之作，而谓朱子不尊信《孝经》也。”又黄东发《日钞》以《孝经》为首，而《论语》《孟子》次之，以“读经者当先读此经”也。可见吾儒诵读《孝经》，实为先务之急，能熟读而后能精思，能精思而后能实践也。

余尝有言：“不读《孝经》者，非吾之子弟。”故此编务宜推广，乡僻穷闾，尤宜逐户以时宣讲，小学中当用此为课本，庶几和气充塞，风俗淳朴，国家康宁。至于见浅见深，因人而异，各从所宜，幸勿惊为深奥、畏而废之也。

卷十二　尔　雅

一、授受源流

魏张揖《上广雅表》云：昔在周公制礼，“以导天下，著《尔雅》一篇以释其意义。传亏后孚，历载五百，《坟》《典》散䨓〔落〕，唯《尔雅》恒存。《礼·三朝记》：哀公曰：‘寡人欲学小辞，以观于政，其可乎？’孔子曰：‘《尔雅》以观于古，足以辩言矣。’《春秋元命包》言：子夏问夫子：‘作《春秋》不以初、哉、首、基为始何？’是以知周公所造也。率斯以降，超绝六国，越踰秦楚，爰暨帝刘。鲁人叔孙通撰置《礼记》，文不违古。今俗所传三篇《尔雅》，或言仲尼所增，或言子夏所益，或言叔孙通所补，或言沛郡梁文所考，皆解家所说先师口传，既无正譣圣人所言，是故疑不能明也。”①

文治案：《尔雅》各篇，有依《毛诗》而作者，有依《国语》而作者，有依《楚词》而作者。《四库提要》言之綦详，其非周公所作，盖无疑义。陆德明《经典释文》有

① 此节《上广雅表》引文，“䨓”字少见，多有作“落”者；譣，此处音“验”，意为“证”。

云："《释诂》一篇，周公所作。"《颜氏家训》亦云："《尔雅》，周公所作"，其释后世诗篇，"后人所羼，非本文也"。论者因谓"是书始于周公，继以孔子，增以子夏，益以叔孙通、梁文之徒；必欲指何者为何人所著，则未可臆断"，其说允矣。

二、精　义

近人姜氏兆锡云："《尔雅》为书，本训诂耳。然先圣作之者，自昔而言，实为继天立极、翼经明道之书；自后而言，但为凿智角才、好异惊奇之书也。遡自上古结绳为政，无所谓'文字'也。其后有图象而后有书契，有书契而后有典籍矣，然犹无所谓'训诂'也。夫日星之属之成象于上，川岳之属之成形于下，仁义之属之成性于中，厥类盖繁。顾六书不作则类虚，众义不释则类舛。古者六书谓之方名，名立而字生，字生而义附，义附而解著。'字'之言'滋'也，因名而滋；'释'之言'解'也，因义以解。然则字非道[①]，安所生义？解非道，安自著耶？故《尔雅》之书凡三变。自《尔雅》言之，周公书止一篇，而递增者凡四嬗，此一变也；《尔雅》而外，其后又以《小尔雅》、（汉孔鲋作。）《广雅》（魏张揖作。）佐之，此又一变；又其后更以《逸雅》、（汉刘熙作。）《埤雅》（宋陆佃作。）附之，此更

① "字非道"，醒园本作"字非从道"。

其一变与？综而计之，《尔雅》及《小尔雅》《广雅》，因文以释义；而《逸雅》《埤雅》，因义而释其所以为义。释其义者质而固，而释其所以为义者文而支，故曰：‘尔之为言近也，雅之为言正也。’所谓‘言近而指远’‘不下带而道存’者也。”其说极为精至。可见学《尔雅》者，宜探索道本，不当作类书读也。

张揖云：“《尔雅》为书，文约而义固；其陈道也，精研而无误，真七经之检度、学问之阶路、儒林之楷素也。”此可谓见道之言矣。而文治则更有进者。据《汉书·艺文志》，《尔雅》三卷二十篇附于“《孝经》类”中。夫《尔雅》与《孝经》非一类，而同一部居者何也？盖《孝经》，道德之总汇也；《尔雅》，训诂之指归也。古者入小学，先读是二书，所以端修身之本，知文字之源，使道德、训诂合而为一，蒙以养正，皆圣功之基也。后儒析训诂、义理为二，甚至分别学派，聚讼纷纭，乃较古者学僮之不若，岂非大惑也哉！

三、致　用

邢昺《尔雅疏叙》云：“《尔雅》者，传注之滥觞，经籍之枢要。后儒因视为文学渊薮、词章奥府，藉供掇拾之资，此未为知用者也。”陈兰甫先生《东塾读书记》云：“诂者，古也。古今异言，通之使人知也。盖时有古今，犹地有东西、有南北，相隔远则言语不通矣。地远则有翻译，时远则有训诂。有翻译则能使别国如乡邻，有训诂则能使古今如旦暮，所谓‘通之’也。训诂之功大矣哉!”文治窃观近代学子，纵横亿万里，于繙译之辞既得其用矣，独至上下数千年古圣人典籍训诂之辞，转略而不讲，何其陋耶?士不通经，决不足用。博闻强识，广而通之，是在有志之君子。

杨子云云：“通天、地、人曰儒。”先儒有云：“一物不知，儒者之耻。”举凡天地人物、山川草木、鸟兽虫鱼，无一非格致之用。河间献王治经之法曰“实事求是”，“实事”者，即格物之学也。自周公创释诂之例，孔子、子夏均有增益，可见《尔雅》并非限定三卷二十篇，且每篇亦并非限定若干条。学问之道，日新月益，正赖后人递相推广，乃自“五雅”（世称《尔雅》《小尔雅》《广雅》《逸雅》《埤雅》为“五雅”。）及《骈雅》外，未闻更有作者，何也?窃尝叹中国学术拘墟，其始也，汉学、宋学互相排击，不能合而为一；其继也，中学、西学互相謷訾，亦不能合而为一。故艺学无续《考工记》，文学无续《尔雅》，实士林之耻也。

《论语》：“子所雅言，《诗》《书》、执礼。”近刘氏《论语骈枝》云：“昔者周公著《尔雅》一篇，以释古今之异言，通方俗之殊语。”刘熙《释名》曰：“尔，昵也；昵，近也。雅，义也；义，正也。五方之言不同，皆以近正为主也。上古圣人正名百物，以显法象、别品类、统人情、壹道术。名定而实辨，言协而志通。其后事为踵起，象数滋生，积渐增加，随时迁变。王者就一世之所宜，而斟酌损益之，以为宪法，所谓‘雅’也。然而五方之俗不能强同，或意同而言异，或言同而声异。综集谣俗，释以雅言，比物连类，使相附近，故曰‘尔雅’。”

文治案：古者广谷大川异制，民生其间者异俗，圣人修其教、齐其政，遂使不一者而统于一，则文字之功也。我中国数千年之文化所以久盛而不衰者，文字为之，即雅言为之也。然则古人之修教也，将以化俗而为雅；而今人之言教也，将以化雅而为俗。古人因言语之不能一，而以文字统一之。今人于文字之统一者扫而除之，于言语之不能统一者强而合之，而不一者更无统一之日。圣训日微，文化灭息，呜呼，其可痛也哉！

四、注释及文法

郭璞注《尔雅》，去古未远，后人虽多为补正，然宏纲大旨，终不出其范围。为之疏者，旧有孙炎、高琏二家，今皆不传。邢昺《疏》成于宋初，或剌取《毛诗正义》掩为己说，间采《尚书》《礼记正义》，亦多阙略。近邵二云《尔雅正义》、郝兰皋《尔雅义疏》实能度越前人，然郝氏《疏》更在邵氏之上。盖郝氏之学，出于阮文达。文达《与宋定之论〈尔雅〉书》云：“以声音文字为注《尔雅》之本，则《尔雅》明矣。”郝氏深得文达之法，而其书成又在邵氏之后，故特为精详。至《尔雅》系解诂例，虽文质相宜，而实则愈质而文愈奥，故于字法尤当注意。

卷十三　孟　子

一、要　旨

《孟子》全书大义，一言性善与存心养性之功；一论孝弟之道；一言义利之辨；一论王霸之分，发明治道；一尚论古人与授受道统源流，并自言为学要领。昔宋紫阳朱子曾分类编辑《孟子要略》，余师其意，为《孟子讲义》。继思学者未窥全书，且不知其顺序，究有遗憾，爰复循七篇次第，纂为《大义》。然学者读书之法，要在提纲挈领，不可不先知径涂之所在也。

二、注　释

先儒于解释文字，名曰“训故”；发挥义理，引证事实，名曰“传”。赵邠卿《注》长于训故，失之简浅。朱《注》兼训故、义理，贯串群言，洞明奥旨，而探原性理，尤能析之极其精，扩之极其大。张南轩《孟子说》推阐精微，心得颇多，能于朱《注》外别树一帜，《大全》所载诸儒之说，未有能过之者；且其书体裁尤与《讲义》相合，至善本也。明末顾亭林、黄梨洲、王船山、陆桴亭诸先生，近陈兰甫、罗罗山先生之说《孟子》，虽零星碎玉，俱系精当不磨。桴亭、罗山先生之言，性理尤为精，实非浅儒所能道。近戴东原《孟子字义疏证》、焦礼堂《孟子正义》，于宋儒之学初未窥其门径，乃于朱子妄肆讥弹，所谓“蚍蜉撼大树”也。[①] 至孙奭《疏》，系属伪托，《四库提要》言之綦详；而《音义》则当从奭本为正，盖《疏》伪而《音义》则真出孙手也。

三、讲　贯

《孟子》言论最切于今世，而尤切于今世之人心，故余作《大义》，专取其切时者言之，有如孝弟人伦之本，出处取与之经，察识扩充之几，辟邪反经之道，不惮剀切敷陈。而其尤注意者，则在剖析义利，唤醒迷途，于醉生梦死之中，俾其良心之乍露，因其乍露而操存之，此即《孟子》“正人心”之本旨也。夫道，一而已矣。诚能家置一编，相与讲明熟习，所谓“归而求之，有余师”者也。[②]

---

① 醒园本此后尚有数句：“余作《大义》，固重在发挥新义，然于朱《注》及诸先儒说之精粹者，亦并加采录。惟学者读是编，必须兼读朱《注》，方有根柢，不可因此而废彼也。”

② 醒园本此后尚有一段文字：“抑更有进者。用文法解经，始于孔子《十翼》，子夏、丘明继之；而《春秋穀梁传》之文尤为严厉精锐，故柳子厚有言：‘参之《穀梁》，以厉其气。’余此编略仿《穀梁》文法，其中有数十篇，皆可作古文读，后世学者神明乎此，可以为学韩文之阶梯也。至于说理必新而不腐，训诂必简而不支，务使学者读之，于无形之中人格、文格皆能骎骎日上，此则区区命意之所在也。”

四、文 法

昔人谓文体莫备于《国策》，不知尤备于《孟子》。《孟子》之文最长者，翻空法、设喻法、诘难法，笔阵纵横，令人不可测度。苏老泉评之云："《孟子》之文，语约而意尽，不为巉刻斩绝之言，而其锋不可犯。"惟世传苏批《孟子》实无甚精义，且类似批制举文者，决系赝托。[①] 近世桐城方氏宗诚，论《孟子》文法虽多凿空附会，然其精当之处，亦有可采[②]。

余自八岁，家大人授以《孟子》，十八岁受业紫翔王先生之门，熟读《孟子大全详释》，庭训、师训皆考诸儒之说，其义理、文法盘旋于胸中者四十年矣。学者欲得读《孟子》之方法，参考余所撰《孟子大义》可也。[③]

---

① 醒园本此后有云："余仅采其圈点，芟其评语。"

② "亦有可采"，醒园本作"要亦具备"；后另有一句，云"此外间有鄙意，一并列入札记"。

③ 醒园本此句后云："至篇中圈点，红笔者为苏氏本，黄笔者为曾文正本，蓝笔者为桐城吴挚甫先生本，墨笔者为余本。惟余意在鼓舞初学之兴味，故圈处过多。若程度较高者，欲求文章起伏、开阖、纵横线索之处，则当于三家圈点中求之。"

附：十三经读本自序

斯道之在天下，如日月之经天，江河之行地，其孰能澌灭之乎？顾横览宙合有不得不鳃鳃过虑者，诚以今日之世，一大战国之世也。战国之时，策士肆其簧鼓，时君逐于干戈。争地以战，杀人盈野；争城以战，杀人盈城。饥馑荐臻，流离载道，百姓展转沟壑，其惨苦之状为生民以来所未有。曾不逾时而秦政出，燔烧《诗》《书》，坑戮儒士，毒痛四海，於稽其祸，亦生民以来所未有。若是者何也？人心之害为之也。

然而秦时之书焚于有形，而今时之书则焚于无形；秦时之儒坑于可见，而今世之儒则坑于不可见。横政之所出也，横民之所止也，截截乎学说之诐淫也，幡幡乎士林之盲从也。憯乎怛乎，闾阎之痛苦而无所控诉也；茫乎眇乎，世界之劫运若巨舟泛汪洋而靡所止届也。若是者何也？人心之害为之也。

人心之害孰为之？废经为之也。废经而仁义塞，废经而礼法乖，废经而孝弟廉耻亡，人且无异于禽兽。嗟乎！斯道之在天下，其将澌灭矣乎？于是正其本者则曰“反经”，挽其流者则曰“治经”。且夫天生人而与以至善之心，孰不有纯粹之良知，莹然蔼然，超出于物类之外？而乃有大谬不然、大惑不解、悍然废经而不顾者，非尽人之无良也。

或曰：经之过高过晦，阶之厉也。不知非经之咎也，自来说经者之咎也；非经之晦也，说经者凿之使晦也；非经之高也，说经者歧之而高也。当是之时，倡废叙议，人乐其浅陋而便己也，是以靡然从风，而祸遂中于人心。当是之时，虽日告以读经之益，人且昧然莫知其径途也，乡壁以行，得其门者盖寡也。

文治于是悚然以惧，渊然以思，思所以拯斯道之厄，则孳孳焉，汲汲焉，搜集《十三经》善本，择其注之简当者，屏其解之破碎而繁芜者，抉其微言，标其大义，撰为《提纲》，附于诸经。简末复集昔人评点，自钟、孙以逮方、刘、姚、曾诸名家，参以五色之笔，阅十数年而成书，由是各经之文法显、文义明，厘然灿然，读者如登康庄，如游五都，如亲聆古人之诏语，无复乡者艰涩不通之患矣。

而难者曰：传经所以传道也，道精而文粗，如子所为，不几等道于文乎？而应之曰：宣圣有言："文王既没，文不在兹乎？"道载于文，文所以明道也。《十三经》权舆，只有本文，熟读而精思焉，循序而渐进焉，虚心而涵泳、切己而体察焉，则圣道之奥不烦多言而解矣。夫然道与文一，胡精粗之可分？今试约而举之，开而示之：

《十翼》之编，消息盈虚，无非洗心之旨也；《三礼》之学，委曲周详，无非主敬之则也。不为钩沉，孰纲维是也？古文之《书》为梅赜所造，而浅者罔识其为赝鼎也。丘明之《传》为刘歆所窜，而懵者莫知其为媚新也。不为摘伏，孰辨别是也？他如《孝经》则养正之基也，《尔雅》则识字之本也，《论语》则群经之喉舌也，《孟子》则《六经》之藩篱也，是数经者皆于小学时习之也，不为阐微，孰会通是也？

“贤者识大，不贤者识小”，“陟遐必自迩，升高必自卑”。《戴记》有言：“离经辨志”，（郑注谓“离绝句读”。）又曰：“先其易者，后其节目”。今者句读、节目之不谙，遑论乎通经乎？然则求道之津筏与其指南，必在于斯编矣。用是保兹兢兢，期写定授梓，鲜有应者。友人钱塘施君省之，勇于为善，志在淑人，尝矢竭其心力，以宏大道。既倡建国学专修馆于锡邑，适睹是书，爱而不舍，慨然独捐巨资，用付剞劂。自庚申冬始期，以二年告成，征序于文治。叹曰：伟哉施君之功，其盛矣乎！

夫欲救世，先救人；欲救人，先救心；欲救心，先读经；欲读经，先知经之所以为经。往者秦火之余，典籍荡尽，然而抱残守缺，代有师承，若董江都，若河间献王，若刘子政、马季长；至郑君出，经学家法于焉大明。逮有宋，周、程、张、朱诸子迭兴，而经学义理益复扩之极其大，析之极其精。

夫以秦政之威、之权、之才、之力，且不能废经，蚍蜉之撼大树，无损枝叶，何况本根？继自今十年百年而后、千里万里而遥，安知无董、刘、马、郑，与夫周、程、张、朱其人者，名世挺生，以为往圣继绝学、为万世开太平乎？在《易》，一阳系于上，其卦为《剥》，其繇辞曰“硕果不食”；一阳动于下，其卦为《复》，其繇辞曰“不远复”。夫复其见天地之心乎？其必有人焉，反复其道而顺天意行乎？然则斯道之在天下，其孰能澌灭之乎?!

辛酉孟春太仓唐文治谨序

整理后记

唐文治（1865—1954），号蔚芝，近世国学大家。晚清时进士及第，并曾出任官职；进入民国之后，主要从事教学、著述。曾创办无锡国学专修学校（简称“无锡国专”）并任校长，作育国学人材，成就卓著，赢得巨大声誉。

唐文治先生的著作，《茹经堂文集》等之外，最著名的就是《十三经读本》。《读本》篇幅甚巨，涉猎极广，多所发明，堪称皇皇巨著，甚至有人以为可与《十三经注疏》比肩。书中以《十三经提纲》弁于首，提纲挈领，指导门径，具有导读之意。缘此，这部分文字除合刊于《十三经读本》（称“醒园本”）外，亦曾由无锡国专单独刊行（称“国专本”）。

此次整理，兼采醒园、国专二本。国专本后出、单行，自然适于做底本。俗语谓“后出转精”，国专本不仅删改了作为单行本无所附丽的一些内容，也确实修正了醒园本的个别误植或不甚适切的文字；同时，却也存在个别新的误植，以及不甚适切之处。故而整理时，正文以国专本为主，醒园本的异文则以脚注出之；至于个别文字差异（诸如“我朝”“清代”之类），则择善而从，不再出注。

此外需要说明的是：

原书引文，不乏以意删减者，除非影响阅读，不做更改；个别影响阅读之处，则予以适当处理。如《尸子》云："曾子［每］读《丧礼》，泣下沾襟。""每"字就是原文所缺，而加［ ］注出的。

原书的个别误植（包括引文中的），以〔 〕随文注出；相关的异文，也以〔 〕随文注出。

原书每一标题之下，有的分段，有的不分。整理时，没有分的地方，适当做了分段，以使全书统一，并可方便阅读。

原书十三卷中，七卷卷下有小标题，其余六卷（《诗经》《仪礼》《礼记》附《大学》《左传》《公羊传》《穀梁传》）阙如。整理时，参考别卷，各拟了小标题；适当与否，则惟读者是正。至于《周易》一卷，小标题加序号，则属全书体例的考虑，不难谅解。

原书《尚书》《诗经》《礼记》《左传》《公羊传》《穀梁传》六卷，均附有"选目"。此次整理，依据通行本，将选目所选篇什一并附录，希望有助于相关论述的佐证和理解。

本书篇幅虽小，容量却大，涉及全部儒家经典，整理中难免这样那样的错讹缺失。对此，恳请读者方家批评指正。

2020 年 12 月

整理者